Dichtl
Standardisierung von Beratungsleistungen

GABLER EDITION WISSENSCHAFT

Markus Dichtl

Standardisierung von Beratungsleistungen

Mit einem Geleitwort
von Prof. Peter Klaus, DBA

DeutscherUniversitätsVerlag

Die Deutsche Bibliothek – CIP-Einheitsaufnahme

Dichtl, Markus:
Standardisierung von Beratungsleistungen
/ Markus Dichtl. Mit einem Geleitw. von Peter Klaus.
– Wiesbaden : Dt. Univ.-Verl. ; Wiesbaden : Gabler, 1998
(Gabler Edition Wissenschaft)
Zugl.: Erlangen, Nürnberg, Univ., Diss., 1997
ISBN 3-8244-6628-7

N 2

Der Deutsche Universitäts-Verlag und der Gabler Verlag sind Unternehmen der Bertelsmann Fachinformation.

http://www.gabler-online.de

Höchste inhaltliche und technische Qualität unserer Produkte ist unser Ziel. Bei der Produktion und Auslieferung unserer Bücher wollen wir die Umwelt schonen: Dieses Buch ist auf säurefreiem und chlorfrei gebleichtem Papier gedruckt.

Lektorat: Ute Wrasmann / Albrecht Driesen
Druck und Buchbinder: Rosch-Buch, Scheßlitz
Printed in Germany

ISBN 3-8244-6628-7

Geleitwort

Das „Consulting"-Geschäft ist in Deutschland, wie in anderen industrialisierten Ländern, zu einem großen Wirtschaftsbereich geworden. Gemäß den Ermittlungen in der vorliegenden Studie wird allein in Deutschland ein jährliches Umsatzvolumen von ca. DM 14 Mrd. im Unternehmensberatungsgeschäft im engeren Sinne, von ca. DM 40 Mrd. im erweiterten Consulting-Markt unter Einschluß des Personalberatungs-, Softwareentwicklungs- und -beratungsgeschäfts erwirtschaftet. Noch wichtiger: die Qualität der Arbeit der führenden Consultants, die heute in vielen großen Unternehmen wie auch in öffentlichen Institutionen die Prozesse der Strategiefindung, kritische Personal- und Organisationsentscheidungen, sowie Richtung und Tempo der Rationalisierungsbemühungen mitbestimmen, wird zu einem Bestimmungsfaktor der Wettbewerbsfähigkeit dieser Unternehmen, damit sogar ganzer Volkswirtschaften!

Dabei ist dieser Markt als Element des dynamischen Dienstleistungssektors, als „Katalysator" des Wandels und der Innovation in der Wirtschaft und als rasch wachsendes Geschäftsfeld bisher relativ wenig erforscht. Die Transparenz des Marktes, die Erfolgsfaktoren, ganz besonders aber die Vorgehensweise der Berater und Beratungsorganisationen sind - jenseits von Adressensammlungen und werblich aufgemachten Selbstdarstellungen - bisher nicht systematisch und kritisch untersucht worden.

Die vorliegende Arbeit von Markus Dichtl, die als eine Dissertationsschrift an der Wirtschafts- und Sozialwissenschaftlichen Fakultät der Friedrich-Alexander-Universität Erlangen-Nürnberg entstanden ist, schließt insofern eine Lücke. Dichtl hat ein sorgfältig recherchiertes Bild des Consulting-Marktes in Deutschland gezeichnet. Dieses enthält nicht nur eine interessante Momentaufnahme und Systematisierung der wichtigsten Segmente und Akteure, sondern auch eine einsichtsvolle Analyse der Marktstrategien der führenden Consulting-Organisationen. Sein besonderes Interesse gilt der Bedeutung von Standardisierungsstrategien. Diese können der internen Rationalisierung des personalintensiven, tendentiell „teuren" Consulting-Geschäftes, der Sicherung konsistenter Beratungsqualität und der Speicherung des flüchtigen Know-hows in den Consulting-Organisationen dienen.

Die Arbeit kann nicht nur für Führungskräfte im Consultinggeschäft interessant sein, sondern auch den Klienten und Nutzern von Consulting-Diensten wertvolle Orientierung vermitteln. Sie ist schließlich auch als ein Beitrag zur Forschung im noch immer viel zu wenig erschlossenen Bereich der Betriebswirtschaftslehren für die Dienstleistungswirtschaft hilfreich.

Prof. Peter Klaus, D.B.A./Boston Univ.

Vorwort

Beratungsgesellschaften befinden sich gegenwärtig in einer schwierigen Situation. Einerseits stehen sie, wie ihre Klienten auch, unter erheblichem Rationalisierungsdruck, andererseits darf keine der in Frage kommenden Maßnahmen auch nur ansatzweise die Qualität ihrer Leistung reduzieren. Daneben zwingt eine wachsende Unübersichtlichkeit des Beratungsmarktes zu immer kostenintensiveren Profilierungsmaßnahmen.

Die Standardisierung von Beratungsleistungen kann hier als ein möglicher Ausweg betrachtet werden. Wenn viele der Consultants nach außen hin auch Berührungsängste mit diesem Thema besitzen, verbirgt sich hinter imageträchtigen Beratungsprodukten (etwa zum Business Reengineering) und effizienzsteigernden Methoden (wie beispielsweise die Portfolioanalyse) fast immer das genannte Konzept. Dabei gilt es allerdings, Standardisierung nie isoliert, sondern immer im Zusammenhang mit individueller Anpassung zu sehen.

Meinem Doktorvater Herrn Professor Klaus, DBA Boston University, möchte ich für seine zahlreichen Anregungen und den großen Freiraum, den er mir bei der Bearbeitung der gestellten Aufgabe einräumte, danken. Herrn Professor Bodendorf gilt mein herzlicher Dank dafür, daß er die Mühe des Koreferats auf sich nahm. Herr Dr. Schobert hat es mir ermöglicht, im Rahmen einer beruflichen Tätigkeit profunde Einblicke in das Beratungsgeschäft zu gewinnen. Ich hoffe, daß die Arbeit dadurch eine gewisse „Bodenhaftung“ erhalten hat. Ihm und allen weiteren Förderern aus der Freundes-, Uni- und Beratungssphäre gilt an dieser Stelle mein herzlicher Dank.

Den größten Dank aber schulde ich meinem Vater, dem dieses Buch gewidmet ist. Es erfüllt mich mit Trauer, daß er die Arbeit in vorliegender Form nicht mehr in Händen halten wird. Mit seiner ausdauernden Unterstützung und seinen kritischen Kommentaren hat er maßgeblich zum Erfolg „der Mission“ beigetragen. Mein Bruder Tobias war mir eine große Hilfe bei allen technischen Problemen, die es bei der Erstellung eines solchen Werkes zu bewältigen gilt. Meine Mutter und meine Lebensgefährtin Iris haben sich die Verantwortung für Grammatik und Rechtschreibung geteilt. Ihnen allen bin ich dankbar. Eine solche familiäre Unterstützung habe ich als sehr kostbar empfunden.

Markus Dichtl

Inhaltsverzeichnis

Teil 3: Wettbewerbsstrategische Optionen

Abbildungsverzeichnis

Tabellenverzeichnis

Abkürzungsverzeichnis

ACME	Association of Consulting Management Engineers
ADL	Arthur D. Little
AWV	Arbeitsgemeinschaft für wirtschaftliche Verwaltung e.V.
BCG	The Boston Consulting Group
BDU	Bund Deutscher Unternehmensberater
BFuP	Betriebswirtschaftliche Forschung und Praxis
BVIT	Bundesverband Informationstechnik
BVW	Bundesverband der Wirtschaftsberater
CEO	Chief Executive Officer
CMC	Certified Management Consultant
CV	Curriculum Vitae
DBW	Die Betriebswirtschaft
DGM	Deutsche Gesellschaft für Mittelstandsberatung
ECR	Efficient Consumer Response
FAECO	Fédération Européene des Associations de Conseils en Organisation
FAZ	Frankfurter Allgemeine Zeitung
FKO	Funktions-Kosten-Optimierung
FT	Financial Times
FWA	Funktionswertanalyse
GANA	Gemeinkosten-Aufwand-Nutzen-Analyse
GWA	Gemeinkosten Wertanalyse
GSE	Gemeinkosten Systems Engineering
HBR	Harvard Business Review
HdU	Handbuch der Unternehmensberatung
HIP	High Impact Product
IMC	Institute of Management Consultants
ISO	International Standard Organization
IT	Informationstechnologie
IuK	Information und Kommunikation
JMC	Journal of Management Consulting
KOL	Knowledge On-Line
LZ	Lebensmittel Zeitung
MIT	Massachusettes Institut of Technology
PRA	Produktivitätsanalyse
R&D	Research and Development
RKW	Rationalisierungskuratorium der Deutschen Wirtschaft e. V.
SBO	Strategy-based-organizing
SEP	Strategische Erfolgsposition
SIG	Special Interest Group
SZ	Süddeutsche Zeitung
TQM	Total Quality Management
VUBI	Verband unabhängig beratender Ingenieurfirmen e.V.
W&V	Werben&Verkaufen
WiSt	Wirtschaftswissenschaftliches Studium
WP	Wirtschaftsprüfer
ZBB	Zero-Base-Budgeting
ZfB	Zeitschrift für Betriebswirtschaft
zfbf	Zeitschrift für betriebswirtschaftliche Forschung
ZfO	Zeitschrift für Organisation

OF ALL THE BUSINESS, BY FAR
CONSULTANCY'S THE MOST BIZARRE!
FOR, TO THE PENETRATING EYE,
THERE'S NO APPARENT REASON WHY,
WITH NO MORE ASSETS THAN A PEN
THIS GROUP OF PERSONABLE MAN
CAN SELL TO CLIENTS MORE THAN TWICE
THE SAME RIDICULOUS ADVICE;
OR FIND, IN SUCH RICH PROFUSION,
PROBLEMS TO FIT THEIR OWN SOLUTIONS.

Aus: Ramsbottom, B.: The Ballad of the Business Consultant, in: The Economist, Letter Section, vom 10.10.1987.

Teil 1: Das Forschungsvorhaben

1. Die Standardisierung als Profilierungs- und Rationalisierungschance in der Betriebswirtschaft

In vielen Bereichen der Wirtschaft wird heute versucht, Nachfragern eine herausragende Leistung zu bieten, indem Wünsche und Bedürfnisse von diesen so individuell wie möglich bedient werden. Absolute Kundenorientierung und maßgeschneiderte Problemlösungen sind zu den Schlagworten im Wettbewerb des ausklingenden 20. Jahrhunderts geworden. Dies impliziert, daß man sich demonstrativ vom Konzept der Standardisierung abwenden muß bzw. diese bereits als eine Art Tabuthema brandmarkt. Gleichwohl bietet eine Strategie, die auf der Vereinheitlichung von Leistungsbestandteilen basiert, eine Reihe von Vorzügen, etwa hinsichtlich der Dimensionen Kosten und Qualität, auf die man angesichts der angespannten wirtschaftlichen Situation kaum verzichten kann. Im Beratungsbereich wird dieses Dilemma besonders deutlich. Man muß einerseits Klienten gegenüber zwar den Anspruch totaler Individualität vertreten, kann dem aber andererseits immer weniger gerecht werden.

In historischer Betrachtungsweise lassen sich zunächst immer wieder Pendelbewegungen zwischen den Konzepten der Standardisierung und der Individualisierung feststellen. Während in der Anfangsphase der Industrialisierung versucht wurde, größtmögliche Einsparungseffekte durch die Vereinheitlichung von Arbeitsprozessen und Produkten zu realisieren[1], strebte man seit Beginn der siebziger Jahre besonders danach, mit den durch die EDV gegebenen Möglichkeiten zur Informationsverarbeitung Konsumentenbedürfnisse so weit es geht individuell zu befriedigen.

In jüngster Zeit setzt man sich parallel wieder verstärkt mit der Idee der Standardisierung auseinander[2] bzw. versucht, die Konzepte unter dem Schlagwort Mass Customization[3] miteinander zu verbinden. Die hinter diesem Begriff stehende Idee impliziert, daß man den Produktionsprozeß eines Produktes oder einer Leistung bis zu einer bestimmten Stufe einheitlich gestaltet, um damit (Kosten-)Vorteile der Massenproduktion zu nutzen. Erst ab einem Punkt, an dem Unterschiede von Kunden deutlich wahrgenom-

[1] Vgl. Zahn, E./Schmid, U. (1996), S. 52 f.
[2] Vgl. Mayer, R. (1993).
[3] Vgl. Pine, J. (1993); Gilmore, J./Pine, J. (1997); Feitzinger, E./Lee, H. (1997).

men und entsprechend honoriert werden, wird das Produkt oder die Leistung nach individuellen Gesichtspunkten spezifiziert.[4]

Im Markt für Unternehmensberatungsleistungen haben Standardisierungsüberlegungen lange Zeit keine Rolle gespielt. Neben einem jährlichen prozentualen Wachstum, das weit über dem des jeweiligen Bruttosozialproduktes lag, bestanden dort hervorragende Renditeaussichten. Ein Nachfrageüberhang bzw. die daraus resultierende, vollständige Auslastung der meisten Beratungsunternehmen sorgte dafür, daß über viele Jahre hinweg strategische Konzepte zur Verbesserung der Arbeitseffizienz und Cost-Cutting-Ansätze zwar propagiert wurden, intern aber Fremdwörter blieben. Leistungen wurden generell individuell erstellt.[5]

> So warnen etwa Greiner/Metzger in ihrem Standardwerk: "The longer one consults, the greater is one´s experience with a variety of clientele. You learn slowly that rigid generalizations about consulting are suspect because each client possesses unique features that constantly surprise and challenge your skills. ... There are only `rules of thumb´ and a variety of techniques to be kept locked in your briefcase unless applicable to the peculiarities of each client´s situation."[6]

Wo es sich gerade aufdrängte, erzielte man zwar Synergie- und Skaleneffekte, eine strategische Bedeutung maß man ihnen aber lange Zeit nicht bei. Es wurde der Beratungsbranche sogar nachgesagt, "der Schuster zu sein, der selbst die schlechtesten Schuhe trägt".[7]

Die Situation hat sich grundlegend verändert. Immer mehr expansions- und diversifikationsfreudige Unternehmen werden vom Beratungsmarkt angelockt.[8] Man habe sich mit jahrelangen Erfolgsmeldungen die Konkurrenz selbst gezüchtet, schätzt ein Insider, und sich damit einen Bärendienst erwiesen.[9]

---

[4] Gilmore/Pine haben vier verschiedene Strategien identifiziert, wie eine Spezifikation im Rahmen des Mass Customizing auf die Kundenwünsche erfolgen kann (vgl. Gilmore, J./Pine, J. (1997)). Diese Strategie der Hinauszögerns der individuellen Anpassung bis zum letzten möglichen Punkt in der Produktion wird auch mit Postponement bezeichnet (vgl. Feitzinger, E./Lee, H. (1997)). Mass-Customizing bzw. Postponement basieren sehr häufig auf einer modularen Produktstruktur.

[5] Vgl. Rüschen, Th. (1990), S. 48.

[6] Greiner, L./Metzger, R. (1983), p. 299.

[7] Kraus, M./Kraemer, W. (1993), S. 6.

[8] Vgl. Rall, W. (1991), insb. S. 71 ff.

[9] Thürbach, R., zit. nach: Meier, F. (1991).

Nicht immer geben dabei nur die Gewinnaussichten die Initialzündung, in den Beratungsmarkt einzudringen. Bei Steuerberatungsgesellschaften etwa spielt der Cross-Selling-Aspekt bzw. die strategische Ergänzung des Leistungsprofils eine genauso wichtige Rolle wie bei Wirtschaftsprüfungsunternehmen die Möglichkeit, über die Unternehmensberatungstätigkeit Werbung betreiben zu dürfen.[10] Einer Erweiterung des Geschäftes in diese Richtung werden dabei keinerlei Steine in den Weg gelegt: Es existieren weder hohe finanzielle Eintrittsbarrieren noch ein ständische Berufsordnung; es gibt auch keine Zulassungsvoraussetzungen wie bei Anwälten oder Ärzten. „Consulting is an easy industry to enter; little is required in the way of capital, only a telphone number and a calling card.“[11]

Zu Beginn der neunziger Jahre wuchs der Markt nicht mehr kontinuierlich. Verantwortlich hierfür zeichnete vor allem die angespannte Wirtschaftslage, die 1991/92 erstmalig sogar zu einer Stagnation des Auftragsvolumens führte. In der Rezession stand bei vielen Unternehmen zuerst das Beratungsbudget zur Disposition: "Many company executives who use consultants avidly today say that the first thing they will cut, if and when their profits come under pressure, is consultancy assignments (...)".[12] Auch wenn sich die allgemeine konjunkturelle Situation langsam wieder verbessert, bleibt der Wettbewerb in der Beratungsbranche sehr intensiv.[13]

Dem sich abzeichnenden Verdrängungswettbewerb versuchte man zunächst durch die Erschließung neuer Märkte zu begegnen. Im Visier der Beratung standen hier insbesondere der Mittelstand, staatliche Institutionen und die Märkte Osteuropas. Gleichzeitig drangen im Zuge der Öffnung des Europäischen Binnenmarktes verstärkt ausländische Beratungsfirmen in den deutschen Markt ein. Der Bedarf an Beratung, der in den neuen Bundesländern bestanden hatte und der für die Beratungsbranche gerade in dieser Situation überaus wichtig gewesen wäre, verebbte schnell wieder: Unseriöse Vertreter der Zunft vermochten dort den Ruf der gesamten Branche zu ruinieren. „Mehrere Generationen von Managern haben die Nase von den Besserwessis derart voll, daß der Markt dort, wo der Bedarf am größten ist, praktisch kaputt ist.“[14]

[10] Nach § 52 Satz 2 Wirtschaftsprüferordnung ist es den Betroffenen nicht gestattet, Werbung für ihre Prüfungsleistung zu betreiben. In jüngster Zeit ist aber eine gewisse Aufweichung des entsprechenden Verbots feststellbar.
[11] Greiner, L./Metzger, R. (1983), p. 4.
[12] o.V. (1988j), p. 7; vgl. auch Bernhard, U. (1993), S. 17.
[13] Gillmann, B. (1993), S. K1.
[14] Beyer, J./Kett, I. (1992); vgl. auch: Heemann, U./Spegel, H. (1994), S. 130, sowie Schäfer, K. (1993)

Im Wettbewerb um Beratungsprojekte haben sich die strategischen Herausforderungen für Consultants verändert: Für die meisten Unternehmen gilt, sich im Feld der Beratungsanbieter zu profilieren. Neben einer Spezialisierung hinsichtlich des Leistungsangebots und der Schaffung von qualitativer Überlegenheit nehmen Kosten-Nutzen-Gesichtspunkte sowie Vertrauen in die Leistungsfähigkeit des jeweiligen Beraters eine immer bedeutendere Rolle ein. Die Situation erfordert, daß Consultants all die Möglichkeiten zur Verbesserung der Effizienz, die sie Klienten seit Jahren empfehlen, auch für sich selbst ins Kalkül ziehen. Eine weitere Professionalisierung der Beratungsbranche erscheint überfällig.[15]

Nur ganz wenigen, renommierten Beratungsfirmen gelingt es (noch), Beratungsleistungen zu Honoraren von bis zu DM 10.000 pro Tag und Berater[16] an eine bestimmte, qualitätsorientierte Klientel abzusetzen. Der Preis entscheidet bei sich zunehmend angleichendem Qualitäts- und Leistungsniveau der Beratungsunternehmen immer häufiger über die Vergabe von Aufträgen. Das Gros der Consultants ist daher gezwungen, Beratungshonorare wettbewerberorientiert zu gestalten und nach Rationalisierungspotential zu suchen.[17]

> „Wenn man sich die Tagessatzstrukturen der letzten Jahre, auch die pauschalierten Projektstrukturen ansieht, die da durchgesetzt wurden, wird entsprechendes mittelfristig mit diesen Wachstumsraten sicher in der Honorarstruktur nicht mehr passieren. Ich denke, daß wir uns darauf einrichten müssen, methodische Instrumente und Hilfsmittel einzusetzen, wesentlich schneller zu werden in der Analyse, um mehr Wertschöpfung in die begleitende Durchsetzung stecken zu können."[18]

Wenn der Preisspielraum in der dargestellten Art und Weise begrenzt ist, müssen sich erfolgreiche Beratungen dadurch auszeichnen, daß sie die zur Verfügung stehende Arbeit(-szeit) der Berater produktiver als andere nützen. In dieser Situation werden standardisierte Methoden und vorstrukturierte Instrumente erstmals in die Überlegungen einbezogen, wie man die Input-Output-Relation der Beratungstätigkeit und in der Folge

---

[15] Zum Aspekt des Profilierungsdrucks vgl. Teil 3, Kap. 1; zur Rationalisierungnotwendigkeit vgl. Teil 3, Kap. 2.

[16] Nach einer Untersuchung der Metallgesellschaft verlangen die Topleute von Beratungen folgende Tagessätze: McKinsey und The Boston Consulting Group mindestens DM 10.000, Arthur D. Little zwischen DM 10.000 - 12.000 und Roland Berger DM 10.000 (vgl. o.V. (1996b), S. 12).

[17] Vgl. Huey, J. (1993), p. 48.

[18] Vgl. Kuhlmann, W., UBM Unternehmensberatung, in: BDU (1992), S. 113.

den Beratungsnutzen für Klienten verbessern könnte. Denn intelligente Standardisierungskonzepte sind geeignet, repetitive Tätigkeiten zu unterstützen und die Komplexität von Arbeitsgängen zu reduzieren, ohne zwangsläufig an der Qualität Abstriche machen zu müssen.

So ergeben sich etwa mit Hilfe sogenannter Baukastensysteme[19] und des Customizing[20] Wege, mit sowohl individuellen als auch standardisierten Leistungsbestandteilen zu einer maßgeschneiderten Lösung zu gelangen und dabei die Beratungsleistung kostengünstig und sicher zu gestalten. Kreative Fähigkeiten der Berater können exakt dort zum Einsatz kommen, wo sie einen vergleichsweise hohen Beitrag zur Wertschöpfung und Profilierung zu leisten vermögen.[21] Experten sehen in der Erstellung von Beratungsmodulen und -konzepten, die möglichst schnell und unkompliziert an spezifische Klientenprobleme angepaßt werden können sowie im günstigen Fall markenartikelähnlich zu vermarkten sind, den Schlüsselfaktor in einem sich weiter verschärfenden Wettbewerb.

Allgemein werden auf reifenden Märkten im Zuge von Rationalisierungsbestrebungen alle Arbeitsgänge und Prozesse, die der Erstellung eines Produktes oder einer Dienstleistung dienen, immer daraufhin einer Prüfung unterzogen, inwieweit sie sich für eine Standardisierung eignen.[22] Je frühzeitiger entsprechendes Potential identifiziert werden kann und je konsequenter die Standardisierungsidee umgesetzt wird, desto eher dient diese der Erlangung einer günstigen Kostenposition im Vergleich zu den Wettbewerbern. Nach Ozsomer/Bodur/Cavusgil liegen die größten Möglichkeiten zur Kosteneinsparung überhaupt in dem Konzept der Standardisierung.[23]

> Je nach Marktreife bzw. Wettbewerbssituation sowie erforderlicher Anpassungsfähigkeit von Erzeugnissen und (Dienst-)Leistungen sind bestimmte Wirtschaftsbereiche richtungsweisend: Produkte im Softwarebereich, wie etwa die R/3-Software von SAP, basieren heute überwiegend auf vorstrukturierten Programmbestandteilen, die individuell konfiguriert, angepaßt und meist durch entsprechende Zusatzleistungen auf die Klienten zugeschnitten werden. Entwicklungsaufwand,

[19] Vgl. Mayer, R. (1993), S. 14.
[20] Vgl. Jain, S. (1989), S. 70. In Teil 3, Kap. 3.2.3.1, wird auf Baukastensysteme und das Customizing näher eingegangen.
[21] Vgl. Stutz, H.-R. (1988), S. 196; vgl. auch: Meister, D. (1990), S. 80.
[22] Vgl. Ozsomer, A./Bodur, M./Cavusgil, T. (1991), p. 50.
[23] Vgl. Ozsomer, A./Bodur, M./Cavusgil, T. (1991), p. 50.

Zeit der Erarbeitung und somit auch die Kosten einer Software-Lösung insgesamt lassen sich so vergleichsweise günstig gestalten.[24]

Wenn Schätzungen zufolge bis zu zwei Drittel des Beratungsgeschäfts aus „Repeat Business" bestehen, wird die Erfolgsträchtigkeit einer (teil-) standardisierten Vorgehensweise auch in diesem Umfeld deutlich.[25] Bestimmte einmalige Probleme der Kunden stellen eine wiederkehrende Aufgabenstellung der Beratung dar: „Of course, you think your wheel has some unique features. Demystification is needed on the subject: with the exception of technical aspects such as manufacturing processes, the same managerial problems repeatedly crop up."[26]

Eine umfassende empirische Erhebung bei deutschen Unternehmen, die Beratungsleistungen in Anspruch nehmen, vermag den Bedeutungszuwachs standardisierter Beratungsinstrumente zu bestätigen. Während McKinsey & Co., Arthur D. Little und die Boston Consulting Group beispielsweise stark auf vorstrukturierte Methoden („Patentrezepte") und detailliert vorgegebene Verfahrensschritte eines Lösungskonzeptes zurückgreifen, pflegen andere, wie etwa Roland Berger & Partner, eher den Stil der „Gutachtenberatung", bei der der Klient den Berater mit Informationen versorgt und dieser dann Stellung zu einem bestimmten Problem nimmt.[27]

Mit einer konsequenten Dokumentation der bearbeiteten Projekte sowie der dort angewandten Methoden ist in vielen Fällen eine zentrale Voraussetzung für die Standardisierung von Leistungsbestandteilen bereits geschaffen: Jeder Mitarbeiter kann sich bei Bedarf vergleichbarer Fälle aus der Dokumentation bedienen. Die aktive Nutzung des gespeicherten Wissens erleichtert gerade die Startphase ähnlicher Projekte.[28]

„Knowledge Exchange", das länderübergreifende Informations- und Archivierungssystem von Andersen Consulting, bietet jedem Mitarbeiter die Möglichkeit, sein Wissen Kollegen zur Verfügung zu stellen bzw. selbst die Erfahrung anderer zu nutzen. Es verhindert, daß bei vielen Projekten „das Rad neu erfunden wird"[29].

---

[24] Vgl. Niedereichholz, Ch. (1993b).
[25] Vgl. Jack, A. (1992).
[26] Frankenhuis, J. (1977), p. 135.
[27] Vgl. Bierach, B. (1996b), S. 164.
[28] Melcher, H. (1982), S. 105. Zum Aspekt der Wissenssicherung vgl. auch Teil 3, Kap. 3.2.2.3.
[29] Gattermeyer, W., Andersen Consulting, zit. nach: o.V. (1996c), S. 139.

Jeder Consultant hat darauf Zugriff, kann Berichte aus abgewickelten Beratungsprojekten abrufen und ist dazu verpflichtet, die eigene Arbeit zu dokumentieren.[30]

Melcher sieht dieser Art der Speicherung von Wissen die zentrale immaterielle Substanz von Consulting-Unternehmungen.[31] Sie sei die Voraussetzung für die Erzielung von Lerneffekten in der Projektdurchführung. Der Schritt von einer auftragsspezifischen Dokumentation der Projektabschnitte und -ergebnisse hin zu einem über ein oder mehrere Projekte komprimierten, unspezifischen und um individuelle Details bereinigten standardisierten Leitfaden bedeutet nach Bitsch/Martini/Schmitt eine konsequente, planmäßige Vereinheitlichung, die das Handeln nach dem Rationalprinzip unterstützt.[32] Daneben lassen sich durch die gestiegene Publizität von Unternehmensproblemen häufig auch Aufgabenstellungen erfassen, die ein Beratungsunternehmen nicht selbst bearbeitet hat. Aus deren Sammlung ergeben sich dann Problemschwerpunkte, für die präventiv nach Lösungen gesucht werden kann.

Mittlerweile erkennen Klienten den „Programmwechsel", der sich offenbar bei vielen Beratungsgesellschaften hinter den Kulissen vollzieht: Die verwendeten Konzepte werden von ihnen überwiegend als an die spezifische Unternehmenssituation angepaßt bezeichnet. Die Hälfte der Unternehmen, die im Rahmen einer von Meffert durchgeführten Studie befragt wurden, sah die Konzepte als mehr oder weniger standardisiert an. Nur knapp ein Drittel hielt die Beratungskonzepte für völlig neu gestaltet.[33]

Nicht zuletzt auch im Hinblick auf die Qualitätssicherung, in besonderer Form der ISO-Zertifizierung, erlangt das Thema Standardisierung an Relevanz. Viele Beratungsanbieter unternehmen enorme Anstrengungen, ihre Qualitätsmanagementsysteme zertifizieren zu lassen. Zum Zweck der Vertrauensbildung und vor dem Hintergrund einer Ankündigung des RKW, nur noch zertifizierte Berater für subventionierte Beratungsprojekte zu berücksichtigen, versucht man vielerorts, die in der ISO-Norm 9001 ff. festgelegten Kriterien zu erfüllen. Da sich viele dieser Kriterien auf die schriftliche Niederlegung bestimmter Vorgehensweise beziehen, geht mit der Schaffung der Voraussetzungen einer ISO-Zertifizierung eine Standardisierung von Prozessen einher.[34]

[30] Vgl. o.V. (1996c), S. 139.
[31] Vgl. Melcher, H. (1982), S. 105.
[32] Vgl. Bitsch, H./Martini, J./Schmitt, H. (1995), S. 66.
[33] Meffert, H. (1989), S. 7, 11 u. 20.
[34] Zu den Themen Qualitätssicherung und Vertrauensbildung vgl. Teil 3, Kap. 3.2.3.

Zusammenfassend erlangt das Thema Standardisierung im Beratungsbereich besonders im Hinblick auf folgende vier Faktoren an Relevanz:

1. Kostendruck,
2. Notwendigkeit zur Profilierung bzw. Differenzierung,
3. Suche nach Möglichkeiten zur Sicherung der Qualität und damit auch der Bildung von Vertrauen sowie
4. Bedarf an Methoden, Wissen zu sichern bzw. es weiterzugeben.

Wenn sich die Erfolgsträchtigkeit des Konzeptes an verschiedenen Stellen abzeichnet, sind die genauen Wirkungsweisen, begünstigende sowie behindernde Faktoren von Standardisierung bisher weitgehend im dunkeln geblieben. Verschwiegenheit und Loyalität gegenüber Auftraggebern führen dazu, daß generell wenig von der Arbeitsweise von Unternehmensberatern an das Licht der Öffentlichkeit dringt.[35] Auch mag es daran liegen, daß der verbreitete Klientenwunsch nach maßgeschneiderten Lösungen eine Strategie, die sich auf die Identifikation von Vereinheitlichungspotential gründet, als nicht besonders kundenfreundlich erscheinen läßt.

Ausgehend von diesem Informationsdefizit, dem allgemeinen Bedeutungszuwachs des Beratungssektors sowie dem festgestellten Handlungszwang der Akteure in einem reifenden Markt wird der Bedarf an einer grundlegenden Analyse des Konzeptes der Standardisierung im Umfeld der Unternehmensberatung deutlich. Es werden folgende Fragen in differenzierter Form zu erörtern sein:

(1) Woraus genau resultiert Standardisierungsbedarf?

(2) Welche konkreten Einsatzmöglichkeiten ergeben sich für das Standardisierungskonzept in der Praxis? Welche Varianten werden von den Beratern tatsächlich gewählt? Wie werden sie kommunikativ umgesetzt?

(3) Welche Wirkung geht von Standardisierung auf die Beratungstätigkeit aus? Welche Vor- und welche Nachteile birgt das Konzept in sich?

(4) Welche Faktoren fördern die Standardisierung von Beratungsleistungen, welche behindern sie?

[35] „Weil Unternehmensberater nicht über ihre Kunden zu sprechen pflegen, werden Tatsachenberichte nur dann zugänglich, wenn Kunden über ihre Berater reden." Aber: „Die Firmen posaunen es nicht aus, wenn sie Berater engagieren." (Higdon, H. (1971), S. 17 u. 19); vgl. hier auch Stutz, H.-R. (1988), S. 3.

2. Das Untersuchungskonzept

2.1 Die Vorgehensweise

Im ersten Teil der Arbeit sollen sowohl die inhaltliche Aufgabenstellung herausgearbeitet als auch vor allem „technische" Fragestellungen geklärt werden. Hierunter fallen eine Vorstellung der gewählten methodischen Basis, die Dokumentation der Vorgehensweise, eine Erläuterung der verwendeten Begriffe sowie die Klärung der wissenschaftlichen Ausgangsbasis der Arbeit.

Im folgenden, zweiten Teil wird der Markt für Unternehmensberatungsleistungen vorgestellt. Die Kenntnis der heterogenen Anbieter- und Nachfragerkonstellationen, der Dimension des Marktes sowie der Triebkräfte des Marktgeschehens ist grundlegend für ein Verständnis, woraus Standardisierungsbedarf resultiert (1. Forschungsfrage). Denn viele Beratungsanbieter sind gezwungen, nach Möglichkeiten der Profilierung sowie der Rationalisierung der Leistungserstellung zu suchen.

Im dritten Teil wird versucht, Transparenz bezüglich möglicher Profilierungsstrategien zu schaffen. Dieser Abschnitt besitzt auf den ersten Blick zwar eher exkursiven Charakter, doch wird sukzessive deutlich werden, daß und warum Standardisierung jeweils spezifische Beiträge für die unterschiedlichen Profilierungsdimensionen zu erbringen vermag.[36]

Für deren Ermittlung wird u.a. das bekannte Wettbewerbskonzept von Porter herangezogen. Die sich ergebenden Profilierungsoptionen - Breite des Angebots, Spezialisierung, Kundennähe, Qualität und Kosten der Beratung - werden mit Hilfe einer Analyse von Beratungsbroschüren und -prospekten empirisch zu untermauern versucht. Die verschiedenen Stoßrichtungen sind dabei nicht als sich gegenseitig ausschließende Strategien zu begreifen, sondern als sich überschneidende Handlungskorridore.

Es wird dabei deutlich werden, daß der Profilierungswillen und -spielraum je nach Größe des Consultingunternehmens unterschiedlich ausfallen: Kleine Unternehmen zeichnen sich in der Regel durch große Kundennähe (und damit die Chance zu einer engen

[36] Eine überblicksartige Zusammenfassung der spezifischen Beiträge finder sich in Teil 4, Kap. 1.

persönlichen Betreuungsleistung), durch Spezialisierung sowie durch Kostengünstigkeit aus. Profilierung vollzieht sich auf einem vergleichsweise bescheidenem Niveau.

Für große und mittelgroße Unternehmen lassen sich verschiedene strategische Stoßrichtungen identifizieren (Full-Service-Beratung, Qualität, Preis-Leistung etc.). Gleichzeitig kommt bei diesen einer Differenzierung von Wettbewerbern beachtliche wettbewerbliche Relevanz zu. Angesichts deren Bedeutung für den Beratungsmarkt (allein die 30 umsatzstärksten Beratungen zeichnen in Europa für etwa die Hälfte des Gesamt-Beratungsumsatzes verantwortlich[37]) gilt es, die Vorgehensweise der Akteure zu analysieren, erfolgreiche von nicht erfolgreichen Maßnahmen zu trennen sowie wichtige Implikationen herauszuarbeiten.

Es wird an zentraler Stelle zu begründen sein, warum Standardisierung besonders geeignet erscheint, sowohl Profilierungsbestrebungen zu unterstützen als auch Rationalisierungszwängen nachzukommen. Darauf aufbauend stehen zunächst die unterschiedlichen Ebenen und somit konkreten Einsatzmöglichkeiten der Standardisierung im Mittelpunkt. Für die systematische Erfassung von jenen werden Erkenntnisse der Dienstleistungsliteratur, jeweils durch Beispiele aus der Praxis angereichert, herangezogen (2. Forschungsfrage).

Dem schließt sich eine Analyse der unterschiedlichen Wirkungen von Standardisierung an. Da die fragliche Strategie nicht nur erwünschte, sondern auch unerwünschte Effekte mit sich bringt, werden am Ende dieses zentralen Teils Vor- und Nachteile der Standardisierung im Beratungsbereich gegenübergestellt sowie Bedingungen für einen sinnvollen Konzepteinsatz ermittelt (3. und 4. Forschungsfrage). Ein abschließender vierter Teil wird die Aufgabe übernehmen, konkrete Empfehlungen für die organisatorische Gestaltung der Standardisierung zu geben, die Ergebnisse einer kritischen Bewertung zu unterziehen sowie weiteren Forschungsbedarf aufzuzeigen.

[37] Jack, A. (1992b), p. I.

Abb. 1: Gang der Untersuchung

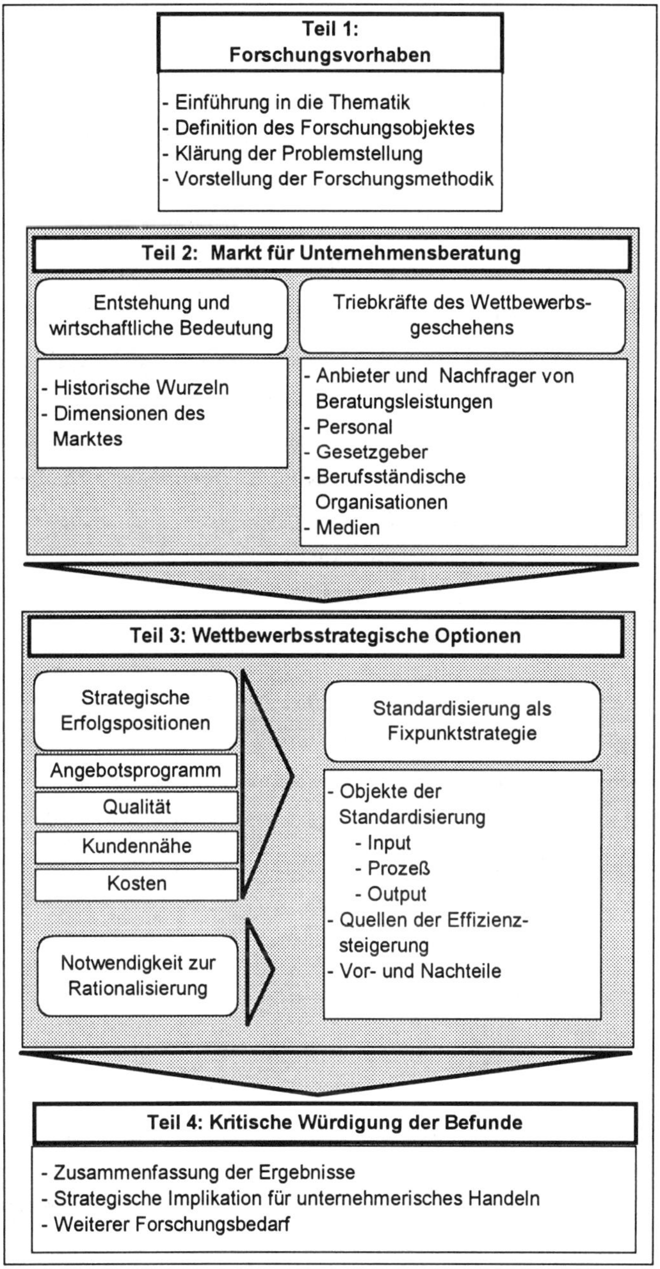

2.2 Die methodische Basis

Es ist Aufgabe der Wissenschaftstheorie, u.a. Anleitung zu zweckmäßigem Verhalten bei der Lösung wissenschaftlicher Probleme zu geben.[38] Das der Arbeit zugrundeliegende Erkenntnis- und Gestaltungsinteresse muß deshalb durch geeignete Methoden wissenschaftlicher Forschung befriedigt werden. Es wird zum einen auf die Literaturanalyse zurückgegriffen, um grundlegende Erkenntnisse über die Unternehmensberatung, den Markt für Beratungsleistungen und die Strategien der dort vertretenen Akteure zu erhalten.[39]

Zum anderen vermag eine Inhaltsanalyse von Beratungsprospekten die deduktiv ermittelten Erkenntnisse über Profilierungsbestrebungen von Beratungsanbietern zu ergänzen. Zwar ist es notwendig, sich dabei aus Gründen der Verfügbarkeit entsprechenden Materials auf mittelgroße bis große Unternehmen zu konzentrieren, doch läßt deren im Vergleich zu kleinen Betrieben breiter Profilierungsraum einen vergleichsweise großen Erkenntnisgewinn vermuten. Auf der Basis dieser Informationen wird herausgearbeitet, warum das Standardisierungskonzept besondere Beachtung verdient.

Für die systematische Ermittlung von Standardisierungsdimensionen werden einerseits Befunde aus der Dienstleistungsliteratur bzw. der allgemeinen (industriellen) Rationalisierungsforschung herangezogen und auf das Feld der Beratung übertragen, anderseits wird versucht, hierzu auf induktivem Wege Erkenntnisse aus den Beratungsprospekten zu gewinnen.[40] Mit dem Vergleich der jeweiligen Ergebnisse geht die Hoffnung einher, wertvolle Hinweise auf die Möglichkeiten und Grenzen der Standardisierung im Feld der Beratung zu erhalten.

---

[38] Vgl. Schanz, G. (1988), S. 1 ff.

[39] Ergänzt und relativiert werden diese Erkenntnisse durch die Erfahrung des Autors, die er im Rahmen einer einschlägigen beruflichen Tätigkeit gewonnen hat.

[40] Bitsch/Martini/Schmitt sehen beispielsweise im Realgüterbereich das Potential von Standardisierung darin liegen, Bestandteile und Baugruppen von Produkten zu vereinheitlichen, gleichzeitig aber die Vielfalt der Enderzeugnisse erhöhen zu können. Dies geschieht unter ständiger Verbesserung des Preis-/Leistungsverhältnisses. Die Differenzierung erfolgt auf der Basis standardisierter Teile in einer marktnahen Stufe durch individuelle Ausstattungskomponenten (vgl. Bitsch, H./Martini, J./Schmitt, H. (1995), S. 66 ff.).

Das dem Gestaltungsinteresse verpflichtete Forschungsziel erfordert die Ableitung von Gestaltungsalternativen aus den gewonnenen Erkenntnissen.[41] Aus diesem Grund wird zunächst eine Systematik entwickelt, mit deren Hilfe sich die bestehenden Formen der Standardisierung von Beratungsleistungen einordnen lassen. Anhand von Beispielen wird jene getestet und schließlich im Sinne eines kontingenztheoretischen Vorgehens für die Ableitung von Empfehlungen zur konkreten Umsetzung des Standardisierungsgedankens genutzt.

In vielerlei Hinsicht wäre eine größere Kooperationsbereitschaft seitens der Praxis wünschenswert gewesen. Die Bitte, explorative Gespräche zum Thema Standardisierung führen zu dürfen, blieb von seiten der Berater bis auf wenige Ausnahmen unerfüllt. Von über zwanzig mit diesem Wunsch konfrontierten Unternehmen in den USA antwortete nur ein einziges. Gerade dort, so durfte man vermuten, sei man dem Thema gegenüber relativ aufgeschlossen. Indizien sprechen dafür, daß standardisierte Beratungsleistungen von amerikanischen Consultants vergleichsweise häufig und mit ausdrücklicher Billigung der Klienten eingesetzt werden.

Die geringe Unterstützung führte dazu, daß neben theoretischen Erkenntnissen vergleichsweise gut erhältliche Beratungsprofile in den Mittelpunkt der empirischen Untersuchung gestellt werden. Wenn auch nicht in allen Fällen inhaltlich ergiebig, können in ihnen doch deutliche Anzeichen für Standardisierung ermittelt sowie Beispiele für die Illustration der aus der Theorie gewonnenen Standardisierungsdimensionen entnommen werden.

Als weitere Informationsquelle wurden zunächst auch Personalanzeigen in Betracht gezogen. Gerade bei den renommierten Vertretern der Branche spiegelt sich der Trend zum Einsatz standardisierter Werkzeuge häufig in Stellenangeboten wider. So suchte McKinsey beispielsweise „Research Analyst Trainees“, die „fortschrittliche Methoden“ beherrschen, wie „Datenbankrecherchen, EDV-gestützte Analysetools (!), Präsentationsgraphik etc.“[42] Leider konnten solche Inserate aber nicht in der für eine grund legende Untersuchung benötigten Menge gefunden werden.

[41] Vgl. Popper, K. (1988); Schanz, G. (1988).
[42] Vgl. FAZ vom 5.10.1996, Stellen-Angebote, Nr. 232, S. V43.

Die dargestellten Hindernisse bei der empirischen Verankerung sowie die geringe Auskunftsbereitschaft der Berater machen die Untersuchung zwar zu einem schwierigen, gleichzeitig aber jedoch für mehrere Seiten gewinnbringendem Unterfangen. Denn neben dem generell interessierten Leser könnte die Arbeit für zwei Gruppen einen besonderen Nutzwert aufweisen:

(1) *Anbietern von Beratungsleistungen* (auch innerhalb von Unternehmen) wird der systematische Zugang zu dem Konzept der Standardisierung erleichtert.

(2) *Klienten* sollen mit Beratungsmethodik vertraut gemacht werden, um sie in die Lage zu versetzen, durch entsprechende Auswahl von Partnern (bzw. Consultingprogrammen) ihre individuellen Bedürfnisse besser befriedigen und somit den Erfolg der Beratung beeinflussen zu können. Je nach Art der Problemstellung kann sich der Einsatz eines mit standardisierten Instrumenten arbeitenden Beraters als sinnvoller erweisen als der eines aufgabenspezifisch vorgehenden Konkurrenten. Verringert werden soll hierdurch auch das Entstehen von Unzufriedenheit, die aus überzogenen Erwartungen resultiert und zu mangelnder Akzeptanz des Beraters führen könnte.

3. Erfahrungs- und Forschungsobjekte

3.1 Die Unternehmensberatung

Das eine Erfahrungsobjekt, um das es in dieser Arbeit geht, ist die *Unternehmensberatung*. Der Begriff bezeichnet neben der eigentlichen Dienstleistung[43] auch die Institution. „The term management consultant is used ... as a generic term and applies to those persons who perform all or some of the typical consulting functions in the field of management."[44]

Der umgangssprachliche Gebrauch der Begriffe Wirtschafts- bzw. Unternehmensberatung, das Entstehen neuer Wortverbindungen, z.B. Management-, Betriebs- oder Organisationsberatung, sowie der Wandel der Beratungsbedürfnisse führten zu einem Verlust an definitorischer Eindeutigkeit.[45] Mugler sieht darin eine der Ursachen für das vorherrschende Theoriedefizit im Bereich der Unternehmensberatung.[46] „Management consulting is an exciting growth industry that will not sit still for a clear definition."[47]

Ferner hat eine Abnützung des Begriffs Unternehmensberatung in der Bundesrepublik Deutschland dazu geführt, daß verstärkt die Bezeichnung Managementberatung (oder, englisch, „management consulting") für das verwendet wird, was dem tatsächlichen Wesen der Unternehmensberatung als Unternehmerberatung entspricht.[48]

Eine Gruppe von Führungspersönlichkeiten der deutschen Wirtschaft konnte in einer Erhebung des Bundesverbandes der deutschen Unternehmensberater e.V. (BDU) die Frage "Was fällt unter den Begriff Unternehmensberatung?" bzw. "Was kennzeichnet den Unternehmensberater?" nicht eindeutig beantworten. Die Aussagen differierten vor allem hinsichtlich der Zugehörigkeit von Software- und Informationstechnik, Steuer-

---

[43] An dieser Stelle soll keine terminologische Diskussion über den Begriff der Dienstleistung entfacht werden, weil im dritten Teil auf Besonderheiten der Standardisierung sogenannter integrativer Leistungen - Leistungen, die einen externen Faktor integrieren - eingegangen wird (vgl. Engelhardt, W./Kleinaltenkamp, M./Reckenfelderbäumer, M. (1993), S. 397 ff.).

[44] Kubr, M. (1986), p. 2; eine umfassende Behandlung der verschiedenen Facetten des Beratungsbegriffs findet sich bei Kröber, H.-W. (1991).

[45] Vgl. Elfgen, R./Klaile, B. (1987), S. 25; Schott, G. (1972), S. 15, Steyrer, J. (1991), S. 7. Vgl. auch Stutz, H.-R. (1988), S. 94.

[46] Vgl. Mugler, J./Lampe, R. (1987); Mugler, J. (1987), S. 477.

[47] Greiner, L./Metzger, R. (1983), p. 3.

[48] Vgl. Frey, P. (1987), S. 180; Stutz, H.-R. (1988), S. 103.

beratung und Wirtschaftsprüfung. Die Mehrzahl war der Ansicht, daß es notwendig sei, strengere Kriterien für die Berufsbezeichnung "Unternehmensberater" zu entwickeln und den Begriff gesetzlich schützen zu lassen.[49]

Auch in wissenschaftlichen Publikationen finden sich stark divergierende Auffassungen über den Umfang betriebswirtschaftlicher Beratungsdienstleistungen.[50] Der Grund liegt u.a. darin, daß viele Autoren auf ihre eigenen Bedürfnisse abgestimmte Definitionen verwenden, ohne sich bestehenden Ansätzen zu unterwerfen bzw. diese weiterzuentwickeln.[51] Folgende Differenzierungen konnten ermittelt werden:[52]

(1) Die institutionelle Sicht

In der speziellen Form der Unternehmensberatungsgesellschaft (kurz: Unternehmensberatung) wird die Beratungsaufgabe von sogenannten Einzelberatern oder Beratungsunternehmen übernommen, die konform zur zunehmenden Spezialisierung des Wirtschaftslebens in fast allen Bereichen tätig sind und in einer technologisch geprägten Dienstleistungsgesellschaft eine immer größere Rolle spielen.[53] Im Zentrum der Leistungserstellung stehen die am Beratungsprozeß beteiligten Personen.

Die Beratung von Unternehmen konzentriert sich nach gängiger Vorstellung auf *betriebswirtschaftliche Probleme*. Volkswirtschaftliche, psychologische, technologische, informationelle, juristische, ökologische oder andere Fragestellungen können von Fall zu Fall eine Rolle spielen.[54]

Ein weiteres Kriterium betrifft die *Existenz einer bestimmten Gruppe von Bezugspersonen*. Danach wendet sich Unternehmensberatung in der Regel an die Unternehmensleitung[55], in (informations-)technologischen Fragestellungen zumindest an die Spartenleitung.[56]

---

[49] Vgl. BDU (1991a), S. 6.

[50] Eine Übersicht zu den verschiedenen Beratungsbegriffen und -definitionen bietet: Läubli, U. (1985), S. 24 - 35, sowie Greiner, L./Metzger, R. (1983), pp. 4 ff.

[51] Vgl. Kröber, H.-W. (1991) S. 1.

[52] Vgl. beispielsweise Oefinger, Th. (1986), S. 9 ff.; Elfgen, R./Klaile, B. (1987), S. 21 ff.; Strasser, H. (1993), S. 7 ff., u.v.m. Andere bedienen sich hingegen der ethymologischen Herkunft des Wortes (vgl. Vogelsang, G. (1992), S. 19 ff.) bzw. dessen historischer Ableitung (vgl. Hollai, S. (1961), S. 2).

[53] Vgl. Frey, P. (1987), S. 180.

[54] Vgl. Stutz, H.-R. (1988), S. 101; vgl. auch Elfgen, R./Klaile, B. (1987), S. 29; Hoffmann, W. (1991), S. 35; Riklin, A. (1987), S. 127.

[55] Vgl. Mauve, H. (1968), S. 248; vgl. hierzu auch: Bredt, O. (1961), S. 4; Krebs, D. (1980), S. 59, sowie Meyer, D. (1971), S. 25 ff.

[56] Vgl. o.V. (1988e), p. 7.

Weiterhin werden *Externalität*[57] und *Unabhängigkeit*[58] von Experten als notwendiges Merkmal für Unternehmensberatung gefordert. Die Consultants sollten weder räumlich noch organisatorisch in das zu beratende Unternehmen eingebettet sein. Sie dürfen innerhalb der komplexen Beziehung zu den Klienten keinerlei Weisungsbefugnis besitzen, sondern sollten Moderations- und Wandeltechniken einsetzen können, ohne sich selbst zu weit ins Geschehen zu verstricken.[59]

> "Words such as perspective and objectivity signal an indepent stance by the consultant. The consultant does not automatically accept the problem and facts as given by the client, but stands apart from the client to form a separate appraisal."[60]

Einen Grenzfall in dieser Hinsicht bilden Beratungsgesellschaften, die im Zuge von Outsourcing aus anderen Unternehmen hervorgangen sind und diese schwerpunktmäßig betreuen. Interne Beratungsabteilungen, Manager auf Zeit und Sanierungshelfer befinden sich in einer abhängigen Stellung.[61] Wird eine Beratungsleistung *abhängig von* einer anderen Leistung angeboten bzw. verkauft, wie etwa vor oder bei dem Kauf eines erklärungsbedürftigen Produktes, fällt sie für uns nicht unter den Begriff der Unternehmensberatung. Vor allem im Wachstumsbereich Informationstechnologie verschwimmen die Grenzen zwischen Haupt- und Nebenleistung immer mehr: Die Beratung im Vorfeld und während der Implementation einer komplexen Softwarelösung nimmt mitunter einen ähnlichen Umfang wie die technische Einführung des Instrumentes an.

Nach Strasser ist Beratung sogar die *einzige* Marktleistung, die ein Unternehmensberater anbietet. Insofern schließt er z.B. Wirtschaftsprüfer, die sowohl prüfend als auch beratend in ein und demselben Unternehmen tätig sind, aus der Definition aus.[62] Die völlige *Unabhängigkeit* von allem anderen bildet somit das zentrale Kriterium für Unternehmensberatung, da sie eine möglichst neutrale und unvoreingenommene Leistungserstellung ermöglicht.[63]

Die Forderung nach *Auftragsindividualität* jeder Beratungsleistung könnte sich u.U. als konfliktär mit Standardisierungsüberlegungen erweisen. Doch läßt man in der Regel,

---

[57] Vgl. Higdon, H. (1971), S. 28; Klein, H. (1974), S. 3; Meyer, C. (1979), S. 2 f.; Krebs, D. (1980), S. 56.
[58] Vgl. Kubr, M. (1980), p. 7 f.; Kienbaum, G. (1959), S. 9 ff.; Schlobig, E. (1962), Sp. 5524 ff.
[59] Vgl. Kubr, M. (1980), p. 8.
[60] Greiner, L./Metzger, R. (1983), p. 6.
[61] Vgl. Hoffmann, W. (1991), S. 37.
[62] Vgl. Strasser, H. (1993), S. 11 f.
[63] Vgl. Elfgen, R./Klaile, B. (1987), S. 22 f.

auch wenn für jede unternehmerische Problemstellung eine spezifische Beratungslösung gefordert wird, den Einsatz von erprobten Instrumenten, Tools und Methoden zu. Der Verkauf von reinen "Standardlösungs"-Paketen zu festen Preisen und ohne individuelle Anpassung freilich, wird vom Begriff Unternehmensberatung ausgeschlossen.[64]

(2) Die prozessuale Sicht

Schott sieht die Hauptziele der Beratung in der *analytischen Durchdringung ökonomischer Strukturen und Prozesse* sowie in dem Bemühen, unter mehreren praktikablen Alternativen die Optimale zu finden. Der Unterschied zu Handlungen der Geschäftsführung besteht in der Aneignung und zeitlich beschränkten Anwendung von (wissenschaftlichen) Methoden und Sachkenntnissen, die das Unternehmen der optimalen Allokation von knappen Mitteln und der Erfüllung bestimmter Bedürfnisse näherbringen soll.[65] Der bei anderen Autoren hervorgehobene Projektcharakter der Unternehmensberatung[66] wird hier durch die zeitliche Beschränktheit der Aktivität berücksichtigt.[67]

In jedem Fall muß es sich um einen flexiblen, *interaktiven Prozeß* handeln, bei dem der Klient in das Geschehen eingebunden wird. Nur durch das Zusammenspiel von Auftraggeber (Klient) und Unternehmensberater kann eine für beide Seiten erfolgreiche Beratungsdienstleistung erbracht werden. Die Interaktion ermöglicht den mit Beratungsaufgaben betrauten Personen, Erkenntnisse aus den Sozialwissenschaften einzusetzen und so die Effizienz ihrer Arbeit zu steigern.

Der Unterschied zu anderen Formen menschlicher Interaktion liegt in der Sinn- und Zweckgebundenheit. Alles zielt auf das Lösen konkreter Probleme eines Ratsuchenden ab. Dabei sollte der Berater "(...) seinem Klienten die Entscheidung nicht abnehmen, sondern ihn befähigen, eine Entscheidung selbst treffen zu können“.[68] Der temporäre Charakter dieser Verbindung wird von den Partnern anerkannt.[69]

---

[64] Vgl. ebda., S. 30.
[65] Vgl. Schott, G. (1972), S.17 ff.
[66] Vgl. Hoffmann, W. (1991), S. 25; Grün, O. (1984), S. 75 ff.
[67] Vgl. Schott, G. (1972), S. 17 ff. Vgl. auch: Reineke, W./Henneke, J. (1982), S. 62.
[68] Bollnow, O. (1959), S. 18.
[69] Vgl. auch Greiner, L./Metzger, R. (1983), p. 7; Kubr; M. (1980), p. 8.

(3) Die instrumentelle Sicht

Hierbei treten die verwendeten Methoden und Problemlösungsansätze, die in ihrer Gesamtheit die Beratungsleistung bilden, in den Mittelpunkt der Betrachtung. Hinsichtlich des Beratungsstiles werden zwei Vorgehensweisen unterschieden:

Während im Kaufmodell der Beratung vorrangig Instrumente, die der jeweiligen Klientensituation angepaßt werden müssen, verkauft werden, bedient sich der prozeß- und interaktionsorientierte Ansatz des sogenannten Arzt-Patienten-Modells. Dort wird nach einer bedarfsorientierten Diagnose eine nach fachlich-funktionalen Gesichtspunkten zusammengestellte individuelle „Medizin" verschrieben.[70]

Instrumente mit Produktcharakter, die von den Klienten beim Berater „gekauft" werden, lassen sich „(...) in prozeßbezogene (Beratungskonzepte) und inhaltsbezogene Instrumente (Problemlösungen, welche beim Klienten implemetiert werden)" unterteilen. „Eines der bekanntesten und wohl auch am meisten diskutierten Konzepte in dieser Hinsicht ist das der Gemeinkosten-Wertanalyse."[71]

Die methodische und instrumentelle Zusammensetzung der Beratungsleistung basiert dabei immer auf einem bewußt oder unbewußt entstandenen gedanklichen Entwurf, der Beratungskonzeption. Diese setzt sich aus der Beratungsphilosophie, in der neben generellen Zielvorstellungen die Wert- und Verhaltensmuster der Berater eingehen, den konkreten Beratungsbedürfnissen des Klienten und der Strategie des Beraters zusammen. Die Beratungskonzeption wird in einem fortwährenden Entwicklungsprozeß der Aufgabenstellung und den Erwartungen des Klienten angepaßt.

(4) Die funktionale Sicht

Eschbach unterteilt die Aufgaben der Beratung in Korrespondenz- und Supplementär-Funktionen. Erstere dienen dazu, Defizite beim Klienten zu beheben, letztere ergänzen die unternehmerische Leistung und verbessern sie qualitativ. Zu den Korrespondenzfunktionen gehören die Transferfunktion, die beispielsweise dazu dient, einen Wissens- und Erfahrungsmangel beim Klienten auszugleichen, die Wirtschaftlichkeits-, Objektivierungs- und Katalysefunktion. Die Supplementärfunktionen werden u.a. in die

[70] Vgl. Schein, E. (1969).
[71] Stutz, H.-R. (1988), S. 191 ff. Dort werden auch Beispiele für andere Beratungsinstrumente gegeben.

Ausstaffierungs-[72], Kommunikations- und Orientierungsfunktion unterteilt. Diese Sichtweise weicht insofern von vielen anderen ab, als sie den Zusammenhang mit der Bedarfsentwicklung des Systems Unternehmung in den Mittelpunkt stellt und somit die Nachfrager- statt der Anbieterperspektive einnimmt.[73]

(5) Die personelle Sicht

Von Greiner und Metzger wird die Diskussion um personelle Kriterien ergänzt: "(...) management consulting is an advisory service contracted for and provided to organisations by specially trained and qualified persons who assist, in an objective and independent manner, the client organisation to identify management problems, analyse such problems, recommend solutions to these problems, and help, when requested, in the implementation of solutions."[74]

Strasser fordert eine besondere Qualifikation von Unternehmensberatern in Form einer speziellen fachlichen Aus- und Weiterbildung, praktischer Erfahrung und bestimmter herausragender Persönlichkeitsmerkmale.[75] In einer Befragung des BDU stimmte die Mehrheit der Probanden zu, daß eine langjährige Industrieerfahrung unerläßlich sei. Auch ein Hochschulabschluß war für die Befragten eine wichtige Voraussetzung für den Beraterberuf.[76]

Auf der Basis der hier angestellten Überlegungen soll folgende Definition der Arbeit zugrunde gelegt werden:

Unternehmensberatung bezeichnet eine Dienstleistung, die von qualifizierten und unparteiischen Personen für Ratsuchende erbracht wird und möglichst auftragsindividuell gestaltet sein sollte. Sie kann von der Problemidentifikation bis zur -lösung, häufig auch zur Implementation von Vorschlägen reichen. Die Leistung wird ausschließlich eigenverantwortlich und im Rahmen eines interaktiven Prozesses gegen Entgelt erbracht. Ziel ist es, ermittelte Schwächen im betriebswirtschaftlichen Bereich zu beseitigen und die Marktchancen des beratenen Unternehmens zu verbessern.

[72] Hierunter fällt das Anwachsen des Sozialprestiges des Klienten (vor allem in den USA) durch die Einschaltung eines renommierten Unternehmensberaters. In Deutschland wurde eine solche lange Zeit, ganz im Gegenteil, als ein Zeichen von Schwäche interpretiert.
[73] Vgl. hierzu und zum folgenden: Eschbach, T. (1984), S. 30 ff.; Mechler, H. (1974), S. 2 f.; Meyer, C. (1979), S. 2; Kapoun, J. (1984), S. 241.
[74] Greiner, L./Metzger, R. (1983), p. 7.
[75] Strasser, H. (1993), S. 12; zur Qualifikation der Berater vgl. auch Stutz, H.-R. (1988), S. 129 ff.
[76] Vgl. BDU (1991a), S. 7.

Soweit die genannten Aspekte berücksichtigt sind, schließt der Begriff der Unternehmensberatung durchaus Tätigkeiten ein, die auch beispielsweise Steuerberater, Wirtschaftsprüfer und Softwarehersteller erbringen.[77] Die Bezeichnungen Consulting, Beratung, Management-Consulting, Wirtschafts- und Betriebsberatung wollen wir, wie auch in der Praxis üblich, im weiteren synonym zu "Unternehmensberatung" verwenden.[78]

3.2 Die Standardisierung

Der zweite zentrale Begriff, der im Mittelpunkt der Arbeit steht, ist die Standardisierung. Unternehmen, die eine (teil-)standardisierte Leistung anbieten, müssen diese an den durchschnittlichen Ansprüchen einer anonymen Menge von Nachfragern ausrichten, um ein möglichst großes Absatzpotential zu erlangen. In einer weiten Begriffsfassung werden unter Standardisierung alle Formen der Vereinheitlichung von Objekten zusammengefaßt. Dabei sind besonders Leistungen und Leistungselemente relevant sowie alle Verfahren, die bei ihrer Hervorbringung zum Einsatz gelangen.[79]

Da idealtypisch nur eine oder wenige Versionen dieser Leistung angeboten werden, besteht oftmals die Möglichkeit, Teile davon vorzuproduzieren.[80] Weil die Ansprüche der Nachfrager nicht genau bekannt sind, muß jene aufgrund von Einschätzungen von Zeit zu Zeit den erwarteten Anspruchsveränderungen angepaßt werden. Je größer der angestrebte Absatz ist, desto unspezifischer sollte die Leistung gestaltet sein.[81] Abb. 2 faßt die Kennzeichen der Standardisierung zusammen.

[77] Diese legen im übrigen großen Wert auf die Zugehörigkeit zum Unternehmensberatungssektor: „Defining consultancy is a bit like defining the upper class: every possible candidate draws the line just below himself." Vgl. o.V. (1988h), p. 6.

[78] Vgl. Mugler, J./Lampe, R. (1987).

[79] Vgl. Burghard, W./Kleinaltenkamp, M. (1996), S. 164.

[80] Wird bei der Konzipierung eines Beratungsinstrumentes der erarbeitete Vorrat an Erfahrung und Ideen für eine spätere auftragsgebundene Verwendung dokumentiert, kann durchaus von einer „Lagerproduktion" gesprochen werden (vgl. Withauer, K. (1973), S.63).

[81] Vgl. Mayer, R. (1993), S.42 ff.

Abb. 2: Kennzeichen der Standardisierung

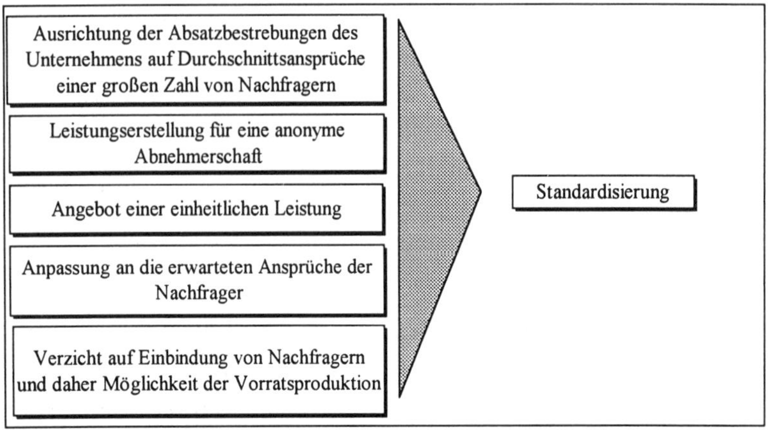

Quelle: Mayer, R. (1993), S. 44

Im Realgüterbereich dominiert eine technische Sicht- und Interpretationsweise. Hinterhuber sieht Standardisierung als Oberbegriff für Typung (Vereinheitlichung von Produkten) und Normung (Vereinheitlichung von Produktteilen). Eine solche Betrachtungsweise stellt allerdings allein auf die Objektdimension von Standardisierung ab. Die objektbezogene Standardisierung wird demnach als „(...) planmäßige Vereinheitlichung von materiellen und immateriellen Gegenständen“ definiert.[82]

Daneben kann, wie erwähnt, Standardisierung aber auch an Prozessen ansetzen. Diese bestehen aus einer Reihe von Handlungen, Tätigkeiten oder Verrichtungen unterschiedlicher Reichweite, die zur Schaffung von Produkten oder Dienstleistungen unternommen werden. Sie stehen in einem Beziehungszusammenhang mit einem genau definiertem Prozeßbeginn bzw. Ausgangspunkt und einem Prozeßende, das durch die Übergabe des Ergebnisses bestimmt wird.[83]

Standardisierung kann u. a. Kommunikations-, Distributions- und Serviceprozesse umfassen oder die Preis- und Konditionengestaltung zum Inhalt haben.[84] In diesem Zusammenhang müssen „unter Standardisierung (...) das antizipierende Durchdenken von Problemlösungswegen und die darauf aufbauende Festlegung von Aktivitätsfolgen verstanden werden, so daß diese im Wiederholungsfall mehr oder weniger routiniert und gleichartig verlaufen“.[85]

[82] Vgl. Hinterhuber, H. (1974), Sp. 2782. Vgl. auch Kleinaltenkamp, M. (1993), S. 19 ff.
[83] Vgl. Striening, H.-D. (1996), S. 635. Schlüsselprozesse sind die 10 bis 15 weitreichenden Aktivitäten, durch die sich die Hauptwertschöpfung der Organisation vollzieht.
[84] Vgl. Burghard, W./Kleinaltenkamp, M. (1996), S. 165.
[85] Hill, W./Fehlbaum, R./Ulrich, P. (1974), S. 266.

Dadurch werden der Entscheidungsbedarf innerhalb einer Organisation reduziert sowie die Produktions-, Lager- und Vertriebskosten deutlich gesenkt.[86] Je weniger sich die konkrete Aufgabenstellung verändert bzw. die Rahmenbedingungen der Aufgabenerfüllung wechseln, desto größer ist das Standardisierungspotential. Dienstleistungen können „auf der Grundlage von Erwartungen" durchaus für einen „anonymen Markt" produziert werden.[87]

In der Betonung von „mehr oder weniger routiniert und gleichartig" kommt bereits zum Ausdruck, daß es eine absolute Gleichartigkeit bzw. Identität weder von Ergebnissen noch von (komplexen) Prozessen im Dienstleistungsbereich geben kann. Durch sich verändernde Rahmenbedingungen, vor allem durch die Leistungsmitgestaltung durch den Abnehmer im Beratungsbereich, variieren sowohl der Prozeß der Leistungserstellung als auch dessen Ergebnis. Daher müssen jeder Prozeß und jedes Ergebnis eine bestimmte Kombination aus standardisierten und einzigartigen Elementen besitzen. Der Übergang von vollkommener Individualität zu größtmöglicher Standardisierung vollzieht sich dabei nicht in einem stufenartigen Prozeß, sondern ist vielmehr ein Kontinuum mit fließenden Übergängen (vgl. Abb. 3).

Abb. 3: Abstufungen der Standardisierung

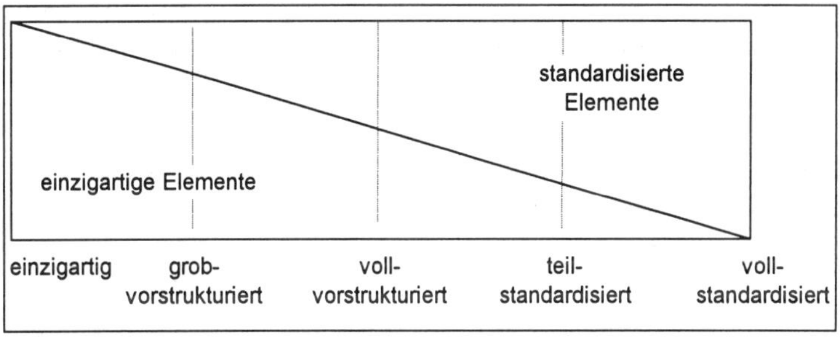

Quelle: Rüschen, Th. (1990), S. 55

Muß sich beispielsweise ein Berater Vorgehensweise und Informationsbasis im Rahmen eines Projektes weitgehend selbst erarbeiten, wird sich seine Leistung eher im linken Teil der Abbildung einordnen lassen. Kann er dagegen auf unterstützende Instrumente

[86] Vgl. Hinterhuber, H. (1974), Sp. 2782.

[87] Corsten, H. (1986), S. 20. Vgl. auch Mayer, R. (1993), S. 3. Damit wird der Meinung Anton Meyers widersprochen, Dienstleistungen seien nur schwer standardisierbar, weil der Nachfrager direkt am Produktionsprozeß beteiligt sei (vgl. Meyer, A. (1994), S. 37).

zurückgreifen, wird sie sich eher am anderen Ende einstufen lassen. Bei einer Teilstandardisierung steht dem Berater in vielen Bereichen ein Instrumentarium zur Verfügung, das den Inhalt und Ablauf des Projektes größtenteils bestimmt. In der Regel bleiben die Extrempole „einzigartig“ und „vollstandardisiert“ unbesetzt. Im Zusammenhang mit Dienstleistungen stellt sich eher die Frage nach einer Abstufung der Gleichförmigkeit als nach vollständiger Standardisierung oder Individualisierung.[88]

Standardisierung besitzt eine räumliche, zeitliche, quantitative und qualitative Dimension.[89] Neben einem einheitlichen Ort, an dem die Leistung erbracht wird, können die Prozesse zum gleichen Zeitpunkt beginnen oder gleich lange dauern. Die Menge der Inputfaktoren läßt sich festlegen sowie die Art, wie diese im Leistungserstellungsprozeß zu verarbeiten sind (quantitative und qualitative Standardisierung). In der Regel wird sich Standardisierung auf mehrere dieser Faktoren beziehen.

Standardisierung im Beratungsbereich dient vor allem dem Erkennen und Wiederholen von effizienten und effektiven Vorgehensweisen. Im Unterschied zur Nutzung von Erfahrung und Intuition geht es dabei um den gezielten Einsatz von Know-how, das interpersonell übertragbar sein muß. „Erfahrungsregeln“, die “lediglich implizit beim Problemlöser vorhanden“ [90] und somit ihrem Wesen nach schlecht mitteilbar sind, lassen Potential ungenutzt.[91] Gerybadze fordert in diesem Sinne, „Markt-Insider-Wissen“ in Wissensbasen zu sammeln.[92] Diese ermöglichen einen leichteren und ökonomischeren Zugang zu Informationen, die nicht firmenspezifischer Natur sind.[93] So können Beratungskosten reduziert und die gezielte Nutzung von bewährtem Beratungs-Know-how gewährleistet werden.[94]

Im Hinblick auf diese Einsicht wird heute letztlich das Profil von Beratungsfirmen auch davon geprägt, ob sie mit einem eher standardisierten oder individualisierten Beratungskonzept arbeiten. Ersteres erfordert oft erhebliche Forschungs- und Entwicklungsinvestitionen, läßt sich dann aber als Beratungsprodukt vermarkten, liefert gute Verkaufsargumente, kann erhebliche Publicity verschaffen, und der Kunde weiß, welche Art von Leistungen er vom Berater erwarten kann.[95]

---

[88] Vgl. Rüschen, Th. (1990), S. 55; vgl. auch Gersch, M. (1995), S. 25.
[89] Vgl. Graumann, J. (1983), S. 40.
[90] Fleischmann, P. (1984), S.93 f.
[91] "Unternehmensberater verfügen eher aufgrund ihrer Erfahrung mit ähnlich gelagerten Problemen über Heuristiken zur Schwachstellenanalyse“ (Kienbaum, G./Meissner, D. (1979)).
[92] McKinsey nutzt ein sogenanntes PD-Net, welches mehr als 6.000 Dokumente aus verschiedensten Beratungsprojekten umfaßt (vgl. o.V. (1991a)).
[93] Vgl. Gerybadze, A. (1991), S. 32 f.
[94] Vgl. Rüschen, Th. (1990), S. 47; Heinen, E. (1991), S. 134.
[95] Hill, W. (1990).

4. Der Stand der Forschung

Obwohl die Bedeutung von Management-Consulting stark zugenommen hat, vermißt man eine systematische Behandlung der Materie, etwa im Sinne von Theorienbildung.[96] Es finden sich vor allem Handbücher[97], die zumeist im Stile einer Anleitung verfaßt und wissenschaftlich wenig fundiert sind.[98]

Das Feld der Organisationsentwicklung bzw. des Planned Organizational Change, an das man hier auch denken könnte und das über theoretisch abgesicherte Erkenntnisse bzw. eine lange Forschungstradition verfügt, wird hier ausdrücklich ausgegrenzt. Auch wenn dort entwickelte Wandeltechniken mitunter wichtige Werkzeuge von Unternehmensberatern darstellen, stehen diese generell allen an der Veränderung von Organisationen Interessierten zur Verfügung.[99]

Die oben angesprochene, unbefriedigende theoretische Fundierung gilt insbesondere für von Beratern verfaßte Beiträge, die vielfach von dem Gedanken der Werbung für den eigenen Berufsstand getragen sind. „Der bisherige Forschungsstand zum Thema Unternehmensberatung strotzt vor Selbstdarstellungen und nur an der Oberfläche vor reflektierter Bestandsaufnahme."[100] Einer Beschäftigung mit Standardisierung, die dem Individualitätsstreben der Klienten ganz offensichtlich zuwiderläuft, wird kein Platz eingeräumt. „Sie (die Berater) wollen Publizität, aber nur zu ihren eigenen Bedingungen."[101]

Vor allem bei Veröffentlichungen zu Organisation, Planung, Steuerung und Kontrolle der Unternehmensberatung läßt sich ein Defizit an theoretischen Beiträgen ausmachen. Wesentliche, empirisch abgesicherte Befunde zu Prozeß und Effizienz der Beratung liegen nicht vor.[102]

---

[96] Vgl. Hoffmann, W. (1991), S. 2 ff.; vgl. auch Risse, W. (1989), S. 27 u. 30.

[97] Ibielski, D./Küster, N./Sebode, G. (1976); Goldbeck, K.-J. (1980); Mayer, C. (1978); vor allem im Amerikanischen existieren eine ganze Reihe von „Consulting-Kits". Vgl. z.B. Jeffrey Lant Associates (1981); Consultants News (1980); Schiffman, S. (1988); Kubr, M. (1986); Blake, R./Mouton, J. (1976).

[98] Bei dem Umsatzvolumen der Branche vermag es auch zu erstaunen, daß in den USA nur ein Fachblatt (Journal of Management Consultancy) sowie ein Newsletter existieren (vgl. o.V. (1988h), p. 6).

[99] Vgl. beispielsweise Lorenz, P./Lorsch, J. (1969); Schein, E. (1969), Wohlgemuth, A. (1982).

[100] Staute, J. (1996), S. 10.

[101] Higdon, H. (1971), S. 8.

[102] Eine Zusammenstellung vieler Arbeiten in diesem Bereich findet sich bei Steyrer, J. (1991), S. 1 ff. Dort wird ein Defizit hinsichtlich der Qualität der wissenschaftlichen Vorgehensweisen festgestellt. Klaile/Rieth konnten sogar für Arbeiten, die zwischen 1960 und 1981 entstanden, nachweisen, daß in der Regel keine wissenschaftliche Auseinandersetzung mit konkreten Fragestellungen, sondern eine allgemein gehaltene Leistungsbeschreibung beabsichtigt war (vgl. Klaile, B./Rieth, A. (1981), S. 1 ff.).

Lediglich zwei Werke widmen sich intensiv der Produktivität von Beratungsleistungen.[103] Meister (1990) untersucht, inwieweit der Einsatz von künstlicher Intelligenz dazu beitragen kann, Automatisierungspotential für Unternehmensberatungsleistungen zu erschließen. Neben einer theoretischen Herleitung von Vorteilen setzt er seine Erkenntnisse in Form eines einzigen Instruments der praktischen Bewährung aus und gelangt dabei zu dem Ergebnis, daß mit Standardisierung die Effizienz von Beratungsleistungen gesteigert werden kann.[104]

Eine andere Veröffentlichung nimmt unmittelbar Bezug auf das Problem der Standardisierbarkeit von Beratungsleistungen. Rüschen (1990) untersucht die Betätigungsmöglichkeiten von Banken am Beratungsmarkt. Aus den Anforderungen an deren Leistungsspektrum leitet er einen Bedarf an standardisierten Beratungsprodukten ab.[105] Sowohl mit der Einteilung in sachlogisch gebildete Beratungsphasen als auch mit der „modularen Strukturierung der Beratungsarten" sowie der anschließenden Prüfung der Phasen und Beratungsarten auf Standardisierungspotential wird dem Bedarf an einer systematischen Analyse des Standardisierungsproblems im Beratungsbereich erstmalig, wenngleich aus einer sehr eingeschränkten Perspektive, Rechnung getragen.

Es wird deutlich, daß eine Behandlung des Standardisierungskonzeptes im Umfeld der klassischen Unternehmensberatung bisher fehlt. Dies zieht u.a. die Konsequenz nach sich, daß das Konzept einseitig und verkürzt dargestellt wird, oder aber das in ihm schlummernde Potential gar nicht erkannt wird.

„(...) Standardisierung (wird) als Instrument zur `Schematisierung´, `Gleichmacherei´ und `Pauschalierung´ von Unternehmensberatungsleistungen gesehen, durch die ein direktes Eingehen auf den Kunden unmöglich werde, eine Abstraktion von der Realität erfolge und damit eine optimale Beratung im Sinne der Kundeninteressen nicht mehr möglich sei."[106]

---

[103] Vgl. Meister, D. (1990).
[104] Vgl. ebda., S. 248.
[105] Rüschen, Th. (1990), S. 11.
[106] Rüschen, Th. (1990), S. 57. Mit der Arbeit soll bewußt auch ein Gegenpunkt zu solchen Meinungen, die meist in populärwissenschaftl. Publikationen vertreten werden, gesetzt werden (vgl. auch Staute, J. (1996)).

Teil 2: Der Markt für Unternehmensberatung

1. Die Entstehung und wirtschaftliche Bedeutung der Unternehmensberatung

1.1 Die historischen Wurzeln

Die Entwicklung der Managementberatung spiegelt die Veränderung der wirtschaftlichen Rahmenbedingungen sowie die Historie der Unternehmensführungs- bzw. Managementlehre wider. Ihre Pioniere sind in vielen Fällen zugleich die Väter moderner Managementtheorien. Häufig versuchen Vertreter der Beratungsbranche die in der unternehmerischen Praxis angetroffenen Problemstellungen unabhängig von ihrem situativen Kontext zu lösen und leisten dadurch einen Beitrag zur wissenschaftlichen Erkenntnis. Ein Beispiel bildet der Erfahrungskurveneffekt, der von Henderson, Harvard-Professor und Mitbegründer der Boston Consulting Group, in den 70er Jahren wiederentdeckt wurde und heute zum Basiswissen der Betriebswirtschaftslehre gehört.[107]

Über das erste Auftreten eines Wirtschaftsberaters herrschen unterschiedliche Auffassungen: Während die einen bereits Han Fei Tzu, den Gründer der sogenannten legalistischen Schule der alten chinesischen Philosophie und Berater des Kaisers, als solchen bezeichnen, bestehen andere darauf, daß Macchiavelli im 14. Jahrhundert der erste seiner Zunft gewesen sei.[108] Als sicher gilt, daß der Begriff Berater der politischen Sphäre entstammt.[109] Spätestens gelten Wirtschaftsprüfer, die Ende des 19. Jahrhunderts im Rahmen ihrer Berufsausübung Mangelsituationen in Unternehmen entdeckten und ihre Beseitigung anboten, als Begründer der modernen Unternehmensberatung.[110]

Unternehmen, die sich ausschließlich mit Managementberatung beschäftigen, treten erstmals zu Beginn des 20. Jahrhunderts in Erscheinung.[111] Die zunehmende Industrialisierung der Güterproduktion sowie damit einhergehende ablauftheoretische Probleme zwangen Unternehmen, sofern sie nicht über entsprechendes Know-how verfügten, auf die Dienste entsprechend ausgerichteter Expertenorganisationen zurückzugreifen.[112]

---

[107] Vgl. Vogelsang, G. (1992), S. 13 f.; Melcher, H. (1974), S. 55 ff.; Leihner, E. (1982), S. 581 f.; Meffert, H. (1989), S. 1.
[108] Higdon, H. (1971), S. 108.
[109] Kröber, H.-W. (1991), S. 2 f.
[110] o.V. (1990a).
[111] Kubr, M. (1986), p. 21.
[112] Stutz, H.-R. (1988), S. 86; vgl. auch: Kosmath, E. (1974), S. 42.

Den Beginn dieser Ära markieren amerikanische Wirtschaftsberater (damals spöttisch Geschäftsführungstechniker genannt[113]) wie Taylor, Gantt, Gilbreth und Barth. Während in Europa zunächst nur Beratungsdienste im landwirtschaftlichen Bereich, und zwar bedingt durch den gewonnenen Erkenntnisfortschritt in den Naturwissenschaften, angeboten wurden[114], ging mit dem Beginn der industriellen Massenfertigung in den USA ein Bedarf an Experten für Mensch-Maschine-Beziehungen einher.[115] Jene werden heute in die Gruppe der Rationalisierungsexperten eingeordnet, weil sie auf der Grundlage von Zeit- und Bewegungsstudien Vorschläge zur Verbesserung von Unternehmensprozessen machten.[116]

Bedaux hat später diese Studien um die Dimension Qualität der Arbeit ergänzt. Arthur D. Little, Gründer der gleichnamigen Unternehmensberatung, hat sich für die Verbreitung wissenschaftlicher Konzepte in der Wirtschaft eingesetzt.[117] Bevor man schließlich zum "Systems Approach“, zu einer unternehmens- und funktionsübergreifenden Beratungsweise, überging, waren Fragestellungen der Kostenrechnung ein wichtiges Element der betriebswirtschaftlichen Beratung zu Beginn des 20. Jahrhunderts geworden.[118]

Die ersten großen Beratungsfirmen sind in den USA entstanden (vgl. Tab. 1). Zwei Vertreter stechen hier hervor: In Chicago wurde 1914 Booz Allen & Hamilton, in New York 1926 McKinsey gegründet. Beide verwirklichten erstmals eine integrierte Universal- und Teamberatung, während sich im europäischen Raum die kaufmännische und die technische Beratung zunächst noch völlig getrennt voneinander entwickelten.[119] 1918 gründeten die Ingenieure Koch und Kienzle in Berlin das erste deutsche Beratungsunternehmen.

[113] Vgl. Higdon, H. (1971), S. 112.
[114] Vgl. Schmiel, M. (1968), S. 146.
[115] Vogelsang, G. (1992), S. 35.
[116] Higdon, H. (1971), S. 108; in den USA werden sie dem Begriff „Scientific Management“ subsumiert (vgl. Grochla, E. (1978), S. 114 f.). Schütz weist den Ideen des Scientific Management einen maßgeblichen Einfluß auf die Gründung des ersten Lehrstuhls für Betriebswirtschaftslehre an der Technischen Hochschule in Berlin-Charlottenburg zu (vgl. v. Schütz, W. (1971), S. 85 f.).
[117] o.V. (1988h), p. 6.
[118] Vgl. Engel, K. (1979), S. 256 f.; Vogelsang, G. (1992) S. 34; vgl. auch o.V. (1964).
[119] Hammerschmidt, J. (1964), S. 45.

Tab. 1: Beratungsfirmen mit Tradition

Unternehmen	Ort	Gründungsjahr
Arthur D. Little	Cambridge, Ma.	1886
Arthur Young & Co.	New York	1894
Deloitte Touche	Wilton, Connecticut	1895
Peat Marwick	New York	1897
Coopers & Lybrand	New York	1898
Ernst & Whinney	New York	1903
BDO Seidmann	(keine Angabe)	1910
Andersen Consulting	Chicago	1913
Booz Allen[120]	New York	1914
Towers Perrin	New York	1917
George S. May	(keine Angabe)	1925
A.T. Kearney	Chicago	1926
McKinsey & Company	New York	1926

Die Wichtigkeit eines effizienten Einsatzes des Produktionsfaktors Arbeit im Zuge der Industrialisierung wurde erkannt und führte 1921 in Deutschland zur Gründung des Reichskuratoriums für Wirtschaftlichkeit (RKW). In der beginnenden Zeit des Aufschwungs 1924 - 1928 sowie nach dem Ende der Depression setzte eine starke Expansion des Beratungswesens ein. Neben Fragen der Rationalisierung von Prozessen gewannen jetzt Methoden der Organisation sowie der Kostenkontrolle an Bedeutung, was vor allem zum Auftreten beratender Betriebswirte und selbständiger Einzelberater im Organisationswesen führte.[121] In den lukrativen Consulting-Bereich drängten noch andere Berufsgruppen. Waren es anfänglich hauptsächlich Ingenieure[122], fühlten sich nun mehr und mehr Wirtschaftsprüfer[123] und Professoren von Elite-Universitäten angezogen.[124]

Das Geschäft der amerikanischen Berater erhielt einen gewaltigen Anstoß mit dem Beginn des Zweiten Weltkrieges. Ursache hierfür waren schwerwiegende organisatorische Probleme, weil für Unternehmen zunächst unersätzliche Personen zum Militärdienst eingezogen wurden. Das Top Management erkannte, daß ihm Berater

[120] Erst später kam Hamilton hinzu.
[121] Vgl. v. Schütz, W. (1971), S. 86 f.
[122] Die renommierteste amerikanische Unternehmensberatervereinigung heißt deshalb auch Association of Consulting Management Engineers(ACME).
[123] Gerade Prüfungsunternehmen wie Peat Marwick, Arthur Andersen oder Price Waterhouse bauen zum Unmut der klassischen Managementberater ihre Anteile am Beratungsmarkt ständig aus. Man schätzte bereits 1988, daß ein Drittel aller Beratungsaufträge weltweit von ihnen ausgeführt wird. Vgl.: o.V. (1988e), p. 7.
[124] Vgl. Higdon, H. (1971), S. 26 f.

aushelfen konnten. Nach dem Ende des Krieges wurden dann Verbindungen zu diesen oft aufrechterhalten. Auch die Streitkräfte selbst setzen Consultants ein; dies besaß Vorbildfunktion für Unternehmen im privatwirtschaftlichen Bereich. Paget, McCormick und Cresap leiteten beispielsweise die Reorganisation der amerikanischen Marine im Auftrage von Booz Allen & Hamilton und gründeten 1946 ihr eigenes Beratungsunternehmen.[125]

Inhaltlich dominierten Fragen der Arbeitsvorbereitung, Produktionssteuerung, des Materialflusses und Rechnungswesens, wobei der Plankostenrechnung besonderes Gewicht zukam.[126] Viele Unternehmen besaßen nicht die finanziellen Möglichkeiten, eigene Forschungs- und Stabsabteilungen dafür aufzubauen bzw. eine Mannschaft von Experten dauerhaft zu unterhalten. Dieser Faktor kam dem Wachstum der Beratungsbranche zugute.[127]

In Deutschland und im übrigen Europa markierte das Ende des Zweiten Weltkrieges den Beginn eines stürmischen Wachstums der Beratungssparte. Zahlreiche neue Gesellschaften entstanden (z.B. PA Management Consulting 1943 in London, Kienbaum 1945 in Gummersbach, Knight Wegenstein 1946 in Zürich); ein Verband wurde gegründet.[128] Der Niedergang der zentralen Wirtschaftslenkung des Nationalsozialismus sowie der Marshall-Plan der USA, der die Reindustrialisierung Europas beschleunigen sollte, begründeten die Notwendigkeit einer strukturellen Umstellung der deutschen Wirtschaft, die der Unternehmensberatung volle Auftragsbücher bescherte.

Seit Beginn der 60er Jahre lassen sich kaum noch Unterschiede hinsichtlich der Entwicklung der Unternehmensberatung im angloamerikanischen und im kontinentaleuropäischen Raum feststellen. Impulse aus den USA führten zu einer Angleichung der verschiedenen Beratungskulturen. So galten US-Consultants als wichtiges Bindeglied beim Transfer amerikanischer Führungstechniken nach Europa. Vor allem vom Erfolg der US-Unternehmen nach dem Zweiten Weltkrieg wurde in Europa die Notwendigkeit der

[125] Higdon, H. (1971), 80.
[126] Vgl. Schleip, W. (1969), S. 7 ff.
[127] Vgl. Lant, J. (1991), p. 3.
[128] 1973 ist daraus der BDU entstanden. Dieser überwacht vorrangig die Qualität der Beratungsleistung seiner Mitglieder und vertritt deren Interessen gegenüber staatlichen Institutionen. Heute zählt er ca. 480 Mitglieder. Es existieren neben dem BDU noch der aus fünf Einzelverbänden hervorgegangene Bundesverband der Wirtschaftsberater (BVW) e.V., in dem allerdings Schätzungen zufolge 70 Prozent der Mitglieder Handelsvertreter, Makler usw. sind (vgl. Risse, W. (1989), S. 31), sowie der Verband unabhängig beratender Ingenieurfirmen e.V. (VUBI). Vgl. Verband unabhängig beratender Ingenieurfirmen e.V. (1993).

Kenntnis von in den USA entwickelten Managementmethoden abgeleitet.[129] Ein besonderer inhaltlicher Schwerpunkt bestand in den Ende der 60er Jahre entwickelten Theorien des 'Organisational Development'. Hierbei rückt der Produktionsfaktor Mensch in den Mittelpunkt der Betrachtung.[130]

Auch erteilten multinationale Konzerne amerikanischer Provenienz, die in Europa Niederlassungen errichteten, Aufträge gerne an ihnen bereits vertraute amerikanische Beratungsunternehmen. Diese konnten den Markt nicht von ihren Büros in den USA aus bearbeiten und gründeten deshalb Brückenköpfe in Europa. McKinsey etwa eröffnete beispielsweise schon frühzeitig Dependancen in Mailand, Paris, London, Düsseldorf und Zürich.[131]

Der anhaltende Erfolg amerikanischer Beratungsfirmen, später auch bei der europäischen Klientel, wird einem allgemeinen Know-how-Vakuum, das in den 60er und 70er Jahren in Europa bestanden hat, zugeschrieben.[132] Den Amerikanern gelang es in der Phase der zunehmenden Sättigung der Märkte bzw. der damit einhergehenden Verwandlung von Verkäufermärkten in Käufermärkte[133] frühzeitig, mit Themen der Marketing-, der Organisations- und später der Strategieberatung Aufmerksamkeit zu erregen.[134] Letzterer nahm sich besonders die im Jahre 1963 von Henderson gegründete Boston Consulting Group an.[135]

In den 70er Jahren kam es, ausgelöst durch das Entstehen neuer Beratungsfelder, wie etwa der Datenverarbeitung[136], der Internationalisierung der Märkte, des Projektmanagements sowie innovativer strategischer Planungssysteme, zu zahlreichen Neugründungen. Auch der Beratungsbedarf von Non-Profit-Organisationen sowie von Handels- und Dienstleistungsunternehmen nahm stark zu.[137] Gründungs- und Wachtumsprozesse

[129] Vgl. Higdon, H. (1971), S. 20.
[130] Vgl. Grün, O. (1984), S. 11.
[131] Vgl. Gerybadze, A. (1991), S. 41.
[132] Vgl. Berry, J. (1984), p. 7 ff.
[133] Viele sehen den Hauptgrund für die vergleichsweise späte Entwicklung des Beratungsmarktes in Deutschland darin, daß „Deutschland für nahezu 25 Jahre ein Verkäufermarkt war. Die Produktion stand im Mittelpunkt und die Kosten bestimmten den Preis". Vgl. o.V. (1970).
[134] Vgl. hierzu: Meissner, D./Thürbach, R.-P. (1989), Sp. 107; Grün, O. (1984), S. 9 ff.; Dahl, E. (1967), S. 9; Hammerschmidt, J. (1964), S. 108; Schleip (1969), S. 108.
[135] o.V. (1988e), p. 7.
[136] Hier machten sich besonders die Firmen Electronic Data Services, Logica, John Diebold und Andersen Consulting einen Namen.
[137] Vgl. Bosscher, A./Hendriks, I. (1989), S. 298; weitere Schwerpunkte bildeten Methoden der Fertigung und Materialwirtschaft, Anwendungen wissenschaftlicher Instrumente der Personal- und Unternehmensführung sowie die Veränderung der retrospektiven hin zu einer prospektiven Kostenrechnung (vgl. Elfgen, R./Klaile, B. (1987), S. 155 f.).

wurden häufig durch sogenannte Spin-Offs eingeleitet: Teile von Firmen lösen sich aus dem Unternehmensgebilde heraus und firmierten in der Folge als eigenständige, oft spezialisierte Beratungsunternehmen.

Die 80er und der Beginn der 90er Jahre standen vor allem in Deutschland ganz im Zeichen zuerst stetigen, dann stark ansteigenden Wachstums des Beratungssektors. Die vermehrte Arbeitsteilung führte zu einer zunehmenden Spezialisierung innerhalb sämtlicher unternehmerischer Funktionen. Unternehmen greifen nunmehr in verstärktem Maße auf externe Spezialisten zurück, um bestimmte einmalige oder selten anfallende Aufgaben zu bewältigen.[138]

Mehr denn je bestimmt nunmehr der Computer bzw. die Informationstechnologie das Wachstum. Hinzu kommen eine große Nachfrage nach ökologisch orientierter Beratung sowie ein Problemlösungsbedarf in den ehemaligen sozialistischen Staaten, ausgelöst durch den Mangel an betriebswirtschaftlichen Kenntnissen. Im Jahr 1991 markierte ein Umsatzwachstum von 20 Prozent in Deutschland den Höhepunkt der expansiven Entwicklung. Tabelle 2 faßt die historische Entwicklung sowie die jeweiligen inhaltlichen Schwerpunkte zusammen.[139]

1.2 Der Markt im Spiegel der Statistik

Bei einer Ermittlung von Kennzahlen für den Beratungsmarkt ergeben sich mehrere Schwierigkeiten: Aufgrund des Fehlens einer amtlichen Statistik[140] bzw. eines verbindlichen Berufsregisters sowie der starken Zersplitterung des Verbandswesens ist Zahlenmaterial von autorisierter Stelle nicht erhältlich. Die nicht geschützte Berufsbezeichnung Unternehmensberater[141], die fließenden Grenzen zur Software- und Personalberatung sowie die Verschwiegenheitspflicht gegenüber Klienten erschweren eine Erfassung der Dimensionen des Marktes.[142] Fast unmöglich ist auch eine Kontrolle der angegebenen Umsätze von Beratungen, die der Wirtschaftsprüfungssphäre entstammen, weil nicht beurteilt werden kann, welche konkreten Leistungen hinter den angegebenen Zahlen stehen.[143]

---

[138] Vgl. Bürgi-Wittwer, A. (1987), S. 297.
[139] Vgl. Melcher, H. (1982), S. 189 f.; Meister, D. (1990), S. 2; Thürbach, R.-P. (1989), S. 78; Gerybadze, A. (1991), S. 40 u. 42.
[140] Vgl. Wagner, H. (1992), S. 18.
[141] Vgl. Elfgen, R./Klaile, B. (1987), S. 155; Bickel, W. (1981), S. 43 ff.; Collis, D. (1994), p. 1.
[142] Vgl. Elfgen, R./Klaile, B. (1987), S.160; exakte Daten im Bereich der Unternehmensberatung liegen allein zu staatlich geförderter externer Hilfestellung vor.
[143] Vgl. o.V. (1995b).

Tab. 2: Entwicklungsstufen der Unternehmensberatung

Zeit / Periode	**US - Amerika**		**Deutschland / Europa**	
	Entwicklungs-stufe	*Inhaltliche Schwerpunkte*	*Entwicklung-stufe*	*Inhaltliche Schwerpunkte*
Beginn 20. Jahrh./ Industrielle Massenfertigung	Scientific Management	Rationalisierung von Mensch-Maschine-Systemen	Naturwissenschaftliche Beratung	Beratung im landwirtschaftlichen Bereich
1920 - 1930	Erste Beratungsunternehmen (McKinsey etc.), Finanzberatung	Systems Approach, Universal- und Teamberatung	Trennung von kaufmännischer und technischer Beratung	Kostenrechnung, technische Beratung
2.Weltkrieg	Berater als Ersatz für kriegsbedingt fehlende Personen, Beratung der Armee	Organisation, Arbeitsvorbereitung, Rechnungswesen		Produktivitätssteuerung, Materialfluß, Rechnungswesen
1950 - 1960	Internationalisierung, Dependancen in Europa	Marketing, Führung		Amerikanische Führungstechniken, Produktivität, technische Beratung
1960 - 1980	Europäisierung	Marketing, Unternehmensstrategie, EDV, Internationalisierung der Märkte, Planungssysteme	Gründungsboom nationaler Gesellschaften	EDV, Internationalisierung der Märkte, Planungssysteme
seit 1980	Diversifikation Erschließung neuer Märkte (z.B. im pazifischen Raum)	Ökologie, Kostenrechnung, Prozeßoptimierung	Diversifikation, vereinzelte Auslandsniederlassungen	Ökologie, Kostenrechnung, Prozeßoptimierung

(1) Die Größe des Marktes

Der Bundesverband Deutscher Unternehmensberater (BDU), als eines der wenigen weitgehend akzeptierten Sprachrohre der Branche teilt den Markt in *Management-*, *Personal-* und *Softwareberatung* ein.[144] Abbildung 4 gibt die jeweiligen Umsätze in Deutschland wieder.

[144] Vgl. BDU Mitgliederverzeichnis 1993, S. 7. Seit der Neugliederung des Verbandes am 1.1.1994 in zwei selbständige Organisationen ist diese Einteilung allerdings hinfällig. Der BDU vertritt nunmehr nur noch den Management- und Personalberatungsbereich, der Bundesverband Informationstechnik (BVIT) hingegen Unternehmen des EDV-Sektors.

Abb. 4: Beratungsumsatz 1995 nach Sparten (in Mrd. DM)

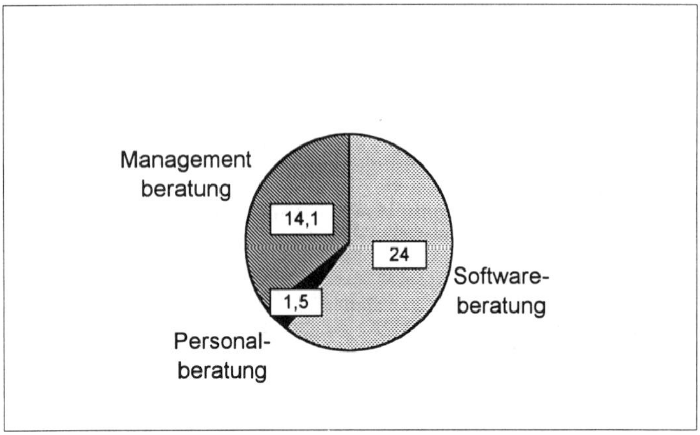

Quelle: Schätzung auf Basis von Angaben des BDU (1995).

Der BDU hat 1995 für Deutschland im Bereich der Managementberatung eine Zahl von 9.750 Unternehmen ermittelt, die mit 44.200 Beratern[145] und nochmals etwa der Hälfte an unterstützendem Personal einen Gesamtumsatz von rund 14,1 Milliarden DM erzielten.[146] Daran sind allein die 20 Größten mit 14 Prozent beteiligt.

Über die Zahl der Mitglieder des BDU (462 Beratungsgesellschaften mit ca. 10.000 Beratern) sowie deren Umsätze (ca. 2,4 Milliarden DM, was etwa 17 Prozent des gesamten im Bereich Managementberatung erzielten Umsatzes entsprechen soll) wird der Gesamtumsatz der Branche hochgerechnet.[147] Alternative Vorgehensweisen erscheinen wenig erfolgversprechend: Die Auskunftsbereitschaft von Beratungsunternehmen ist häufig gering, Angaben sind, sofern sie gemacht werden, unzuverlässig, weil mitunter sogar Spesen und Mehrwertsteuer in den Umsatz eingerechnet werden, um in die „Hitliste" der größten Unternehmen zu gelangen.[148] Mit einem solchen Verhalten „steht diese auf Seriosität setzende Branche im Widerspruch zum eigenen Anspruch".[149]

Nicht alle Consultants streben eine Mitgliedschaft im Verband an[150], teilweise werden sie auch daran gehindert, weil sie bestimmte Aufnahmekriterien, wie z.B. die fünfjährige

[145] Das Statistische Bundesamt zählte 1991 hingegen bereits 57.000 Berater (vgl. o.V. (1993e).
[146] Vgl. o.V. (1995d).
[147] Vgl. o.V. (1995d).
[148] Vgl. o.V. (1990c).
[149] o.V. (1995b).
[150] Gerade renommierte Beratungen wollen häufig nicht Mitglied im Verband werden, um nicht einen Gütestandard zu schaffen, von dem unbedeutende Consultants viel stärker profitieren als sie selbst (vgl. Chatterjee, P. (1989)).

praktische Beratungserfahrung, (noch) nicht erfüllen.[151] Die ACME (Association of Consulting Management Engineers), die größte amerikanische Beratervereinigung, verweigert beispielsweise Antragstellern mit dem Hauptbetätigungsfeld Wirtschaftsprüfung die Mitgliedschaft, weil sie einen Interessenkonflikt zwischen der Prüfungs- und der Beratungsleistung befürchtet.[152]

Als durchschnittliches Tageshonorar werden Ende der 90er Jahre für einen Senior-Berater zwischen 2.270 und 4.800 DM, für einen Projektleiter zwischen 1.760 und 4.800 DM und für einen Assistenten Beträge zwischen 1.350 und 3.300 DM gefordert. Die Sätze sehr renommierter Gesellschaften wie McKinsey & Co., Roland Berger oder The Boston Consulting Group liegen oft bei dem Doppelten. Die Umsatzrendite wird über alle Beratungsunternehmen hinweg mit 5 bis 7,5 Prozent angegeben.[153]

(2) Die Aufteilung des Marktes

Meffert hat im Rahmen einer empirischen Untersuchung, in der 268 Klienten sowie 39 Consultingunternehmen erfaßt wurden, eine Typologie von Beratern erstellt. Eine Clusteranalyse förderte fünf unterschiedliche Typen zutage (siehe Abb. 5).[154]

Abb. 5: Tätigkeitsfelder von Beratungsunternehmen (in %)

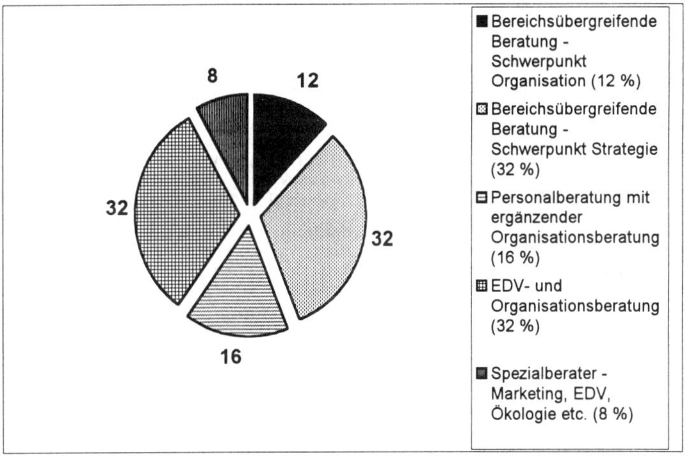

Quelle: Meffert, H. (1989), S. 32.

---

151 Vgl. Elfgen, R./Klaile, B. (1987), S. 158.
152 Vgl. Greiner, L./Metzger, R. (1983), p. 13.
153 o.V. (1995b); vgl. auch o.V. (1996c), S. 12.
154 Vgl. Meffert, H. (1990), S. 193.

Je nach der bei Untersuchungen dieser Art gewählten Betrachtungsperspektive, z. B. der Spezialisierung des Unternehmens, dem Typ der Beratung oder der Art der angebotenen Beratungsprodukte, ergibt sich eine unterschiedliche Aufteilung des Marktes. Als gesichert gilt gleichwohl, daß die Bereiche Unternehmensführung und Informationsmanagement Schwerpunkte bei Beratungsprojekten bilden.[155]

Mit zunehmender Unternehmensgröße der Klienten konnte eine stärkere Nachfrage nach Beratung in strategischen Fragen festgestellt werden. Bei kleineren dominiert das Rechnungswesen.[156] Unternehmensberatung ist hauptsächlich Großkundengeschäft; 80 Prozent der Honorare werden auf diese Weise erwirtschaftet; 36 Prozent entfallen allein auf Klienten mit mehr als 5.000 Mitarbeitern.[157]

Neben der Art der Projekte interessiert, welche Wirtschaftszweige vor allem Beratung in Anspruch nehmen. Der Abbildung 6 läßt sich die Verteilung des Aufkommens entnehmen. Viele Consultants haben sich auf die Bedürfnisse von bestimmten Branchen spezialisiert. Kurt Salomon Associates beispielsweise besitzen spezielles Know-how in der Textilbranche, Kenneth Leventhal im Bereich Immobilien. Diese Beratungsunternehmen plädieren für den Erwerb und die Vermittlung von Know-how innerhalb eines bestimmten Bereiches, ohne sich immer wieder an veränderte Branchenbedingungen anpassen zu müssen.[158]

Nach wie vor unangefochten an der Spitze liegt die Hilfeleistungen für die Industrie.[159] In Anbetracht von Globalisierungsbestrebungen genießen vor allem der Banken-, immer mehr wohl auch der Versicherungsbereich erhöhte Aufmerksamkeit seitens der Beratungsbranche.[160] Eine Gruppe von Consultants befaßt sich ausschließlich mit Aufträgen der öffentlichen Hand, meist in Form von Studien oder der Erarbeitung von Programmen. Unabdingbar hierbei ist eine tiefgehende Kenntnis des politischen Systems. Viele der Experten waren früher selbst beim Staat beschäftigt.[161]

---

155 Vgl. o.V. (1995d); vgl. auch: Marner, B. (1982), S.21 f.; Elfgen, R./Klaile, B. (1987), S. 72; Grün, O. (1984), S. 15; o.V. (1995d).
156 Vgl. o.V. (1993e).
157 Vgl. o.V. (1995b); Berger, R. (1989), S. 33. Mit der Größe der nachfragenden Unternehmen beschäftigen sich auch: Peemöller, V. (1974), S. 180; Lindenau, H./Pötsch, H./Trebesch, K. (1980), S. 15; Szyperski, N./Elfgen, R. (1984), Fr. 1; o.V. (1990d).
158 Vgl. hierzu: Greiner, L./Metzger, R. (1983), pp. 12 ff.
159 Vgl. auch o.V. (1993m).
160 Zu ähnlichen Ergebnissen gelangten auch Szyperski/Elfgen (vgl. Szyperski, N./Elfgen, R. (1984), Fr.1) und Müller (vgl. Müller, H. (1989), S.1); in den USA nehmen der Bankenbereich, Krankenhäuser, EDV-Unternehmen, Hersteller elektronischer Komponenten und Computer-Hardwarehersteller 1989 die Plätze 1-5 in der Rangliste der Bereiche, die am meisten Beratung nachfragen, ein (vgl. Kennedy Publications (1990), S. 17).
161 Vgl. hierzu: Greiner, L./Metzger, R. (1983), p. 12 ff.; vgl. Meffert, H. (1989), S. 72 ff.

Abb. 6: Struktur der Beratungsnachfrage nach Wirtschaftszweigen (in % des Honorarumsatzes)

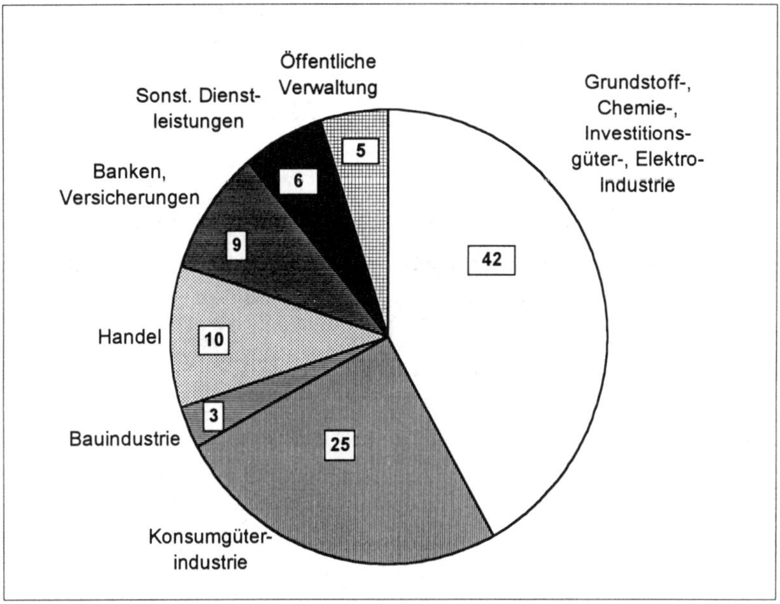

Quelle: Berger, R. (1989), S. 46.

(3) Die Marktentwicklung

In Deutschland haben sich allein von 1964 bis 1978, also innerhalb eines Zeitraumes von 14 Jahren, die Beratungsumsätze im Segment der klassischen Unternehmensberatung um das Zwanzigfache erhöht.[162] Von 1978 bis 1982 verlangsamte sich das Wachstum zusehends. Während gegen Mitte der 70er Jahre zweistellige jährliche Zuwachsraten die Regel waren, konnte 1981/1982 rezessionsbedingt nur noch ein nominales Wachstum von 3 Prozent erzielt werden. Ab 1982 wuchs der Markt wieder stärker. Von 1990 an erzielte die Branche dank dem Vereinigungsboom weit überdurchschnittliche Zuwachsraten.[163] Die Spitze markiert ein Wachstum von 20 Prozent im Jahre 1991.[164]

162 Vgl. Berekoven, L. (1983), S. 159.
163 Vgl. Berger, R. (1989), S. 33.
164 Vgl. Frisee, D. (1992).

Mit Eintreten einer Rezession[165] und einer Beratungsdesillusionierung ostdeutscher Unternehmen schrumpften die Werte 1992 auf 8,5 Prozent[166] und stagnierten 1993 sogar (siehe Abb. 7).[167] Positive Effekte vom EU-Binnenmarkt blieben aus, weil die Rezession alle europäischen Länder in ähnlicher Weise wie Deutschland erfaßte. Auf die Fähigkeiten der Berater wird anscheinend gerade in Krisenzeiten wenig vertraut. Ein Branchensprichwort lautet: Hat die Wirtschaft einen Schnupfen, bekommt der Berater die Grippe.[168]

Zwischenzeitlich konnte allerdings wieder ein Wachstum von 4 (1994) bzw. von 13 Prozent (1995) verzeichnet werden. Die Branche rechnet mit einem weiteren jährlichen Wachstum von 8 - 10 Prozent bis zum Ende des Jahrhunderts.[169]

Abb. 7: Wachstum des deutschen Beratungsmarktes (in %)

Quelle: verschiedene Pressemitteilungen und Geschäftsberichte des BDU.

(4) Der europäische Markt und der Weltmarkt

Die Verhältnisse innerhalb des europäischen Marktes lassen sich Abbildung 8 entnehmen. Insgesamt verkörpert dieser ca. 50 Mrd. DM an Beratungshonoraren.[170]

[165] Die allgemeine Konjunktur wirkt sich nach Erfahrungen von Arthur D. Little phasenverschoben parallel auf die Beratungskonjunktur aus (vgl. Sommerlatte, T. (1993)).
[166] Vgl. o.V. (1992e).
[167] Vgl. BDU (1993b). Vgl. auch: o.V. (1993f).
[168] Saratz, G. (1991).
[169] Vgl. o.V. (1995d); o.V. (1995b); Döring, H. (1990).
[170] Vgl. o.V. (1991a); Der amerikanische Markt umfaßt zum Vergleich etwa 50 Milliarden Dollar (vgl. Noria, N./Berkley, J. (1994), p. 130)).

Deutschland spielt hier hinter Großbritannien die wichtigste Rolle. In Europa zeichnen die 30 umsatzstärksten Beratungen für etwa die Hälfte des gesamten Umsatzes verantwortlich.[171]

Abb. 8: Beratungsumsatz nach Ländern in Europa (in %)

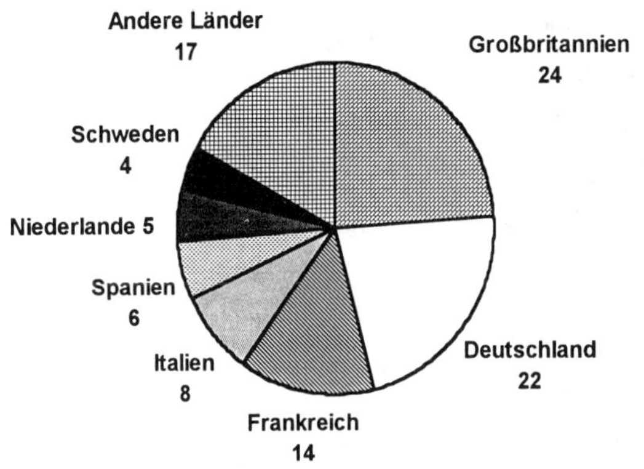

Quelle: Carty, P. (1992), p. II.

Auch deutsche Beratungsunternehmen engagieren sich in jüngster Zeit verstärkt im Ausland. Neben wenigen Ausnahmen beschränken sie sich aber auf kulturell und geographisch nahegelegene Länder wie die Schweiz und Österreich. Strategisch wichtige europäische Beratungsmärkte wie Frankreich oder Großbritannien bleiben vorerst wenig beachtet.

In vielen Ländern Europas stehen die Nachfrager einem zweigeteilten Beratungsmarkt gegenüber: Auf der einen Seite finden sich Niederlassungen der großen amerikanischen Consultingfirmen mit entsprechender internationaler Erfahrung (vgl. Tabelle 3), auf der anderen nationale Anbieter mit eher lokalem Kolorit, aber größerer Kundennähe.[172] Amerikanische Beratungen können generell den höchsten Auslandsanteil ihres Umsatzes verbuchen: Schon 1988 kamen bei ihnen von jedem Dollar Umsatz etwa 30 Cents aus dem Ausland.[173]

---

171 Jack, A. (1992a), p. 1.
172 Vgl. Gerybadze, A. (1991), S. 45.
173 Vgl. Kennedy Publications (1990), S.23.

Tab. 3: Consulting-Firmen mit den meisten Ländervertretungen in Europa

Unternehmen	Anzahl Niederlassungen
Coopers & Lybrand	17
Price Waterhouse	17
Mercer Consulting	16
Ernst & Young	16
Andersen Consulting	15
Deloitte & Touche	15
The Hay Group	9
McKinsey & Co	7
Gemini Consulting	7
Towers Perrin	7
Arthur D. Little	7
Bain & Company	6
The Boston Consulting Group	5
A.T. Kearney	5
Roland Berger	4

Quelle: BDU, zit. nach: Kemp, A. (1995).

Weltweit soll sich die Zahl der Unternehmensberater zwischen 150.000 und 200.000 bewegen, davon etwa 80.000 in den USA und 50.000 in Europa.[174] Wenn man diese Größe den vom BDU 1995 gezählten ca. 45.000 Beratern allein in Deutschland gegenüberstellt, wird deutlich, daß jeweils sehr unterschiedliche Abgrenzungskriterien vorgelegen haben müssen bzw. die Zahlen wenig verläßlich sind.

Noch schwieriger gestaltet sich eine Schätzung der weltweit getätigten Beratungsumsätze. Experten sprechen für 1994 von etwa 80 - 100 Milliarden Dollar. Über 90 Prozent davon entfallen auf Nordamerika (50 %), Westeuropa (33 %) und Japan (10 %).[175]

[174] Noria, N./Berkley, J. (1994), p. 130.

[175] Vgl. Collis, D. (1994), p. 1; vgl. auch: Berger, R. (1989), S. 33; o.V. (1990a); Holberton, S. (1990).

2. Das Wettbewerbsgeschehen

2.1 Die Strukturanalyse nach Porter

Um die Triebkräfte innerhalb der Beratungsbranche zu erfassen, müssen Motive und Strategien der Anbieter sowie das Verhalten der Nachfrager und des relevanten Umfeldes analysiert werden. Dieses besteht aus den sozialen und ökonomischen Kräften, die auf den Markt wirken. Die sich ergebende Branchenstruktur beeinflußt in hohem Maße sowohl die Spielregeln im Wettbewerb als auch die Strategien, die den Akteuren zur Verfügung stehen. Aaker unterstreicht, daß das Verständnis der Triebkräfte des Wettbewerbsgeschehens zentrale Bedeutung für die Suche nach Erfolgsfaktoren besitzt. „An understanding of the structure can also suggest which key success factors are necessary to cope with the competitive forces."[176] Es erscheint deshalb unabdingbar, jene Merkmale der Beratungsbranche aufzudecken, aus denen sich Wettbewerbskräfte, Konkurrenzintensität, Branchenrentabilität sowie Notwendigkeit von Rationalisierungsmaßnahmen ergeben.

Der Zusammenhang zwischen Marktstruktur, -verhalten und -ergebnis wurde bereits 1940 von Clark in seinem „Market-Structure-Conduct-Performance-Approach" erkannt (siehe Abb. 9).[177] Der einzelne Beratungsanbieter sucht eine Position, in der er sich am besten gegen Wettbewerbskräfte schützen bzw. sie zu seinen Gunsten beeinflussen kann.[178] „Die Strukturanalyse ist das Grundgerüst für die Formulierung der Wettbewerbsstrategie (...)."[179]

Für die Analyse der Struktur der Beratungsbranche, aus der das Verhalten der Akteure abgeleitet werden kann, wird ein Konzept von Porter herangezogen.[180] Dieser sieht den Wettbewerb in einem Wirtschaftszweig von fünf grundlegenden Wettbewerbskräften beeinflußt: Verhandlungsstärke der Lieferanten, Bedrohung durch neue Konkurrenten, um die Triebkräfte innerhalb der Beratungsbranche zu erfassen, müssen Motive und

---

[176] Vgl. Aaker, D. (1984), S. 87.
[177] Vgl. Klump, R. (1992), S. 55; Clark, J. (1940), pp. 241 ff.
[178] Vgl. Porter, M. (1992), S. 25.
[179] Vgl. ebda., S. 26.
[180] Vgl. Porter, M. (1992), S. 25 ff.; andere Ansätze lehnen sich häufig daran an (vgl. Aaker, D. (1984), S. 87 ff.). Hoffmann und Strasser ergänzen das Konzept durch ein Systemmodell, um Abhängigkeiten und Interaktionen der Akteure innerhalb des Beratungssystems beurteilen zu können (vgl. Strasser, H. (1993), S. 54 ff. sowie Hoffmann, W. (1991), S. 26 ff.).

Strategien der Anbieter sowie das Verhalten der Nachfrager und des relevanten Umfeldes analysiert werden. Dieses besteht aus den sozialen und ökonomischen Kräften, die auf den Markt wirken. Die sich ergebende Branchenstruktur beeinflußt in hohem Maße sowohl die Spielregeln im Wettbewerb als auch die Strategien, die den Akteuren zur Verfügung stehen. Aaker unterstreicht, daß das Verständnis der Triebkräfte des Wettbewerbsgeschehens zentrale Bedeutung für die Suche nach Erfolgsfaktoren besitzt. „An understanding of the structure can also suggest which key success factors are necessary to cope with the competitive forces.“[181] Es erscheint deshalb unabdingbar, jene Merkmale der Beratungsbranche aufzudecken, aus denen sich Wettbewerbskräfte, Konkurrenzintensität, Branchenrentabilität sowie Notwendigkeit von Rationalisierungsmaßnahmen ergeben.

Der Zusammenhang zwischen Marktstruktur, -verhalten und -ergebnis wurde bereits 1940 von Clark in seinem „Market-Structure-Conduct-Performance-Approach“ erkannt (siehe Abb. 9).[182] Der einzelne Beratungsanbieter sucht eine Position, in der er sich am besten gegen Wettbewerbskräfte schützen bzw. sie zu seinen Gunsten beeinflussen kann.[183] „Die Strukturanalyse ist das Grundgerüst für die Formulierung der Wettbewerbsstrategie (...).“[184]

Abb. 9: Marktstruktur - Marktverhalten - Marktergebnis - Paradigma

Quelle: Clark, J. (1940).

[181] Vgl. Aaker, D. (1984), S. 87.
[182] Vgl. Klump, R. (1992), S. 55; Clark, J. (1940), pp. 241 ff.
[183] Vgl. Porter, M. (1992), S. 25.
[184] Vgl. ebda., S. 26.

Für die Analyse der Struktur der Beratungsbranche, aus der das Verhalten der Akteure abgeleitet werden kann, wird ein Konzept von Porter herangezogen.[185] Dieser sieht den Wettbewerb in einem Wirtschaftszweig von fünf grundlegenden Wettbewerbskräften beeinflußt: Verhandlungsstärke der Lieferanten, Bedrohung durch neue Konkurrenten, Verhandlungsmacht der Abnehmer, Bedrohung durch Ersatzprodukte und -dienste sowie Rivalität unter den bestehenden Unternehmen. Jene werden wie unten aufgeführt auf die Gegebenheiten der Beratungsbranche übertragen[186] und durch weitere, bei Porter nicht explizit berücksichtigte Umfeldfaktoren, wie konjunkturelle Einflüsse sowie staatliche und berufsständische Förderung bzw. Reglementierung, ergänzt (siehe Abbildung 10).

Unter der „Verhandlungsstärke der Lieferanten" soll im folgenden die Einflußnahmemöglichkeit des Beratungspersonals verstanden werden, das seine Arbeitskraft quasi als Rohstoff Consultingunternehmen zur Verfügung stellt. „Rivalität unter den bestehenden Unternehmen" bezieht sich auf den Wettbewerb der klassischen Unternehmensberater, die sich von jeher der Beratung von Unternehmen in allgemeinbetriebswirtschaftlichen Fragen widmen.

Wenn Porter von „Bedrohung durch neue Konkurrenten" spricht, werden im folgenden darunter ehemals beratungsfremde, aber strukturnahe Unternehmen, etwa Wirtschaftsprüfungsgesellschaften, die in den Consultingmarkt diversifiziert haben, verstanden. Potentielle neue Konkurrenten, etwa interne Beratungsabteilungen, die das Anbieten ihrer Leistungen nach außen erwägen, werden demgegenüber der Porter'schen „Bedrohung durch Ersatzprodukte und -dienste" (Substitutionskonkurrenz) subsummiert. Unter dem Begriff der „Verhandlungsmacht der Abnehmer" sollen schließlich alle Möglichkeiten der Nachfrager zur Einflußnahme auf den Beratungsmarkt zusammengefaßt werden.

Der Schlüssel zu einer Strategieentwicklung liegt in der Bestimmung der Triebkräfte, weil deren jeweilige Ausprägungen und Stärke jeden Wettbewerber gleichermaßen trifft. Daher muß ein jeder gewillt sein, „unter der Oberfläche nach den Ursprüngen

[185] Vgl. Porter, M. (1992), S. 25 ff.; andere Ansätze lehnen sich häufig daran an (vgl. Aaker, D. (1984), S. 87 ff.). Hoffmann und Strasser ergänzen das Konzept durch ein Systemmodell, um Abhängigkeiten und Interaktionen der Akteure innerhalb des Beratungssystems beurteilen zu können (vgl. Strasser, H. (1993), S. 54 ff. sowie Hoffmann, W. (1991), S. 26 ff.).

[186] Als „Lieferanten" werden hier die Mitarbeiter der Unternehmensberatung gesehen, die ihre Arbeitskraft quasi als Rohstoff zur Verfügung stellen.

jeder dieser Kräfte zu suchen"[187]. Dies lege die entscheidenden Stärken und Schwächen eines Unternehmens offen, rege zu einer Standortbestimmung in der Branche an und erhelle die potentiell einträglichsten Marktbereiche, die durch strategische Veränderungen erschlossen werden können. Zudem würden die Branchentrends deutlich, die die größten Chancen und Risiken in sich bergen.[188]

Abb. 10: Triebkräfte des Wettbewerbsgeschehens im Beratungswesen

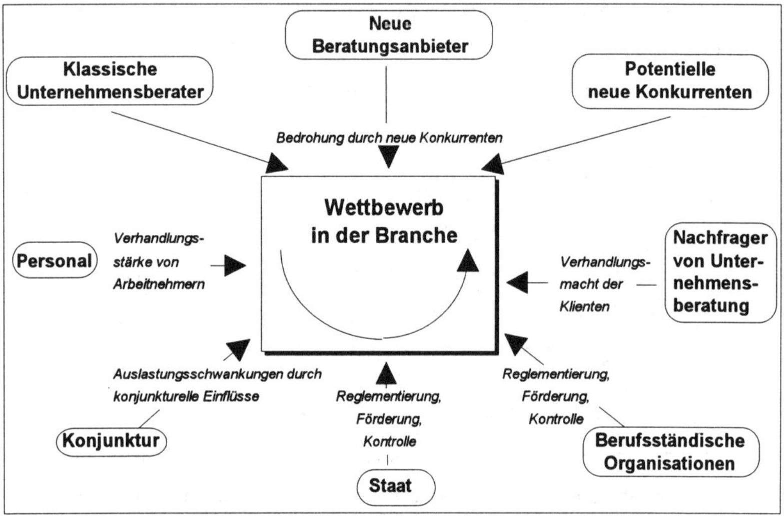

Quelle: in Anlehnung an Porter, M. (1992), S. 26.

2.2 Die Kräfte der Veränderung

2.2.1 Die Anbieter von Beratungsleistungen

Eine Vielzahl privater und öffentlicher Anbieter konkurriert um Beratungsprojekte (vgl. Abb. 11). Ein Großteil der Schwierigkeiten, den Markt in Zahlen zu fassen, ergibt sich aus der starken Heterogenität bzw. schlechten Abgrenzbarkeit der Anbieter.[189] Reineke/Henneke bezeichnen die Unübersichtlichkeit als das hervorstechendste Merkmal des Marktes.[190] Unter den größten 20 Unternehmen des Weltberatungsmarktes befinden

[187] Vgl. Porter, M. (1992), S. 26.
[188] Ebda.
[189] Vgl. Junginger, W. (1987), S. 187 ff.; Meier, F. (1991), S. 23; Reckinger, G. (1989a).
[190] Vgl. Reineke, W./Henneke, J. (1982), S. 108.

sich mittlerweile nur noch fünf sogenannte klassische Unternehmensberater.[191] Es ist damit zu rechnen, daß „in ein paar Jahren ... Wettbewerber auf den Radarschirm kommen, von denen wir heute noch nichts ahnen".[192]

Abb. 11: Struktur der Angebotsseite des Beratungsmarktes

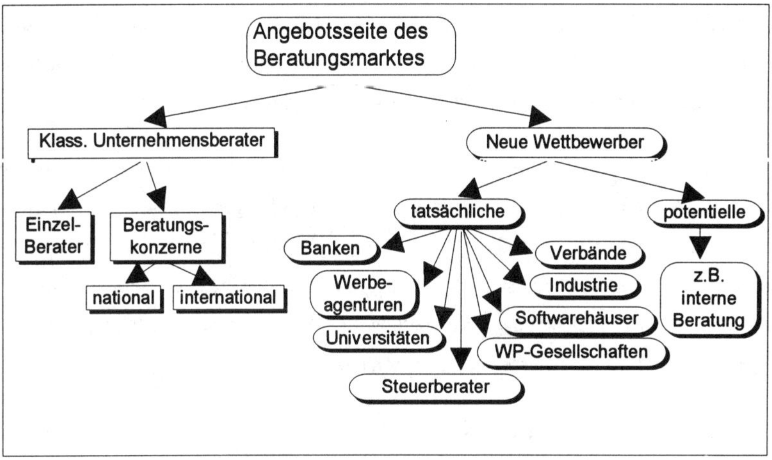

2.2.1.1 Die klassische Unternehmensberatung

Unternehmensberatungen, die mit dem Attribut klassisch versehen werden, sind Unternehmen, die nicht das Ergebnis einer Diversifikation, etwa seitens einer Wirtschaftsprüfungsgesellschaft, darstellen, sondern ursprünglich dem Beratungsgeschäft entstammen. Solche Consultingunternehmen bieten ihre Leistungen oft auf einem breiten Gebiet an.[193] Zu ihren Aufgabengebieten zählen strategische Planung, Unternehmensorganisation, Vergütungskonzepte, Kontroll- und Informationssysteme sowie Führungskräfteentwicklung. Die großen Unternehmen dieser Art unterhalten Niederlassungen in den Metropolen, die Kunden finden sich meistens in der Fortune Top 500-Liste[194] bzw. unter den größten 100 deutschen Unternehmen. Namhafte Vertreter in Deutschland sind beispielsweise McKinsey & Co., Booz, Allen & Hamilton, Arthur D. Little sowie Roland Berger.[195]

[191] o.V. (1990d). Zum Begriff des klassischen Unternehmensberaters vgl. Kap. 2.2.1.1.
[192] Heuskel, D., zit. nach: Hirn, W./Krogh, H.(1994), S. 202.
[193] Vgl. Reineke, W./Henneke, J. (1982), S. 109; vgl. auch: Vogelsang, G. (1993), S. 129 ff.
[194] Von den dort aufgeführten Unternehmen haben 492 Berater beauftragt, viele von ihnen mehrfach (vgl. Collis, D. (1994), p. 1).
[195] Vgl. hierzu: Greiner, L./Metzger, R. (1983), pp. 12 ff.

Denen gegenüber existiert eine große Zahl von Einzelberatern, die sich auf ein bestimmtes Gebiet spezialisiert haben und eine überschaubare Anzahl von Klienten persönlich betreuen. Mehr als drei Viertel von diesen ziehen „ein persönliches Vertrauensverhältnis zum Einzelberater der Beratung durch größere Beratungsgesellschaften mit häufig wechselndem Personaleinsatz" vor. Bei kleineren, beratungsunerfahrenen Unternehmen (50 - 99 Beschäftigte) ist dieser Wunsch noch stärker ausgeprägt.[196] Man darf vermuten, daß diese die Zusammenarbeit mit ihrem Steuerberater als Referenzbasis wählen und somit ein ähnliches Vertrauensverhältnis wünschen.[197]

Kostendruck können Einzelberater aufgrund geringerer Gemeinkostenbelastung vergleichsweise besser begegnen, sind ihm aber auch häufiger ausgesetzt. Der persönliche Kontakt im regionalen Umfeld ersetzt teure Ausstattungsmerkmale, die Solidität ausstrahlen sollen (z.B. repräsentative Geschäftsadresse und -räume). Stabsabteilungen, die sich mit der Speicherung, Aufbereitung und Weiterentwicklung von Beratungsergebnissen befassen[198], werden durch persönliche Erfahrung ersetzt.[199]

Dem stehen allerdings steigende Wissensproduktivität und dadurch erhöhte Rentabilität auf seiten der mittleren und großen Beratungen gegenüber. Wenn es gelingt, Kompetenzbereiche zu erschließen (und dadurch Innovationsrenten zu erzielen), dort eine qualitativ hochwertige Beratungsleistung anzubieten sowie Erfahrung intra- und interpersonell zu nutzen, können Economies of Scale bei der Erbringung von Consultingleistungen verzeichnet werden.

Sollten sich Kompetenzbereiche zudem so ergänzen, daß eine ganzheitliche Beratungsleistung angeboten werden kann, entstehen (wie noch gezeigt werden wird) weitere Vorteile.[200] Denn eine Schwierigkeit des Einzelberaters besteht darin, dem Klienten einerseits die Grenzen des jeweils eigenen Beratungsspektrums klarmachen zu müssen, ihn andererseits aber nicht wegen einer Randproblematik an einen Konkurrenten zu verlieren.[201]

---

[196] Vgl. Marner, B. (1982), S. 52.
[197] Vgl. Elfgen, R./Klaile, B. (1987), S. 244.
[198] Vgl. Skapinker, M. (1991); o.V. (1989f).
[199] Vgl. Grün, O. (1984), S. 23.
[200] Vgl. auch Gerybadze, A. (1991), S. 36; weitere Gründe eines kontrollierten Unternehmenswachstums sind in der Motivation des Mitarbeiterstammes begründet (vgl. Kap. 2.2.2.).
[201] Vgl. Holberton, S. (1990); o.V. (1991a). Vgl. auch Saunderson-Meyer, W. (1992).

Um solche Nachteile, auch hinsichtlich der internationalen Präsenz[202], wettzumachen, schließen sich Einzel- oder Kleinberatungen alternativ zum Wachstum von innen heraus mit Kollegen (auch im Ausland) zusammen, um im Bedarfsfall einen ähnlichen Service wie große Beratungskonzerne anbieten zu können.[203] Diese führen Forschungsleistungen ihrer zentralen Entwicklungsabteilung sowie den Zugang zu einem weltweiten "knowledge network" ins Feld, um sich ihrerseits gegen das "consulting business run out of a ... spare bedroom"[204] abzugrenzen.[205] In einem Forschungsinstitut von McKinsey in Washington identifiziert man beispielsweise wegweisende Entwicklungen im Wirtschaftsbereich, die weit über den Horizont einzelner Projekte hinausreichen. Mitunter werden die gewonnenen Erkenntnisse dann zu Beratungsinstrumenten verarbeitet und den Consultants in den einzelnen Niederlassungen zur Verfügung gestellt.

Experten schätzen, daß es zu einer starken Konzentration kommen wird: Der Markt bietet dann neben hochspezialisierten Einzelkämpfern nur etwa 30 - 40 weltweit tätigen Beratungsunternehmen Platz.[206] Die größten Verlierer der nächsten Jahre seien demnach die mittelgroßen Firmen, die es sich weder leisten können, Expertenwissen in bestimmten Bereichen zuzukaufen, noch die Fähigkeit besitzen, solches im eigenen Unternehmen zu entwickeln.[207]

Greiner/Metzger sind der Überzeugung, daß gerade auch kleinere Beratungsunternehmen sehr profitabel arbeiten können. Unter Risikogesichtspunkten sollten diese genau abwägen, ob sie wachsen wollen, denn damit begäben sie sich in die gefahrenreiche Zone zwischen den beiden genannten, langfristig „überlebensfähigen“ Unternehmensformen.[208]

Diese Gefahr versuchen Consultants zu umgehen, die sich gemeinsam mit vielen Kollegen - quasi im Kollektiv - selbständig machen. Diese sogenannten *Spin-Offs*

---

[202] Der Trend zu einer Internationalisierung der Märkte ist unverkennbar. Die Consultants sind aufgefordert, ihren Klienten auf ausländische Märkte zu folgen (vgl. o.V. (1988g), p. 10). Mittlere und kleine Beratungen haben große Schwierigkeiten, solche Anforderungen seitens ihrer Klienten zu erfüllen (vgl. Skapinker, M. (1991)).

[203] Vgl. Hunt, J. (1994), S. 16.

[204] Holberton, S. (1990).

[205] Vgl. o.V. (1991a). Vgl. auch Saunderson-Meyer, W. (1992).

[206] Vgl. Hill, W. (1990), S. 4; o.V. (1988c), p. 18.

[207] Vgl. o.V. (1991a), S. 70; Skapinker, M. (1991); o.V. (1988c), p. 18.

[208] Vgl. Greiner, L./Metzger, R. (1983), S. 336. Die Anheuerung zusätzlichen Personals birgt immer auch ein höheres finanzielles Risiko in sich, weil man einerseits die zukünftige Auslastung, andererseits die Fähigkeiten von neuem Personal nie exakt ex ante bestimmen kann. Das Tribut der Beschränkung der Unternehmensgröße geht freilich oft mit einer extrem hohen Arbeitsbelastung des vorhandenen Personals einher, weil Kapazitätsspitzen abgedeckt werden müssen.

verschärfen den Wettbewerb im Markt. So tritt etwa MC Consulting mitunter in einen überaus aggressiven Wettbewerb zu dem früheren Mutterunternehmen Gruber, Titze & Partner (heute: Gemini). Desweiteren haben sich Bossard und Pohl Consulting aus McKinsey bzw. aus Arthur D. Little herausgeschält. Bain löste sich bereits in den frühen 70er Jahren von der Boston Consulting Group.[209]

Die Motivation, ein Beratungsunternehmen zu gründen, wird vielfach in einem „allzu transparente(n) Widerspruch zwischen Empfehlungen der Berater an den Kunden und gelebter Wirklichkeit im eigenen Haus"[210] gesehen. Zudem besitzen die im Beratungsbereich beschäftigten Personen häufig die Neigung, selbst unternehmerisch tätig werden zu wollen.

> Eine deutliche Trennlinie muß gegenüber solchen Personen gezogen werden, die den Beruf des Unternehmensberaters mangels Alternative ergriffen haben. Viele langgedienten Führungskräfte haben im Zuge rezessionsbedingter Kostensenkungsmaßnahmen ihren Beruf verloren und nicht wenige davon sich dem Bereich der Unternehmensberatung zugewandt.[211] Die nicht geschützte Bezeichnung Unternehmensberater gab ihnen die Möglichkeit, ihr Gesicht vor ehemaligen Kollegen und Freunden zu wahren.[212] „Consulting has had such an influx of jobless executives during the last few years that it has almost become a code word for beeing unemployed. Many just put consulting on their CVs´ (Curriculum Vitae, d.V.) to fill in for a jobless period, though they have done little or no consulting work."[213]
>
> Oftmals verfügen sie allerdings über Spezialistenwissen, das sie gleichwohl zu Dumpingpreisen abzugeben bereit sind. Denn einerseits ist ihre Kostenbelastung tatsächlich gering, anderseits erfordert eine schlechte Auftragslage[214] bzw. mangelndes Renommée oft ein Senken der Preise bis hin zu den Selbstkosten, um

---

209 Vgl. Beyer, J./Kett, I. (1992).
210 Ebda.
211 Man nimmt an, daß etwa 15-20 (!) % arbeitslos gewordener Manager Unternehmensberater werden (vgl. Durr, B. (1992)).
212 Vgl. Higdon, H. (1971), S. 35.
213 Durr, B. (1992).
214 Oft erklärt sich der alte Arbeitgeber bereit, statt einer Abfindung an den entlassenen Manager ein erstes Projekt an die gegründete Unternehmensberatung zu vergeben (ebda.).

einen Auftrag zu erhalten.[215] Manch einer wechselt auch zu einem Beratungsunternehmen, das mit sehr zweifelhaften Methoden sein Geschäft betreibt.[216]

Das Auftreten ausländischer Konkurrenz trifft alle Beratungsanbieter gleichermaßen. Die Grenzen zwischen ehemals national geprägten Beratungsmärkten sind durchlässig.[217] Um international agierende Konzerne adäquat beraten zu können, müssen Consultants ihre Kunden in ausländische Märkte begleiten.

> „The larger assignments can involve as many as ten countries. In these circumstances the consultancies have to respond by providing multinational and multidisciplinary teams. These large-scale, global assignments are streching most of the big consultancies to their limit, though obviously none of them will admit to that. Not all the big consultancies can offer this kind of international service, and some of those that do so encounter considerable problems."[218]

Nach einer Studie von Wieselhuber & Partner wächst die Zahl ausländischer Beratungsunternehmen, die im deutschen Markt Fuß fassen wollen, noch immer stark an.[219] Dabei locken nicht nur der lukrative Markt, sondern auch die Schlüsselposition Deutschlands im Hinblick auf eine Expansion in das sich öffnende Osteuropa. Baumgartner führt an, daß sich fast keine Anfrage bezüglich strategischer und konzeptioneller Beratung nicht auch auf den Europäischen Binnenmarkt und die dort gegebenen Optionen beziehe.[220] So weisen Consultants mit internationaler Präsenz auch einen deutlichen Vorsprung beim Wachstum auf: Ihr Umsatz nahm zuweilen um 20 bis 30 Prozent p.a. zu.[221]

Abschließend seien die wichtigsten Triebkräfte des Wettbewerbsgeschehens seitens der klassischen Unternehmensberater zusammengefaßt und bewertet:

- Infolge von strukturellen Problemen und einer rezessionsbedingten Schwemme von Arbeitssuchenden kam es in den 90er Jahren zu einem *Gründungsboom* von kleinen

---

[215] Vgl. Jack, A. (1992a). Ein renommierter Personalexperte schätzt, daß etwa die Hälfte der Unternehmensberater dieser Kategorie scheitert, weil sie nicht die notwendigen Persönlichkeitsmerkmale aufweisen (vgl. Van Doren, G. zit. nach Durr, B. (1992)).
[216] Vgl. o.V. (1990b); Engel, P. (1991); Heemann, U./Spegel, H. (1994), S. 130 ff.
[217] Vgl. Hummel, T./Zander, G./Ziehm, O. (1993), S. 107.
[218] Rassam, C./Oates, D. (1991), p. 59.
[219] Vgl. Gillmann, B. (1993), S. K1.
[220] Vgl. Wiedenhaus, H. (1989).
[221] Vgl. Saratz, G. (1991).

und kleinsten Unternehmensberatungen. Kurzfristig hat dies zu einem Überhang an Beratungskapazität und in der Folge zu einem Druck auf die Preise geführt. Langfristig ist indessen damit zu rechnen, daß fehlende Qualitätsstandards und internationale Präsenz, mangelnde finanzielle Ressourcen und unzulängliche persönliche Eignung einen Großteil der Betroffenen dazu zwingen wird, sich eine andere Betätigung zu suchen.[222]

- Daneben kommt *Spin-Offs* besondere Bedeutung für die Konkurrenzsituation am Markt zu. Der Kampf um langjährige Klienten eines Unternehmens führt dazu, daß der Wettbewerb zwischen Spin-Off und dem ehemaligen Mutterunternehmen besonders aggressiv ausgeprägt ist.

- Die Gründung des Europäischen Binnenmarktes sowie die Öffnung Osteuropas haben dazu geführt, daß viele *ausländische Beratungen* versuchen, auf dem deutschen Markt Fuß zu fassen. Dies geschieht nicht selten in Form der Übernahme von oder Kooperation mit hiesigen Beratungsunternehmen.[223] Einheimische Unternehmen expandieren demgegenüber in das europäische Ausland. Mittel- und langfristig könnten sich beide Faktoren, der Markteintritt von ausländischen Unternehmen in Deutschland und der von deutschen Beratungen im Ausland, die Waage halten.

2.2.1.2 Strukturnahe Aufgabenträger

Neben der klassischen Unternehmensberatung versuchen auch Wirtschaftsprüfer, Banken, EDV-Unternehmen, interne Beratungsabteilungen von Konzernen sowie Hochschulen immer stärker, sich einen Teil des wachsenden Beratungsmarktes zu sichern. Die stärkere Konzentrierung von Managementfunktionen und der Wunsch nach Einsparungen im Gemeinkostenbereich haben vor allem im industriellen Bereich dazu geführt, daß allgemein spezialisierte Serviceleistungen wie Management-Beratung, aber auch Werbung, Steuerberatung, Aus- und Weiterbildung in zunehmender Weise aus dem betrieblichen Leistungskranz ausgegliedert werden.[224]

Wenn Dienstleister wachsen wollen, diversifizieren sie häufig in artverwandte Felder bzw. stellen Querbeziehungen zwischen diesen und dem Kerngeschäft her. "One-Stop-

[222] Vgl. auch: o.V. (1993g).
[223] Vgl. o.V. (1992g), S. 27.
[224] Vgl. Gerybadze, A. (1991), S. 24.

Shopping has helped accountants break into consultancy on the back of audit clients."[225] Am deutlichsten ist diese Entwicklung bei den großen Wirtschaftsprüfungsgesellschaften zu beobachten gewesen, die zunächst den inhaltlich nahestehenden Bereich der Datenverarbeitung und Informationstechnik erschlossen[226] und später verstärkt auch Beratungskapazität in anderen Bereichen des Consultings aufgebaut haben.

Bestimmte Branchengepflogenheiten, die sich aus Parallelen in der Herkunft und der Zielsetzung bei den klassischen Beratern ergaben, verschwinden zunehmend, weil die Ziele der neuen Beratungsanbieter von denen der klassischen abweichen. Als Geschäftseinheit im Portfolio eines diversifizierten Konzerns kann beispielsweise eine Renditeschwäche in einem Bereich durch einen anderen ausgeglichen werden. Dadurch ist beispielsweise ein Absenken der Beratungspreise unter die Herstellungskosten, z.B. aus Gründen der Akquisition eines Referenzkundens, für eine bestimmte Zeit im Rahmen einer Gesamtstrategie zu verkraften.

Häufig werden aber Synergieeffekte zwischen den vermeintlich zusammenpassenden Dienstleistungen überbewertet. Neben dem Problem der Darstellung der Kernkompetenz gegenüber Klienten ergeben sich Schwierigkeiten bei der Verschmelzung unterschiedlicher Unternehmenskulturen. Dies wird im folgenden an mehreren Stellen deutlich werden.

(1) Banken

Banken und Finanzinstitutionen, die in den Bereichen Investment Banking sowie Mergers & Acquisitions tätig sind, haben sich Ende der 80er Jahre im Bereich der Unternehmensberatung engagiert, um u.a. Kunden bei Restrukturierungsmaßnahmen, die infolge von größeren finanziellen Transaktionen auftraten, helfen zu können (vgl. Tab. 4).[227] Beratungsaktivitäten deutscher Kreditinstitute erstrecken sich auf betriebswirtschaftliche Probleme des Mittelstandes sowie auf Electronic Banking.[228]

Das wenig rentable Zinsgeschäft sollte durch Gewinne in attraktiveren Dienstleistungsbereichen kompensiert werden. Die Beratungsbranche erscheint für Banken überaus

[225] Vgl. o.V. (1988c), p. 13.
[226] Das spezifische Know-how der Verarbeitung von Informationen wurde zu großen Teilen aus der Wirtschaftsprüfung übernommen.
[227] Vgl. hierzu: Gerybadze, A. (1991), S. 27 f.; Saratz, G. (1991).
[228] Vgl. Rüschen, Th. (1990), S. 8 f.

interessant, wie sich beispielsweise an 27 Beteiligungsangeboten ablesen läßt, die Baumgartner & Partner von Kreditinstituten erhalten haben wollen.[229] Manch einer unterstellt den Banken auch, daß sie via Consultingleistungen ihre Macht und ihren Einfluß auf kreditnehmende Unternehmen noch ausbauen wollen.[230]

Tab. 4: Beteiligungen von Banken an Beratungsunternehmen

Bank	Beratungsunternehmen
Deutsche Bank	Roland Berger & Partner
Deutsche Bank	DGM
Commerzbank	PMC Personal Management Consult
Commerzbank	Baumgartner & Partner
Hypobank	Hypo Consult
Hypobank	Hypo Managementtraining und -beratung
Westdeutsche Landesbank	West Consult
Schweizerische Bankgesellschaft	UBS Unternehmensberatung

Aus Bankensicht ergeben sich unterschiedliche Möglichkeiten, in den Beratungsbereich einzudringen. Neben der Gründung eigener Tochtergesellschaften bieten sich die Kooperation mit einer Beratungsgesellschaft sowie die finanzielle Beteiligung an einer solchen an.

Als Beispiel hierfür dient die mehrheitliche Beteiligung der Deutschen Bank an Roland Berger & Partner.[231] Gemeinsam mit letzterer gründete das Institut wiederum die Deutsche Gesellschaft für Mittelstandsberatung (DGM), die auf eine Klientel mittlerer Größenordnung abzielt und erhebliche Beratungskapazität aufweist.[232] Die Beratungsaktivitäten der Dresdner Bank sind demgegenüber in der Dresdner Management Consulting zusammengefaßt, die durch einen Kooperationsvertrag mit der Beratungssparte der Wirtschaftsprüfungsgesellschaft KPMG verbunden ist.[233]

229 Vgl. Wiedenhaus, H. (1989); vgl. Seifert, B. (1988); die Commerzbank ist mittlerweile mit 25 Prozent an diesem Unternehmen beteiligt.

230 Vgl. Staute, J. (1996), S. 40.

231 Vgl. Gerybadze, A. (1991), S. 27. Trotzdem zählen wir Roland Berger zu den klassischen Unternehmensberatern, weil das Unternehmen bereits lange vor dem Engagement der Deutschen Bank daran bestand.

232 Vgl. Rüschen, Th. (1990), S. 9.

233 Vgl. Reckinger, G. (1989b).

Daß Beteiligungen von Banken an Beratungen häufig nicht zustande kommen, liegt an der Angst der Betroffenen, ihre Unabhängigkeit und Glaubwürdigkeit gegenüber Klienten zu verlieren. Interessenkonflikte seien praktisch programmiert, wenn der Kreditgeber gleichzeitig die Funktion des Beraters erfüllen will. Roland Berger als Individuum versucht dem Verdacht der Vermischung von Bank- und Beratungsinteressen zu begegnen, indem er, obwohl er nur noch über eine Minderheitsbeteiligung an dem Unternehmen Roland Berger & Partner verfügt, Vorsorge getroffen hat, daß er in den meisten Fragen von der Deutschen Bank nicht überstimmt werden kann.[234]

Experten schätzen ein eigenes Engagement von Banken im klassischen Beratungsmarkt, das über eine finanzielle Beteiligung hinausgeht, als überaus kritisch ein. Die Aufwertung der gewöhnlichen Beratungsleistung eines Kreditinstituts mit Mitteln wie Finanzdatenbanken und Controllingsystemen wird zwar als wertvoll erachtet, doch wird keine wesentliche Synergie zwischen den Tätigkeiten gesehen. Vielmehr konstatiert man auf der Personalebene eine beträchtliche Diskrepanz zwischen der Berater- und der Bankerkultur. Auf Grund der Erfahrungen, die man in den USA und Japan gemacht hat, wo Beteiligungen der intendierten Art mittlerweile vielerorts wieder aufgegeben wurden, wird der allgemeinen betriebswirtschaftlichen Beratung durch Banken langfristig nur eine geringe Chance eingeräumt.[235]

Weniger Konkurrenz, sondern Zusammenarbeit in bestimmten Bereichen wird die Beziehung zwischen der Kreditwirtschaft und der Beratungsbranche künftig prägen. Oftmals sind es Banken, die einen Klienten dazu drängen, sich professionellen Rat zu beschaffen. Kreditbewilligung basiert in bestimmten Fällen auf Marktanalysen, die von Beratungs- oder Marktforschungsinstituten erstellt werden müssen. Die Banken selbst besitzen einen ureigenen Vorteil in der Gründungsberatung von Unternehmen, die sich meist mit Investitionen und nötiger Finanzierung auseinandersetzen muß und daher im Kernbereich des Bankengeschäftes liegt.[236]

(2) Wirtschaftsprüfungsunternehmen

Die genannte Gruppe ist dazu übergegangen, sich von dem tradierten Berufsbild ihres Standes zu lösen. Ein starkes Interesse an Beratungstätigkeit, die außerhalb der soge-

---

[234] Vgl. Wiedenhaus, H. (1989).
[235] Vgl. Gerybadze, A. (1991), S. 48.
[236] Vgl. BDU (1992) (Hrsg.), S. 127 ff.

nannten abschlußnahen Beratung liegt, wird erkennbar.[237] Unternehmen aus der Sphäre der Wirtschaftsprüfung verzeichnen die höchsten Wachstumsraten im Markt für Unternehmensberatung, da sie u.a. durch Synergie mit ihrem Kerngeschäft begünstigt sind. Für die Prüfung essentielle Unternehmensinformationen erweisen sich bei der Beratung als überaus nützlich. Typische Vertreter dieser Gattung von Beratungsanbietern bilden Andersen Consulting sowie die Consultingabteilungen von KPMG, Coopers & Lybrand oder Price Waterhouse.[238]

Die Prüfung einzelner Bestandteile des Jahresabschlusses erfordert immer mehr auch eine Auseinandersetzung mit der jeweiligen Markt- und Umweltentwicklung. Es ist dabei eine übergreifende Sichtweise verlangt, die die Beratung in vielen Unternehmensbereichen unterstützen kann.[239] Ein entsprechendes Engagement bietet ferner die Möglichkeit, das Werbeverbot für Wirtschaftsprüfer und Steuerberater zu umgehen.[240]

Hinzu kommen Vorteile, die sich daraus ergeben, daß sich Klienten deutlich leichter gewinnen lassen. Wenn klassische Unternehmensberatungen bis zu 20 Prozent ihrer Arbeitskraft in die Akquisition investieren müssen, werden die Vorzüge einer internen Vermittlung von Klienten der Prüfungs- an die Beratungsabteilung offenbar.[241]

Dabei ist allerdings zu beachten, daß ein standesrechtliches Verbot der Beratung eines zu prüfenden Unternehmens existiert, wenn Befangenheit fast offenkundig ist. Da aber gerade die Kenntnis der Gegebenheiten bei einem Klienten das Prüfungsunternehmen zu einer weiterreichenden Beratung prädestiniert, hat man von seiten der Wirtschaftsprüfer versucht, die Regelung zu entschärfen, indem man sicherstellt, daß Berater und Prüfer nicht dieselbe Person sind.[242] Von wissenschaftlicher Seite und vor allem von seiten der klassischen Unternehmensberatung wird allerdings nach wie vor eine strikte Trennung der Bereiche gefordert.[243]

---

[237] Vgl. Rösgen, S. (1991); o.V. (1989c), S. 8.
[238] Vgl. hierzu: Greiner, L./Metzger, R. (1983), p. 12 ff.
[239] Vgl. Vogelsang, G. (1993), S. 135.
[240] Köhler, S./Hilke, W. (1989), S. 80. In der Praxis zeigt sich allerdings, daß dieses Verbot mehr und mehr mißachtet und dadurch de facto aufgeweicht wird. Einzig „allzu penetrante" Werbung bleibt nach wie vor unerlaubt (vgl. o.V. (1996d)).
[241] Solche Synergie zeigt sich freilich erst ab einer bestimmten Unternehmensgröße bzw. Klientenanzahl. Der Schwerpunkt der Betrachtung liegt eindeutig bei internationalen Wirtschaftsprüfungsgesellschaften, die Großunternehmen prüfen und die finanziellen Mittel besitzen, Consultingabteilungen aufzubauen. Daneben existiert eine Reihe mittelständisch orientierter Wirtschaftsprüfer, die Beratung als Nebenprodukt der Prüfungstätigkeit betrachten.
[242] Vgl. Backhaus, K./Späth, G.-M. (1992), S. 764 f.
[243] Vgl. beispielsweise Hoffmann, W. (1991), S. 32.

Der inhaltliche Schwerpunkt der Beratung durch die genannte Gruppe liegt in der Implementation von Informations- und Computersystemen, der Gestaltung des Rechnungswesens sowie der Finanz- und Investitionsanalyse.[244] Diese Aufgaben zeichnen sich eher durch einen analytischen als durch einen schöpferischen Charakter aus. Vogelsang verbindet das Betätigungsfeld der Wirtschaftsprüfer traditionell mit einer stark retrospektiven und nachvollziehenden Geisteshaltung.[245] Vorhandene Ist-Zustände werden mit definierten Soll-Zuständen verglichen.[246]

Eine von Backhaus/Späth durchgeführte empirische Untersuchung[247], bei der 1.400 Berater und Klienten die Kompetenz von Wirtschaftsprüfungsunternehmen einschätzen sollten, bestätigt die zitierte Einschätzung. In den Feldern Strategie, Marketing, Technologie und Logistik wird den Beratern aus der Sphäre Wirtschaftsprüfung eher wenig Erfahrung bescheinigt. Einige der so qualifizierten Unternehmen versuchen durch eine starke namentliche Differenzierung ihrer Beratungssparte (z.B. Andersen *Consulting*[248]) ihre Abnabelung von der Wirtschaftsprüfung deutlich wahrnehmbar zu dokumentieren.

Man schätzt, daß die Hilfestellung im Bereich der Informationstechnologie gut ein Drittel des Weltmarktes für Beratung ausmacht.[249] Seit jene die Kommunikation in vielen Unternehmen bestimmt, wird sie zu der entscheidenden Wettbewerbsvariablen. So hängt auch bei den klassischen Unternehmensberatern, wie etwa bei Roland Berger, die EDV- meist eng mit der strategischen Beratung zusammen.[250]

Der Informationstechnologiesektor ist „das Zugpferd der Branche".[251] Wie das Wachstum von Andersen Consulting zum weltgrößten Beratungsunternehmen zeigt, kann eine Strategie, die sich (zunächst) auf die Informationstechnologie konzentriert, sehr erfolgreich sein. Frühzeitig wurde ein inhaltlich konsistenter Beratungsansatz mit entsprechenden Produkten entwickelt, und man war schnell in der Lage, eine starke Kompetenzposition aufzubauen. „We realised information technology had become mission critical in a number of sectors (..)."[252]

---

244 Vgl. hierzu: Greiner, L./Metzger, R. (1983), pp. 12 ff.
245 Vgl. Vogelsang, G. (1993), S. 134.
246 Vgl. Backhaus, K./Späth, G.-M. (1992). Dort wird auch ein umfassender Überblick über die Aufgaben der Wirtschaftsprüfer als Unternehmensberater gegeben.
247 Vgl. ebda.
248 Vgl. Carty, P. (1992).
249 Vgl. o.V. (1988e), p. 6.
250 Vgl. Carty, P. (1992); vgl. Rose, B. (1990).
251 Vgl. Jack, A. (1992a), Carty, P. (1992); vgl. auch Saratz, G. (1991).
252 Shaheen, G., Andersen Consulting, zit. nach Carty, P. (1992).

Doch der Wille, weiter zu wachsen, sowie der vorhandene Bedarf an unternehmensübergreifender Beratung brachten auch hier den Wunsch hervor, sich stärker in den klassischen Bereichen zu engagieren. Deutlich wird dies beispielsweise am Business Reengineering, das aufgrund seiner Prozeßorientierung informationelles mit strategischem Gedankengut vereint. Andersen Consulting war 1993 mit etwa 350 Mill. USD Umsatz auch hier das mit Abstand führende Unternehmen. Unter den 10 größten Anbietern von Beratung dieser Art folgen drei weitere aus der Sphäre der Wirtschaftsprüfer.[253]

Aus der Sicht der klassischen Unternehmensberater wird das langfristige Erfolgspotential der den Wirtschaftsprüfungsgesellschaften angegliederten Beratungsunternehmen in den strategischen Bereichen eher als gering beurteilt: "Accountants are number people. Consultants are idea people."[254] Berater vertreten eine „Entrepreneurkultur", sie müssen zeitlich begrenzte, problemorientierte Aufträge im Wettbewerb mit anderen erlangen und bearbeiten. Wirtschaftprüfer pflegen demgegenüber eher eine vorsichtige „Bilanzkultur", die sich durch eine langjährige, vertrauensvolle Zusammenarbeit mit den Mandanten und durch repetitive Aufträge auszeichnet.

Auch die „Synergien zwischen Wirtschaftsprüfung und Management-Beratung erscheinen deutlich überbewertet".[255] Gerade eine klare Marktpositionierung, die aus einer sortimentspolitischen Grundsatzentscheidung resultiert, stellt nach Backhaus/ Späth die zentrale Voraussetzung für eine erfolgreiche Ausdehnung des Leistungsangebotes von Wirtschaftsprüfungsunternehmen in den klassischen Beratungsmarkt dar. Daher bilden Beratung und Prüfung nach ihrer Erfahrung meist organisatorisch separat geführte Betriebseinheiten. Je spezialisierter das Angebot und je eigenständiger der Auftritt der Berater aus dem Prüfungsbereich aber seien, desto weniger Synergie ergibt sich aus dem Miteinander beider Geschäftsbereiche.[256]

Die Verhältnisse am Markt vermögen diese Einschätzung allerdings nicht zu bestätigen: Sechs der zehn umsatzstärksten Consultants weltweit entstammen der Wirtschaftsprüfung („the big six").[257] Vor allem der Preisvorteil gegenüber den klassischen

[253] Vgl. o.V. (1994b). Ernst & Young erzielen mit Business Reengineering etwa 175 Mill. USD, Coopers & Lybrand 60 Mill. USD und Price Waterhouse 55 Mill. USD.
[254] Thompson, B., Arthur D. Little, zitiert nach: Skapinker, M. (1991), p. 2.
[255] Vgl. Gerybadze, A. (1991), S. 48.
[256] Vgl. Backhaus, K./Späth, G.-M. (1992), S. 762.
[257] Vgl. Collis, D. (1994), p. 1.

Beratungsunternehmen, die teureres Personal beschäftigen[258], spricht für ein Fortbestehen dieser Dominanz. Allerdings ist dabei nicht von einer generellen Durchmischung von Beratungsaufgaben auszugehen: Standard- und Routinefragen vor allem im Bereich der Kostenrechnung, des Finanzwesens und der Informationstechnologie können durchaus von den Beratern aus der Wirtschaftsprüfung vergleichsweise kostengünstig gelöst werden, bei Marketing-, Strategie- und Organisationsprojekten werden weiterhin Top-Management-Consultants aus den „Think-tanks“ und „Strategy-boutiques“ präferiert.

Die von vielen Dienstleistern zugrunde gelegte Annahme, der Klient bekomme seine Serviceleistungen lieber aus einer Hand, könnte sich zudem als trügerisch herausstellen. Man hat folgendes festgestellt: Je versierter ein Kunde im Umgang mit Dienstleistern wird, desto eher will er seine Leistungen von einer breiten Palette sehr spezialisierter Anbieter beziehen. „The more experienced the clients are, the less they buy on name.“[259]

(3) Steuerberatungsunternehmen

Vieles, was für das Engagement von Wirtschaftsprüfungsunternehmen im klassischen Beratungsmarkt gilt, trifft auch für internationale Steuerberatungsgesellschaften zu. Häufig sind beide Unternehmenstypen unter einem Dach zusammengefaßt.[260]

Daneben existieren kleine, regional orientierte Steuerberatungen, die breit gefächerte Aufgaben wahrnehmen. Finanzielle Restriktionen sowie Berührungsängste führen häufig dazu, daß mittelständische Unternehmen allgemeine betriebswirtschaftliche Probleme eher mit ihrem Steuerberater, mit dem sie vertraut sind, als mit einer zunächst anonymen Beratungsgesellschaft diskutieren. Auch wird der Nutzen des Einsatzes eines solchen Spezialisten in Ermangelung entsprechender Erfahrung häufig falsch eingeschätzt.

Schon aufgrund seiner Ausbildung muß die beraterische Fähigkeit des Steuerberaters aber in der Regel bei einem bestimmten betriebswirtschaftlichen Komplexitätsgrad enden. Die geringe Involvierung in den Unternehmensalltag des Klienten führt ferner dazu, daß soziales und teamdynamisches Potential beim Steuerberater in geringerem Maße gefordert wird, als dies bei einem Wirtschaftsprüfer oder klassischen Unter nehmensberater der Fall ist.[261]

---

[258] Klassische Unternehmensberater zeigen großes Interesse daran, die besten der Hochschulabgänger einzustellen.

[259] Vgl. Skapinker, M. (1991).

[260] Beispiele bilden Price Waterhouse, KPMG, Arthur Andersen sowie Coopers & Lybrand.

[261] Vgl. Vogelsang, G. (1993), S.136.

Im Zuge der Erschließung neuen Nachfragepotentials fühlen sich die klassischen Beratungsunternehmen aufgefordert, potentiellen Klienten diese Nachteile deutlich zu machen und sich stärker mit deren Bedürfnissen auseinanderzusetzen. Zusammenfassend läßt sich ein nur geringes Bedrohungspotential erkennen, das von Steuerberatern auf den Beratungsmarkt ausgeht.

(4) Unternehmen der EDV-Branche

Hardwarehersteller, System- und Softwarehäuser bauen ebenfalls Consulting-Abteilungen auf. Im Hinblick auf den Verfall der Margen im Rechnergeschäft haben vor allem Produzenten von Computern den wachsenden Markt der organisatorischen Integration der zunehmend komplexeren Datenverarbeitungssysteme für lukrative Serviceangebote entdeckt.

Die genannten Gruppen werden oft bereits für die Planung und Konzipierung von Informations- und Kommunikationssystemen herangezogen. So begegnet IBM dem Vorwurf, einem Klienten werde bei der Beratung der Kauf eines entsprechenden Computers nahegelegt[262], mit dem Argument, daß strategische Beratung nichts mit dem Erwerb von IBM-Hardware zu tun habe. Nur ganz am Ende des Implementationsprozesses gelte es, bestimmte Produkte bzw. Steuerungssoftware zu wählen. Dabei falle, so IBM, die Wahl dann oft automatisch auf IBM-Produkte.[263]

Durch den Einsatz moderner EDV-Lösungen können, so die Argumentation vieler EDV-Berater, auch Abläufe modifiziert und rationalisiert werden. Entscheidet sich ein Kunde für ein bestimmtes Angebot, können dem häufig jahrelange Anschlußaufträge folgen. So verwundert es nicht, daß SAP eigene Beratungsabteilungen aufbaut und sich mit vielen Kooperationspartnern in diesem Bereich zusammentut.[264]

Im Bereich der Planung von Informationssystemen stehen Hard- und Softwareunternehmen in einem intensiven Wettbewerb mit den dort etablierten Unternehmen aus dem Kreis der Wirtschaftsprüfung und Steuerberatung. „I don't think that the system houses in these times have been able to sustain the image that they held of also being

[262] Gerade in Großbritannien und den USA sind Klienten sehr besorgt darüber, ob die Berater unabhängig sind oder ob verborgene Verbindungen zu Hardware- und Softwareunternehmen bestehen.(Vgl. Houlder, V. (1994)).

[263] Clyde, J., IBM IT-Strategy Consulting, zit. nach Jack, A. (1992). Vgl. auch o.V. (1994b).

[264] Vgl. Staute, J. (1996), S. 70 f.

consultants", merkt der Leiter der Informationstechnologie bei KPMG an.[265] Der eigene Vorteil liege in der Möglichkeit einer ganzheitlichen Beratung, von der Strategie über das Systemdesign bis hin zur Implementation der Ergebnisse. Softwarehäuser hingegen müßten sich auf nur einen Ausschnitt der gesamten Bandbreite beschränken.[266]

Die Möglichkeit eines engen Austausches von Informationen über die Leistungsfähigkeit von Systemen sowie über die von Kunden benötigten Lösungen[267], der finanzielle Spielraum sowie die breite Klientenbasis führen dazu, daß im Beratungsbereich etablierte Unternehmen die Konkurrenz seitens der Hardwarehersteller sehr ernst nehmen. Digital Equipment, Siemens Nixdorf, Bull und UNISYS bauen ihre Kapazität im Beratungsbereich stark aus. Vor allem IBM besitzt eine große Zahl von Beratern, die den etablierten Unternehmen den Markt in bestimmten Segmenten streitig machen.[268]

(5) Industrieunternehmen

Der Abbau von Führungspersonal und der Wunsch nach Einsparungen im Gemein kostenbereich haben dazu geführt, daß spezialisierte Serviceleistungen wie Inhouse-Beratung, Werbung, Steuerberatung, Aus- und Weiterbildung in zunehmendem Maße aus dem betrieblichen Leistungskranz ausgegliedert werden. „Die Vermarktung von unternehmerischem Know-how wird zum neuen Geschäftszweig."[269] Tochtergesellschaften werden gegründet, um intern entwickelte Konzepte, Methoden oder Programme einem größeren Adressatenkreis zugänglich zu machen und damit Entwicklungskosten auf mehrere Schultern zu verteilen.[270] Daneben beteiligen sich aber auch immer mehr Industrie- an Beratungsunternehmen (vgl. Tab. 5).[271]

Hohe Aufmerksamkeit seitens der Medien genoß beispielsweise die Zusammenfassung aller Beratungsstäbe der Unternehmen Daimler-Benz, MTU, Dornier und AEG in der Debis.[272] Eine Verbindung besteht zwischen General Motors und der bereits im Jahre 1964

[265] Whale, P., IT Consultancy Partner KPMG UK, zit. nach Jack, A. (1992).
[266] Ebda.
[267] Vgl. Holberton, S. (1990).
[268] Vgl. Jack, A. (1992); Bierach, B. (1995), S. 118.
[269] Vgl. Meier, F. (1991).
[270] Vgl. Elfgen, R./Klaile, B. (1987), S. 158.
[271] Vgl. Gerybadze, A.(1991), S. 24.
[272] Vgl. o.V. (1992f). Es kamen noch weitere Akquisitionen der Daimler Benz Gruppe, wie etwa der europäische Teil der Diebold-Gruppe und die Aachener GEI Gesellschaft für Informationsberatung, zu Debis Systemhaus hinzu. Ferner beteiligte man sich am Informatikdienstleister Cap Gemini Sogeti.

Tab. 5: Beratungstöchter von Industrieunternehmen

Muttergesellschaft	Tochtergesellschaft	Tätigkeitsbereiche
General Motors	EDS	Systemberatung, Software, EDV
Daimler Benz AG	InterServices (debis) AG	EDV, Finanzdienstleistungen, Versicherungen, Handel, Marketing Services
Siemens AG	SIETEC	Unternehmensberatung
Deutsche Lufthansa AG	Lufthansa Consulting GmbH	Schulung, EDV, Management-Beratung
RWE AG	Managementberatung, Informationssysteme und Technologie (MIT)	Management-Beratung, Informationssysteme, Training

Quelle: in Anlehnung an Meier, F. (1991).

ausgliederten EDS Electronic Data Systems Corporation im Bereich der Systemberatung und Softwareerstellung. Nicht nur mit rein informationstechnologischen Problemen, sondern auch mit übergreifenden Fragestellungen befaßt sich beispielsweise die SIETEC Consulting, ein Unternehmen, das zu Siemens gehört.[273]

Für den BDU stellt der Einstieg der Industrie in das Beratergeschäft eine Entwicklung dar, die im Zuge der allgemeinen Outsourcing-Diskussion noch stärker an Gewicht gewinnen wird.[274] Trotzdem schätzen etablierte Consultants das Engagement der Industrie nicht so kritisch wie das anderer Dienstleistungsunternehmen ein. Denn Beratern aus dem genannten Kreis werde auf längere Sicht die Unternehmenskultur im Wege stehen.[275]

(6) Werbeagenturen

Neben der (Marketing-)Beratung, die meist mit der Gestaltung des Werbeauftritts einhergeht, haben einige Agenturen ganz gezielt versucht, sich als Consultingunternehmen mit einem breiten Kompetenzspektrum zu profilieren. Der Verbund von Unternehmensberatung und Werbeagentur kann allerdings zu besonderen Problemen führen. Das Beispiel Saatchi & Saatchi, eine Art Dienstleistungssupermarkt in Großbritannien,

273 Vgl. SIETEC Consulting: „Management Consulting", o.Jg.; eine Nachfrage ergab, daß etwa 40 % der Beratungsprojekte von dem Mutterunternehmen und 60 % von externen Kunden kommen.
274 Weyrather, C., zit. nach Meier, F. (1991).
275 Vgl. Meier, F. (1991).

zeigt deutlich, daß nur schwer überwindbare Hürden der Vereinigung der unterschiedlichen Kulturen im Wege stehen können. Interessenkonflikte und Schwierigkeiten der Darstellung von Kompetenz gegenüber Klienten führten dazu, daß sich das Unternehmen 1988 von dem Beratungsteil trennte.[276]

Auch werden die erzielbaren Synergieeffekte überschätzt: "The problem is that you don't get real economies of scale in either selling or operations if you offer services as diverse as consultancy, advertising, PR and opinion polling. The dynamics are totally different."[277]

(7) Universitäten

In amerikanischen Business Schools werden Professoren geradezu ermutigt, einen Teil ihrer Zeit in Unternehmen zu verbringen und dadurch, ganz nebenbei, mehr als nur ein Zubrot zu verdienen. Häufig gründen sie Beratungsunternehmen, die in der Branche als „Boutiques" bezeichnet werden.[278]

Mit Visionen, innovativen Problemlösungsansätzen und neuartiger Technologie befassen sich "think tanks". Unternehmen wie The Rand Corporation oder SRI International, die dem universitären Bereich entstammen, beschäftigen hervorragende Experten, die nach in der Beratung verwertbaren wissenschaftlichen Herausforderungen suchen.[279]

Der Arbeitsschwerpunkt liegt im organisatorisch-strategischen Bereich, etwa dem "Cultural Change" oder dem Netzwerkdesign[280], weil Professoren dort besonders gut wissenschaftliche und kommerzielle Interessen miteinander verbinden können. Etwa 5 Prozent des Gesamtmarktes entfallen heute auf Beratungsanbieter dieser Kategorie in Deutschland.[281] Unternehmen greifen gerne auf die Hilfe von Hochschullehrern zurück, da die meist unbefangene Sichtweise durch eine vergleichsweise günstige Preisgestaltung ergänzt wird.

[276] Vgl. o.V. (1986).
[277] Vgl. Skapinker, M. (1991).
[278] Vgl. Higdon, H. (1971), S. 36.
[279] Vgl. Greiner, L./Metzger, R. (1983), S. 12 ff.
[280] Vgl. o.V. (1992d).
[281] Vgl. Elfgen, R./Klaile, B. (1987), S. 163.

(8) Sonstige potentielle Konkurrenten

Marktforschungsunternehmen, Versicherungsgesellschaften, Anwaltssozietäten, Verbände und Kammern[282] sowie Beratende Ingenieure (z.B. Uhde, Bechtel, Lurgi) haben mit wechselndem Erfolg versucht, im Beratungsmarkt Fuß zu fassen. Je näher das Beratungs- an dem Kernkompetenzfeld liegt, desto größer ist die Chance, auch in der Beratungstätigkeit Erfolg zu haben. Hierbei kann Spezialwissen methodische Schwächen kompensieren.

Der Wettbewerb unter den Anbietern ist allgemein von hoher Rivalität geprägt.[283] Begründen läßt sich dies durch ein gegenüber der Nachfrage überproportional hohes Wachstum deren Zahl. Dies führt mitunter sogar dazu, daß Beteiligte den Erfolg im Beratungsbereich „um jeden Preis" erreichen wollen. So nutzen finanzstarke Unternehmen Mittel, die sie in anderen Geschäftsfeldern erwirtschaften, dazu, die neue Aktivität eine Zeitlang zu subventionieren.

In der Tabelle 6 sind die wichtigsten Einflußgrößen des Wettbewerbsgeschehens auf dem Beratungsmarkt zusammengefaßt:

- Die schärfste Konkurrenz für die klassischen Unternehmensberater geht von den *Wirtschaftsprüfungs- und Steuerberatungsgesellschaften* aus. Über den Bereich der Informationstechnologie hinaus haben sie bereits in weiteren Marktsegmenten (z.B. Business Reengineering) zu den klassischen Unternehmensberatern aufgeschlossen bzw. sie dort umsatzmäßig übertroffen. Von ihnen geht zudem ein starker Druck auf die Kosten aus, u.a. weil sie standardisiert arbeiten.

- Aus den eigenen Reihen erwächst den klassischen Beratern mit *Spin-Offs* eine zusätzliche Bedrohung: Mit zunehmender Größe und Bedeutung schälen sich neue, schlagkräftige Unternehmen aus den alten heraus, die oft Klienten des Mutterunternehmens an sich binden.

---

[282] Beratungsdienste von Kammern und Verbänden genießen aufgrund deren unabhängigem Status sowie deren Kenntnis der jeweiligen Branche eine besondere Wertschätzung (vgl. Vogelsang, G. (1993), S. 137). Außerdem ist diese Art der Beratung vergleichsweise kostengünstig.

[283] Vgl. Porter, M. (1992), S. 42.

Tab. 6: Bedeutung wettbewerbsrelevanter Faktoren für Beratungsanbieter

Wettbewerbsfaktoren / Beratungsanbieter	Kostenseitig			Qualität und Know-how				Gegenwärtige Stellung am Markt	Zukünftige Bedeutung
	Synergie mit Kerngeschäft	Overhead-belastung	Möglichkeit des Cross-Sellings (leichtere Akquise)	gängige Spezialisierung	Möglichkeit der ... ganzheitlichen Beratung	Möglichkeit der ... internationalen Betreuung	Möglichkeit der ... persönlichen Betreuung		
Klass. Unter-nehmensberater									
- Beratungsgesellschaften		hoch			+++	+++	+	+++	gleichbleibend
- Einzelberater		gering			-	-	+++	+++	gleichbleibend
- Spin - Offs		mittel/hoch			++	-	++	++	fraglich
Andere Dienstleister									
- Banken	+	0	-	Finanzen	-	-	++	+	abnehmend
- Wirtschaftsprüfungs-/Steuer-beratungsgesellschaften	++	0	+++	IT	+	+++	+	+++	fraglich
- Steuerberater	-	0	++		-	-	+++	-	abnehmend
- Softwarehäuser	++	0	++	IT	-	-	++	-	fraglich
- Werbeagenturen	-	0	-	Marketing	-	+	++	-	abnehmend
Industrieunternehmen									
- Klass. Industrie	-	0	-	je nach Branche	-	+	+	+	fraglich
- EDV-Hardwarehersteller	+	0	++	IT	-	+	+	++	gleichbleibend
Universitäten	++	gering	++	je nach Fach	-	-	+++	-	gleichbleibend

Legende: +++ = sehr hohe Bedeutung, ++ = hohe Bedeutung, + = hat Bedeutung, - = keine Bedeutung, 0 = keine Einschätzung möglich

- Es ist fraglich, ob *Beratungsabteilungen, die von Industrieunternehmen als selbständige Einheiten ausgegliedert* worden sind, auf dem externen Markt eine gewichtige Rolle spielen können. In einigen Randbereichen, wie etwa dem Personal-Training oder der EDV-Beratung, konnten jene durchaus ihren eigenen und den Ansprüchen anderer Unternehmen gerecht werden, doch ergeben sich gerade bei strategischen Fragestellungen sowie hinsichtlich der Wandeltechniken Kompetenzlücken. Das vielfach erkannte Fehlen einer Dienstleistermentalität mag daher nur ein Grund sein, weshalb die zukünftige Bedeutung dieser Gruppe für den Beratungsmarkt als gering eingeschätzt wird.

- Die zu verzeichnende Flut von *Klein- und Einzelberatern* vermag zwar Druck auf das Preisgefüge auszuüben, doch wird es zu einer Marktbereinigung kommen.

- Andere Anbieter sind in bestimmte Spezialfelder und Nischen, die in unmittelbarem Zusammenhang mit ihrem jeweiligen Kerngeschäft stehen, eingedrungen. Nachdem der Informationsbereich stark an Bedeutung gewonnen hat, verwundert es nicht, wenn beispielsweise *Hard- und Softwarehersteller* ihre erklärungsbedürftigen Produkte um eine umfassende Beratungsleistung ergänzt haben, mit der sie zusätzliche Einkünfte erzielen.

- Das Beratungsengagement von *Banken* außerhalb von Finanz- und Investitionsfragen und das der *Werbeagenturen* jenseits von Marketingproblemen dürften auch von Kompetenzproblemen überschattet sein. Von einer langfristigen und deutlichen Expansion über die ursprünglichen Tätigkeitsfelder hinaus sollte daher nicht ausgegangen werden. Finanzielle Beteiligung vor allem durch Banken stärkt allerdings die Wettbewerbsstärke bestimmter etablierter Beratungsunternehmen.

- Die *Beratung durch Universitäten* wird weiterhin aus Gründen einer guten Kosten-Nutzen-Relation auf Nachfrage von Unternehmen stoßen. Die Kapazität solcher Institutionen ist aber nur begrenzt erweiterbar.

2.2.1.3 Potentielle Konkurrenten

Die Niederlassungsfreiheit sowie das Fehlen eines gesetzlichen Schutzes des Unternehmensberatungsberufs gestatten potentiellen Beratungsanbietern einen unkomplizierten Marktzugang. Hinzu kommen ein geringer Kapitalbedarf sowie auf den ersten Blick fehlende Betriebsgrößenersparnisse, die es fast jedem Interessierten nahelegen, sich hier zu betätigen.[284] Tabelle 7 führt Faktoren an, die vor allem den Eintritt von branchenfremden Unternehmen in den Beratungsmarkt begünstigen.

Tab. 7: Begünstigende Faktoren für den Eintritt in den Beratungsmarkt

Unternehmen	**Produkte / Dienstleistungen**	**Kunden**
➢ Finanzkraft/Liquidität ➢ Bereits geschaffene investive Voraussetzungen ➢ Breite/Tiefe des Know-how ➢ Notwendigkeit von Diversifikation aufgrund von Attraktivitätsverlust anderer Geschäftsfelder	➢ Integrationsfähigkeit bzw. -notwendigkeit von Beratungsleistungen ➢ Erklärungsbedürftigkeit der Produkte ➢ Allgemeine Übertragbarkeit von Konzepten und Erkenntnissen ➢ Auftreten bestimmter Problemstellungen	➢ Wahrgenommenes Kompetenzprofil ➢ Tragfähigkeit des Image ➢ Beratung als Bestandteil des Kaufs oder Akzeptanz als Extra-Dienstleistung

Ein Unternehmen der Telekommunikationsbranche könnte demnach beispielsweise ein potentieller neuer Beratungsanbieter sein. Neben Fragen, die Telefonendgeräte betreffen, besteht Informationsbedarf hinsichtlich der Konfigurationsmöglichkeiten im Netz, der Kosten bei unterschiedlicher Systemanordnung sowie technischer Erweiterungsmöglichkeiten. Wegen der hohen Komplexität der Kaufentscheidung wird eine Beratungsleistung benötigt. Der Hersteller könnte entsprechendes Know-how aufbauen, welches sich günstigenfalls auch unabhängig von der Veräußerung einer Telefonanlage zu Geld machen läßt.

Auf die Ausweitung des Aktionsspielraumes der Beratungsabteilungen von Industrieunternehmen wurde bereits eingegangen. Wenn diese erfolgreich sind, streben sie an, ihr Know-how auch anderen Unternehmen zur Verfügung zu stellen und so die

[284] Vgl. Greiner, L./Metzger, R. (1983), p. 4.

vorhandene Kapazität noch besser auszulasten.[285] Auf jeweils fünf Berater kommt heute einer des beschriebenen Typs.[286]

Bei der Diskussion um die Sinnhaftigkeit des Vorhaltens von *internen Beratern* müssen verschiedene Argumente gegeneinander abgewogen werden. Der Preis eines externen Fachmanns erscheint auf den ersten Blick hoch, da er meist auf der Basis von Tagessätzen entlohnt wird. Rechnet man die finanzielle Belastung für einen internen Consultant ebenfalls auf einzelne Tage um, so liegt jene im Durchschnitt etwa 60 Prozent unter der für externe Kräfte.[287]

Zu beachten ist allerdings, daß ein interner Berater fixe Kosten verursacht. Der Externe hingegen wird nur für die Zeit bezahlt, die er tatsächlich gearbeitet hat. Ein Vorteil des hauseigenen Consultant liegt desweiteren darin, daß Spesen, Lernzeiten und anteilige Gemeinkosten vergleichsweise niedrig sind. Er ist mit den Kunden, personellen Schwachstellen und der Unternehmenskultur vertraut. Gerade dies kann ihm aber auch zum Nachteil gereichen, weil seine Objektivität und Unabhängigkeit durch persönliche Verbindungen im Unternehmen und eine gewisse Betriebsblindheit gefährdet erscheinen. Der fehlende Wettbewerb kann ferner zu einer Veralterung des Methoden- und Sachwissens führen. Zielsetzung und Ergebnispflicht für den externen Consultant werden demgegenüber klarer abgesteckt, so daß die Aussicht auf das Erreichen eines gesteckten Zieles vergleichsweise gut ist.

Die Entwicklung wird aber oft auch in entgegengesetzter Richtung verlaufen. Das Entstehen interner Beratungsabteilungen z.B. von Bayer, Krupp und Siemens war die Folge eines Lernprozesses, der auf den Einsatz von externen Beratern zurückging. Die genannten Unternehmen erwarben bei Projekten spezifisches Methoden- und Technikwissen. Der Zielkonflikt zwischen dem zusätzlichen Nutzen der externen Beratung und deren Kosten führte dazu, daß man das erworbene Wissen selbst anwenden wollte.[288]

[285] Vgl. hierzu Allanson, S. (1985), S. 262 ff.; Meinungsspiegel (1987), S. 531 ff.; Oefinger, Th. (1986); Frey, P. (1987), insb. S. 219 ff.; Fleischmann, P. (1984), S. 18 ff.; o.V. (1988j); Greiner, L./Metzger, R. (1983), pp. 24 f.; Kelly, R. (1979), p. 120; Auf den Kostenaspekt geht ein: Heigl, A. (1971).

[286] Vgl. Collis, D. (1994), p. 1.

[287] Vgl. Allanson, S. (1985), S. 262.

[288] Die Entscheidung der Unternehmen für oder wider interner Consultingabteilungen läßt sich mit Hilfe der Transaktionskosten- und der Organisationstheorie unterstützen. Mit ersterer wird die Effizienz von Transaktionen bei unterschiedlichen Leistungsgrenzen einer Unternehmung im Sinne einer klassischen Make-or-Buy-Entscheidung untersucht (vgl. Kehrer, R./Schade, C.).

Kelly hat in den 80er Jahren für die USA große Verbreitung und stetiges Wachstum von internen Consultingabteilungen bei Großunternehmen festgestellt.[289] Er folgerte daraus nicht das Ende der externen Beratung, sondern eine Veränderung der jeweiligen Aufgabenstellung: Langwierige Routineaufgaben werden durch Inhouse-Consultants erledigt, Spezialisten-Know-how, Kreativität und neuartige Managementmethoden verstärkt von außen zugekauft. In Übereinstimmung damit läßt sich heute feststellen, daß Ideen, innovative Konzepte und Tools fast ausschließlich von externen Consultants kommen, die später von ihren internen Kollegen adaptiert werden. Nicht nur dadurch entsteht ein Innovationszwang für die externen Berater, wenn sie weiterhin Argumente für ihren Einsatz bei Unternehmen, die eine eigene Consultingabteilung haben, rechtfertigen wollen.[290]

Es liegt nahe, eine Zusammenarbeit von internen und externen Spezialisten zu fordern, weil bei konkreten Problemen beide Seiten von den Erfahrungs- bzw. Methodenschwerpunkten der jeweils anderen profitieren können.[291] Empirisch wurde die Erfolgsträchtigkeit dieser Strategie nachgewiesen. Aufgaben sollten nach spezifischen Kriterien (Konflikthaltigkeit, Innovationsgrad, Branchen- und Methodenwissen etc.) auf die internen und die externen Consultants verteilt werden.[292]

In Ermangelung von formalen Zugangsbeschränkungen versuchen generell etablierte Anbieter Hindernisse für den Marktzutritt neuer Wettbewerber zu schaffen.[293] Sie bemühen sich, ihre Dienstleistung zu differenzieren, indem sie Werbung und Öffentlichkeitsarbeit betreiben und somit ihre Tätigkeit immer mehr als individuelle Marke wiedererkennbar machen. Sie gründen elitäre Vereinigungen und verpflichten sich zur Einhaltung bestimmter Beratungsgrundsätze. Die Betonung von Produkt- bzw. Serviceunterschieden gegenüber der neuen Konkurrenz sowie die Pflege von langjährigen Klientenbeziehungen[294] dienen zum einen dazu, Loyalität seitens der Nachfrager zu erzeugen, zum anderen dazu, potentielle Klienten vom Preis als einziger Determinanten der Projektvergabe abzulenken.

---

[289] Vgl. Kelly, R. (1981), S. 75.
[290] Vgl. Meinungsspiegel (1987), S. 533
[291] Vgl. ebda., S. 529 und 533; Rheinbay, Ch. (1987), S. 180. Vgl. auch: Kelly, R. (1981), S. 75.
[292] Vgl. Oefinger, Th. (1986), S. 234 f.
[293] Vgl. hierzu Porter, M. (1992), S. 29 ff.
[294] Bezüglich der Reputation stellt die Zahl der Altklienten so etwas wie eine zusätzliche Markteintrittsbarriere dar (vgl. Schade, Ch./Schott, E. (1993), S. 497 f.).

Anstatt sich auf einen mutmaßlich aussichtslosen Preiskampf mit Newcomern einzulassen, versuchen etablierte Anbieter zunehmend, kapitalintensive Ausstattungsmerkmale wie Technik, repräsentative Räumlichkeiten oder Forschungseinrichtungen zum Standard einer seriösen Unternehmensberatung zu erheben. Mittlerweile wird auch erkannt, welches Potential in der Verwendung von Beratungsinstrumenten im Hinblick auf die Schaffung von Eintrittsbarrieren für bestimmte Marktsegmente liegt. Neben der Erzielung von Kosteneinsparung durch Erfahrungskurveneffekte erleichtert die Standardisierung der Beratungsleistung deren Vermarktung und bietet so die Chancc, sich als Experte in einem bestimmten Gebiet zu profilieren.[295]

2.2.2 Das Personal

Die problemorientierte Wissensproduktion verlangt, daß dem personellen Produktionsfaktor im Consulting-Bereich vorrangige Bedeutung zukommt.[296] Im Gegensatz zu anderen Bereichen stellen die Mitarbeiter in einem Beratungsunternehmen die Produktions- und Vertriebseinrichtungen selbst dar. Da deren Qualität die zentrale Variable des Erfolges bildet, müssen die für sie Verantwortlichen höchste Sorgfalt bei der Rekrutierung neuer sowie bei der Ausbildung und Motivierung vorhandener Mitarbeiter walten lassen.[297]

Als Hauptproblem der Beratungsgesellschaften bezeichnen Experten die Knappheit an qualifizierten Beratern.[298] „It is certainly true that any consultancy firm´s biggest problem is finding, keeping and training good enough staff."[299] Während es zwar viele Personen gibt, die sich Unternehmensberater nennen, kommt nur ein Bruchteil davon aufgrund von Ausbildung, Fähigkeit und Potential für renommierte Beratungsgesellschaften als Mitarbeiter in Frage. Diese werden stark umworben. Amerikanische Unternehmensberatungen haben bereits 1984 im Wettbewerb um die besten Universitätsabsolventen, sogenannte High-Potentials, Einstiegsgehälter von bis zu 100.000 DM p.a. bezahlt.[300]

---

295 Vgl. hierzu Porter, M. (1992), S. 29 ff.
296 Vgl. Strasser, H. (1993), S. 56.
297 Vgl. Melcher, H. (1982), S. 28.
298 Vgl. o.V. (1993g), o.V. (1989e); Berger, R. (1979); o.V. (1991d).
299 Vgl. o.V. (1988a).
300 Vgl. Johnssen, W. (1984), S. 23.

Dies und das damit einhergehende Prestige üben eine hohe Anziehungskraft auf die Masse der Jungakademiker aus: Eine Untersuchung über die beliebtesten Wirtschaftszweige bei Hochschulabsolventen aus deutscher und europäischer Sicht ergab, daß der Consulting- vor dem Automobil- und dem Bankbereich am stärksten begehrt ist.[301]

Durch die Rekrutierung von vergleichsweise teurem Personal wird eine Spiralbewegung in Gang gesetzt, die die Positionierung des Unternehmens maßgeblich beeinflußt. Mit der Qualität der gesuchten Mitarbeiter steigen neben den Personalkosten auch die der Selektion, da diese schwieriger und zeitaufwendiger wird. Je mehr die Kostenbelastung insgesamt zunimmt, desto höhere Beratungshonorare müssen von den Klienten gefordert werden. Sie lassen sich nur durchsetzen, wenn letztere einen entsprechend höheren Nutzen aus der Beratung ziehen.

Während dies zu leisten immer schwerer fällt, erlauben es Ausstattungsmerkmale wie kostenintensive Forschungseinrichtungen, praxiserprobte Instrumente und weltweite Repräsentanz, eine profilierte Stellung bei den Klienten zu erzielen. Die Beratungsunternehmen sind daher gezwungen, ihre Alleinstellung im Wettbewerb mit immer weiter steigenden Honorarforderungen zu erkaufen.[302]

Auch korrelieren Qualität und Potential der beschäftigten Mitarbeiter mit den Ansprüchen auf Arbeitsanreize. Neben der Weiterbildung - Andersen Consulting z.B. unterhält in der Nähe von Chicago ein universitätsähnliches Ausbildungszentrum, McKinsey betreibt in Washington ein Institut für Grundlagenforschung - müssen hier vor allem finanzielle Incentives sowie die Chance, in der Hierarchie aufzusteigen, zur Geltung kommen.

In diesem Zusammenhang ist auf die im Beratungsbereich verbreitete Möglichkeit zu verweisen, Partnerstatus zu erlangen. Sofern Unausgewogenheit in der Beförderungspolitik nicht bewußt entgegengewirkt wird, kommt es über kurz oder lang zu den bereits angesprochenen Spin-offs, d.h. zur Ausgliederung neuer Beratungsfirmen durch wichtige Leistungsträger.[303]

Die Erhaltung der Motivation kann vor allem durch Unternehmenswachstum und Eindringen in unterschiedliche Beratungsfelder langfristig gewährleistet werden. Eine

---

301 Vgl. o.V. (1993f), S. 62.
302 Vgl. Strasser, H. (1993), S. 64 ff.
303 Vgl. Gerybadze, A. (1991), S. 38.

von der London Business School durchgeführte Befragung von 145 europäischen Consultants zu Vorzügen und Nachteilen ihres Berufes ergab folgendes Bild: Besonders schätzen diese die intellektuelle Herausforderung, die die Arbeit mit sich bringt. Daneben üben die Eigenverantwortlichkeit und Vielschichtigkeit der Profession große Anziehungskraft aus. Weiterhin wurden die Macht, Ereignisse zu beeinflussen, der Dienst am Klienten sowie die Reisetätigkeit als attraktiv befunden.

Dagegen kritisierten die Probanden die fehlende Möglichkeit, Vorschläge in der Praxis umzusetzen (!), sowie besonders Bürokratie und schlechte Verwaltung bei ihren Arbeitgebern. Erstaunlicherweise geht auch von dem Verhalten der Klienten ein gewisses Problempotential aus. Ganz speziell wurde der einem Berater zugemutete hohe zeitliche Einsatz bemängelt.[304]

Meister hat nachgewiesen, daß erfolgreiche Dienstleistungsfirmen mit etwa 20 % p.a. wachsen müssen, um ein Gleichgewicht der Erwartungen der Mitarbeiter mit den tatsächlichen Gegebenheiten sicherzustellen.[305] Wenn ein Unternehmen nicht mindestens 15 % Wachstum p.a. erzielt, wird es infolge des Nichterreichens von Größenschwellen für bestimmte Beratungsleistungen häufig keine ausreichende Rentabilität erzielen. Dies schlägt sich in der Entlohnung nieder. Sollte das Unternehmen allerdings zu schnell expandieren, besteht die Gefahr einer unzulänglichen Integration der Mitarbeiter und in der Folge von Qualitätseinbuße und Reputationsverlust.[306]

2.2.3 Die Nachfrager

Intensiver Wettbewerb, Arbeitsteilung und zunehmende Komplexität von Entscheidungen lösen einen erhöhten Bedarf an spezialisierten Beratungsleistungen aus. Informationen, die zur langfristigen Sicherung der Überlebensfähigkeit benötigt werden, können von den Nachfragern selbst häufig nicht in kosten- und leistungsgerechter Weise beschafft werden. Daher werden Unternehmensberatungen eingeschaltet.[307]

Ein Verhalten, wie das von BMW praktizierte, wird mehr und mehr zur Ausnahme. Der langjährige Vorstandsvorsitzende von Kuenheim lehnte Beraterhilfe für sein Unter-

[304] Vgl. Hunt, J. (1994).
[305] Vgl. Meister, D. (1982).
[306] Vgl. Gerybadze, A. (1991), S. 37.
[307] Vgl. ebda., S. 24.

nehmen kategorisch ab, „weil wir uns nicht in die Karten gucken lassen und andere schlau machen".[308] Der BDU stellte fest, daß nur etwa jedes zehnte Unternehmen noch keinerlei Erfahrung mit Unternehmensberatern habe.[309] Jedes fünfte Großunternehmen arbeite kontinuierlich mit externen Helfern zusammen. In Deutschland werde man zunehmend „consulting minded". Von den beratungserfahrenen Unternehmen schalteten mehr als 80 % Berater für Aufgaben in den Bereichen Führung und Organisations entwicklung ein.[310]

Das Potential der Nachfrager, die Bereitschaft der einzelnen Gruppen zur Inanspruchnahme von Beratungsleistung sowie die Schwerpunkte der Nachfrage erscheinen auf den ersten Blick intransparent.[311] Es ist jedoch davon auszugehen, daß Consultants ihr Angebot in einem adaptiven Prozeß an die Bedürfnisse der beratungssuchenden Unternehmen anpassen.[312]

„Client pressure is driving most of the changes taking place in consultancy."[313] Heute kommen viele Mitarbeiter von beratungsnachfragenden Unternehmen selbst aus der Beratersphäre und können ihre Ansprüche an die Consultants präzise formulieren.[314] Insofern lassen sich Informationen zu Art und Menge der nachgefragten Beratungsleistung zumindest zum Teil auch aus dem Angebot der Consultants ableiten.[315]

Klein hat beispielsweise den Klienten ins Zentrum seiner Betrachtung gestellt[316]; er behandelt Unternehmensberatung primär aus der Sicht des nachfragenden Unternehmens. Diese Verlagerung des Erkenntnisinteresses von der Berater- zur Klientensphäre findet auch in der Verwendung des Begriffs Konsultationsforschung ihren Ausdruck. Hierbei ist der Beratungsbedarf als unabhängige Variable zu begreifen, die Aktivität des Beraters als Reaktion und abhängige Größe.[317]

---

308 zit. nach: Beyer, J./Kett, I. (1992).
309 Vgl. BDU (1991a); Oefinger, Th. (1986), S. 161.
310 Beyer, J./Kett, I. (1992).
311 Vgl. Elfgen, R./Klaile, B. (1987), S. 159.
312 Vgl. ebda., S. 233.
313 o.V. (1988g), p. 9.
314 Vgl. o.V. (1988g), p. 9; vgl. zum Wechsel des Beraters auf die Klientenseite o.V. (1989d).
315 Vgl. auch Elfgen, R./Klaile, B. (1987), S. 224 ff.
316 Vgl. Klein, H. (1974). Auch in der Praxis hat man einen Perspektivenwandel vollzogen: So ließ der BDU im Jahre 1991 eine Studie mit dem Titel anfertigen: Was erwarten Klienten in den 90er Jahren von Unternehmensberatern?, vgl. BDU (1991a).
317 Vgl. Hoffmann, W. (1991), S. 3.

Bei der Erhebung von Daten zu demographischen Merkmalen, der Einstellung gegenüber der Unternehmensberatung und der Branchenzugehörigkeit ist man aufgrund der Verschwiegenheit der Berater auf die Auskunftsbereitschaft von Klienten angewiesen. Es existieren eine Reihe von Gründen, warum die Haltung von Unternehmen gegenüber Unternehmensberatung lange Zeit sehr negativ war. An dieser Stelle können nur einige wenige genannt werden: mangelnde Transparenz des Marktes für Beratungsleistung, Angst, die Konsultation werde als Eingeständnis von Schwäche und Fehlleistung interpretiert, sowie Furcht vor Machtverlust und Bekanntwerden von Betriebsgeheimnissen.[318]

Neuere Untersuchungen wie die von Marner zeigen, daß diese Argumente in der Praxis heute keine große Rolle mehr spielen und die Hinzuziehung von externen Spezialisten, ganz im Gegenteil, von den Klienten als ein Zeichen von Verantwortungsbewußtsein gedeutet wird.[319] Seit mit der Verpflichtung von Beratern unverkrampft umgegangen wird, stehen hier aussagekräftige Daten zur Verfügung.

Im Hinblick auf Einsatzart und Beratungsmethodik von Unternehmensberatern erkennt Meffert fünf Typen von Klientunternehmen. Bei einer Befragung von Consultants und ihren Auftraggebern im Frühjahr 1988 ergaben sich die in der Tabelle 8 dargestellten Cluster. Neben den jeweils unterschiedlichen Funktionen der Berater erscheint bemerkenswert, daß kaum kleinere und mittlere Unternehmen in der Gruppe der Skeptiker und Ablehner vertreten sind. Bei diesen hatte man den meisten Widerstand gegenüber Unternehmensberatung vermutet.[320]

Weitere Autoren gelangen zu ähnlichen Ergebnissen. Jeweils mehr als 50 Prozent der befragten Unternehmen rufen Berater nur bei Vorliegen akuter Probleme hinzu, regelmäßige Betreuung wünschen zwischen 8 und 25 Prozent.[321]

Um den Einfluß der Nachfrager auf das Wettbewerbsgeschehen in seiner Vielschichtigkeit zu verstehen, bedarf es der Kenntnis der Motive, die Klienten zum Einsatz eines Unternehmensberaters bewegen. Keines der Werke zu Unternehmensberatung verzichtet auf deren Erläuterung, weil die Befriedigung von Klientenbedürfnissen das Fundament

[318] Siehe hierzu: Elfgen, R./Klaile, B. (1987), S. 209.
[319] Vgl. Marner, B. (1982), S. 13 f.
[320] Vgl. Meffert, H. (1989), S. 33; vgl. auch ders. (1990), S. 193 f.
[321] Vgl. Marner, B. (1982), S. 18; Szyperski, N./Klaile, B. (1984), Fr. 30.

einer erfolgreichen Angebotspolitik von Unternehmensberatung darstellt.[322] An dieser Stelle soll die Nennung der drei Hauptfunktionen, nämlich Bereitstellen von Kapazität, Transfer von Wissen und Erfahrung sowie Gewährleistung von Neutralität[323], genügen.

Tab. 8: Typen von Klientunternehmen

		Intensiv-Nutzer	Selektiv-Nutzer	Extensiv-Nutzer	Gelegenheits-Nutzer	Skeptiker und Ablehner
Beratungsfeld		Funktions-übergreifend und -spezifisch	Organisation, Marketing, EDV	Bereichsübergreifend mit Schwerpunkten	Spezielle Felder	Spezielle Felder
Beratungsziele		Verbesserung der Ertrags-situation	Wettbewerbs-position, Gewinnung von Erfahrung	Qualitative Ziele	Qantitative und qualitative Ziele	Präzise Problem-lösung
Beratungs-methodik		Standardisierte und angepaßte Konzepte	Angepaßte Konzepte	Angepaßte Konzepte	Neue Konzepte	Individuell
Funktion des Beraters		Problemfinder und -löser	Problemlöser, Moderator	Prozeß-moderator	Prozeß-beratung, Implemen-tierung	Aus-schließlich Problem-Löser
Klient	**Größe des Unternehmens**	Groß	Groß	Mittelgroß	Klein	Groß
	Branche	Investitionsgüter	Konsumgüter	Alle	Alle	Alle
Anteil in Prozent		12	37	25	10	16
Basis: Befragung von 268 Klient- und 39 Beratungsunternehmen						

Quelle: Meffert, H. (1990), S. 33

„Hinter vorgehaltener Hand" wird oftmals auch noch ein sehr pragmatisches Argument für den Einsatz einer Unternehmensberatung genannt: Diese schaffe in einem Unternehmen eine Verpflichtung zum Handeln. Das eingesetzte Geld wäre sonst vergeudet. Dies könnte in vielen Fällen der wahre Wert der Beratungsleistung sein.[324]

Generell läßt sich feststellen, daß Berater heute bereits in einer frühen Phase für Projekte ausgewählt und in diese eingebunden werden. Viele Unternehmen haben erkannt, daß die rechtzeitige und von akutem Problemdruck unabhängige Konsultation oft wesentlich günstiger ist, weil den Beratern die Chance gegeben wird, strategische Weichen zu stellen und nicht nur reaktiv Schaden begrenzen zu müssen.[325]

---

322 Stellvertretend sollen hier nur einige angeführt werden (vgl. Greiner, L./Metzger, R. (1983), S. 8 f.; Richter, M. (1979), S. 135 ff.; Mugler, J./Lampe, R. (1987), S. 486; Göde, M. (1991), S. 285; Kubr, M. (1986), S.8 f.; Vogelsang, G. (1993), S.49 ff.).

323 Vgl. Strasser, H. (1993), S. ff.

324 Vgl. Staute, J. (1996), S. 30.

325 Vgl. Stevenson, H./Sahlman, W. (1988), S. 22.

Mit wachsender Beratungserfahrung werden die Erwartungen an die Consultants präziser und die Zusammenarbeit professioneller. Erfahrene Klienten haben somit auch eine differenzierte Einstellung gegenüber Beratern, indem sie mit deren Einschaltung verbundene Vor- und Nachteile realistisch einzuschätzen vermögen.[326] Sie entwickeln Strategien, wie sie bereits im Vorfeld klären können, welche Berater sich intensiv um ihre Probleme kümmern. „(...) know what you want to achieve; write it down; identify the real experts; read their tenders very carefully; evaluate formally and on a range of criteria; ... you may even need a consultant to advise you how to do it.“[327]

Die Schlagkräftigkeit eines Consultant liegt nicht in der Fähigkeit, bestimmte Konzepte zu monopolisieren[328], sondern sie an individuelle Gegebenheiten anzupassen ("to customize for particular clients' needs"[329]). So stellen Unternehmen wie Beiersdorf, Degussa oder Siemens Bewertungsrankings auf, in die bis zu 50 Kriterien eingehen, die sich auf Wissen, Reputation und Anpassungsfähigkeit von Consultants beziehen.

> Degussa will beispielsweise vor dem Einsatz eines bestimmten Beraters schlüssige Antworten erhalten auf Fragen wie:[330]
>
> - Welches Standing hat die Beratungsgesellschaft?
> - Welche Methoden wendet sie an?
> - Wie gründlich ist ihre Vorbereitung?
> - Wie erfolgen Nacharbeit und Transfercontrolling?
> - Passen Berater und betroffene Belegschaft zusammen?

Zunehmend schreiben Klienten Beratungsprojekte öffentlich aus[331], d.h. sie verlangen eine Präsentation von Vorschlägen zur Vorgehensweise bzw. von Konzepten im Wettbewerb mit anderen Consultants.[332] Verantwortlich hierfür ist eine stärkere Kosten-Nutzen Orientierung der Klienten. Während sich bei Nachfrageüberhang und „Wunderdoktoren“-Image in den 70er und 80er Jahren nur wenige Ratsuchende Gedanken über

---

326 Vgl. Strasser, H. (1993), S. 69.
327 Lorenz, Ch. (1993).
328 Häufig läßt sich eine mit einem bestimmten Konzept oder Tool gewonnene Monopolstellung wegen der schnellen Verbreitung von Information und Technologie nicht lange aufrechterhalten. Der Klient beherrscht sie häufig sogar selbst (vgl. Collis, D. (1994), S.3).
329 Vgl. ebda.
330 Vgl. Hirn, W./Krogh, H. (1994).
331 Vgl. o.V. (1988g). Diese Veranstaltung wird von manchen Klienten genutzt, um Ideen zu sammeln und sie dann selber umzusetzen.
332 Vgl. Hirn, W./Krogh, H. (1994), S. 203.

die Effizienz von Beratung machten, erlauben die veränderte Nachfragesituation, die zunehmende Erfahrung der Klienten mit Beratern sowie die Ansammlung von Expertenwissen auch in den Reihen der Klienten eine bewußte Abwägung von Kosten und Nutzen des Beratereinsatzes.[333]

Im Sinne der angedeuteten Aufgabenverteilung zwischen externem Berater und Mitarbeitern werden Projekte nicht mehr selbstverständlich in ihrer Ganzheit nach außen vergeben, sondern daraufhin überprüft, welche Bestandteile von welcher Seite am effizientesten bearbeitet werden können. Nachfrager nehmen auf das Wettbewerbs geschehen maßgeblich Einfluß, indem sie „Preise herunterdrücken, höhere Qualität oder bessere Leistung verlangen und Wettbewerber gegeneinander ausspielen - alles auf Kosten der Rentabilität der Branche".[334] Im Wissen um die Bedeutung der Beratungsqualität für den Unternehmenserfolg sind die Nachfrager zudem bereit, sich die Suche nach einem günstigeren Preis etwas kosten zu lassen und Beratungsleistungen selektiv zu kaufen.

Die Verhandlungsstärke von Bedarfsträgern steigt mit der relativen Bedeutung eines Auftrags für den Anbietenden. Nicht selten lastet ein Klient Großteile der Kapazität eines Beratungsunternehmens auf längere Zeit aus. Besonders in Zeiten eines Angebotsüberhangs wachsen die Möglichkeiten der Einflußnahme der Auftraggeber. Auf die Option der Rückwärtsintegration seitens industrieller Kunden in Form von Kauf oder Gründung einer eigenen Beratung wurde bereits eingegangen. General Motors und Ford sind bekannt dafür, daß sie häufig durch die Androhung eines solchen Schritts Druck ausüben.[335]

Trotz allem gewinnt man den Eindruck, daß Klienten nicht selten mit dem Beratungsangebot und der -qualität unzufrieden sind, weil sie sich mit ihren Problemen nicht verstanden fühlen. Neben einem Mangel an Erfahrung seitens der Berater mißfallen den Ratsuchenden immer wieder die schlechten Kontroll- und Eingreifmöglichkeiten während eines Beratungsprojektes.[336] Der Eindruck könnte allerdings täuschen, weil häufig besonders solche Nachfrager an die Öffentlichkeit treten, die schlechte Erfahrungen mit Unternehmensberatern gemacht haben.[337]

---

[333] Vgl. Hirn, W./Krogh, H. (1994), S. 210.
[334] Vgl. Porter, M. (1992), S. 50.
[335] Vgl. ebda., S. 52.
[336] Vgl. Houlder, V. (1994).
[337] Vgl. Higdon, H. (1971), S. 17.

2.2.4 Die Medien

Neben einer begrenzten Zahl an persönlichen Kontakten zu Beratern bietet sich ratsuchenden Unternehmen vor allem die Möglichkeit, sich in den Medien über neue Beratungskonzepte bzw. -unternehmen intensiv und unverbindlich zu informieren. Dort finden sich häufig auch Empfehlungen für die Auswahl von und den richtigen Umgang mit Beratern. Durch eine weitgehend objektive Darstellung deren Leistungsfähigkeit und -grenzen leisten die Medien einen wesentlichen Beitrag zum Abbau von Unsicherheit.[338]

Die Berater selbst haben die Möglichkeit, ihr Leistungsspektrum in Fachzeitschriften oder durch Bücher einer breiten Öffentlichkeit vorzustellen. Der damit verbundene Aufbau von akquisitorischem Potential und das Erlangen von Reputation sind vor allem für solche Standesvertreter nötig, die noch nicht über ein breitgefächertes Netz an Kontakten verfügen. Die Gewinnung von Klienten mit Methoden des Hard-Selling („Kaltakquisition", Mailing etc.) scheint bei einem so sensiblem Gut wie Unter nehmensberatung dagegen vergleichsweise wenig erfolgversprechend zu sein.[339]

2.2.5 Die Ordungspolitik als regulatives Element

2.2.5.1 Der Gesetzgeber

Allein Steuerberater und Wirtschaftsprüfer erfreuen sich einer gesetzlichen Verankerung ihres Standes.[340] Auch wird es üblich, von staatlicher Seite die Verantwortung für eine Reihe von Tätigkeiten, die für die Gesellschaft von besonderer Bedeutung sind, eng an die jeweils Ausführenden zu binden. Der Arzt, dem ein Operationsfehler unterläuft, oder der Anwalt, der einen Fall wegen unzureichender Vorbereitung verliert, sieht sich immer häufiger gerichtlichen Klagen durch das jeweilige Opfer ausgesetzt.

Besonders Wirtschaftsprüfer werden mit Regreßansprüchen konfrontiert, wenn ihnen Fehler bei der Prüfung von Jahresabschlüssen nachgewiesen werden können. Beispielsweise erkannten Experten von Price Waterhouse bei Balsam, einem Sportbodenhersteller, milliardenschwere Scheingeschäfte nicht. Die Metallgesellschaft konnte ungestört

---

[338] Vgl. Hoffmann, W. (1991), S. 34.
[339] Vgl. Gömann, St. (1995). Siehe dazu auch Teil 3, Kap. 3.2.3.3.
[340] Vgl. Risse, W. (1989), S. 32.

von Prüfern der KPMG Deutsche Treuhand Verluste in dreistelliger Millionenhöhe hin und herschieben.[341]

Auch die Sparte der Unternehmensberater muß sich der Verantwortung aufgrund der weitreichenden Konsequenzen ihrer (Rationalisierungs-)Maßnahmen zunehmend stellen.[342] Der Präsident des BDU sieht in der „Beratungshaftung" ein Thema, „mit dem wir uns in Zukunft immer intensiver beschäftigen müssen".[343]

Eine Umfrage bei 80 Vertretern des Wirtschaftszweiges ergab, daß sich die Berater dieses Trends relativ wenig bewußt sind.[344] Nur etwa ein Viertel hat sich gegen ein solches Risiko versichert. Ein vertragliches Verhältnis basiert meist auf mündlichen Abmachungen. Von Consultantseite betont man das zwischen Berater und Klient bestehende Vertrauensverhältnis, wobei zwischen beiden zwar eine Rechtsbeziehung herrsche, aber nichts schriftlich fixiert werde. Letzteres böte Klienten eine solidere Plattform, sollten diese Ansprüche aus Schlecht- oder Minderleistung erheben müssen.[345]

Die öffentliche Hand tritt auch als Subventionsgeber auf.[346] Staatliche Mittelstandsförderungsprogramme bergen die Möglichkeit in sich, kleine und mittlere Unternehmen bei der Hinzuziehung von Unternehmensberatern finanziell zu unterstützen. In bestimmten Fällen werden bis zu 50 % der Beratungskosten vom Bundesamt für Wirtschaft in Eschborn übernommen.[347]

Im Bereich des Handels hat sich besonders die Betriebswirtschaftliche Beratungsstelle für den Einzelhandel (BBE) einen Namen gemacht. Kleine Unternehmen können sich keine eigenen Stabsstellen leisten, die geförderte externe Beratung fungiert daher als „Instrument des Nachteilsausgleiches".[348] Allerdings nimmt man nur für etwa die Hälfte aller Beratungsprojekte, die einer Förderung würdig wären, diese Option in Anspruch. Dafür zeichnen bürokratische Hindernisse, ein geringer Informationsstand und die von der Beantragung bis zur Gewährung der Förderung verstreichende Zeitdauer verant-

---

[341] Vgl. Gaulke, J./Ulrich, S. (1996). Gerade Wirtschaftsprüfer bedienen sich eines standardisierten und checklistenhaften Vorgehens, um das Fehlerrisiko zu vermindern.
[342] Exner, S. (1992); vgl. auch Doralt, P. (1984), S. 27 ff.
[343] Vgl. Sommerlatte, T., zit. nach BDU (1993b).
[344] Vgl. Doralt, P. (1984), S. 27 ff.; vgl. Brockhaus, W. (1977), p. 71 ff.
[345] Zur Vertragsgestaltung aus juristischer Sicht vgl.: Exner, S. (1992).
[346] Vgl. Alpers, H./Sattler, A. (1991), S. 125. Vgl. Arbeitsgemeinschaft für wirtschaftliche Verwaltung e.V. (AWV) (1990), S. 11.
[347] Vgl. Zumbusch, J. (1990).
[348] Vgl. o.V. (1987).

wortlich.[349] Nur etwa ein Viertel der betroffenen Unternehmen kennen solche Programme, weitere 16 % haben davon gehört.[350]

Zunehmend werden auch Vorwürfe an der öffentlichen Unterstützung laut. Vor allem von einer Einschränkung der Berufausübung ist die Rede, weil die Auswahl des Beraters durch den Klienten nicht frei, die Wahrung von Betriebsgeheimnissen der Klienten nicht gesichert, die Honorare vorgegeben und strenge Richtlinien bezüglich der Art der förderungswürdigen Beratungsprojekte gegeben seien. Einen Schwerpunkt der Kritik bildet die Ausgrenzung der Implementation eines Konzeptes aus der Reihe der förderungswürdigen Beratungstätigkeiten.[351]

Neben nationalen wurden auch internationale Förderungsmöglichkeiten geschaffen: Die EU-Programme PHARE und TACIS (Technische Hilfe für die GUS-Staaten und Georgien) beispielsweise sehen eine Unterstützung von Beratungsprojekten in den genannten Ländern vor. Es hat sich gezeigt, daß bei deren Vergabe informelle Beziehungen zu der zuständigen Behörde schwerer wiegen als die objektive Qualität des eingereichten Projektvorschlages.

Der Präsident des BDU spricht von einer wettbewerbswidrigen und auf unzureichenden Sachkriterien beruhenden Vergabepolitik der EU.[352] Deutsche Beratungsunternehmen fühlen sich benachteiligt, weil sie sich mit der Erlangung von etwa 11 Prozent der entschiedenen Projekte gegenüber jeweils 19 Prozent der Briten und Franzosen deutlich unterrepräsentiert sehen.[353]

Mit der Förderung gehen noch zwei weitere Effekte für das Wettbewerbsgeschehen einher. Zum einen führt die finanzielle Unterstützung von Unternehmensberatung zu einer stärkeren Öffnung von Klein- und Mittelbetrieben gegenüber Beratung. Zum anderen wurden durch die Regularien der Förderung bestimmte Richtwerte für Beratungshonorare gesetzt.[354]

---

349 Vgl. Elfgen, R./Klaile, B. (1987), S. 186 ff.; vgl. auch Ibielski, D./Küster, N./Sebode, G. (1976), Sp. 4000 ff.; Risse, W. (1989), S. 43.
350 Vgl. Mugler, J./Lampe, R. (1987), S. 489.
351 Vgl. Risse, W. (1989), S. 42 f.
352 Vgl. Sommerlatte, T. (1993a).
353 Vgl. Reichert, P. (1993); Sommerlatte, T. (1993b).
354 Vgl. Risse, W. (1989), S. 32.

2.2.5.2 Die berufsständischen Organisationen

Die Schwierigkeit, Integrität und Qualifikation von Unternehmensberatern vor der Vergabe eines Auftrages einschätzen zu können, war eines der Motive, warum sich der BDU formierte. Daneben dient diese Vereinigung der Bildung eines Diskussionsforums für aktuelle Themen sowie dem Ziel, das Berufsbild des Unternehmensberaters zu prägen. Durch restriktive Aufnahmeregeln[355] und eine Selbstverpflichtung der Mitglieder auf bestimmte Verhaltensweisen soll der Ruf der Beteiligten geschützt werden.[356] Man versucht z.B. durch Formulierung von Berufsgrundsätzen und Richtlinien, die Beratungsqualität zu heben und bezieht zu Fragen der Beratungsethik Stellung.[357]

Von Interesse für Klienten ist in diesem Zusammenhang die rechtliche Durchsetzbarkeit der Standesrichtlinien. Durch die Mitgliedschaft in einem Verband hat der Consultant dessen Satzung als für ihn verbindlich anerkannt. Insofern gewinnen die Richtlinien im Falle eines Streites zwischen den Parteien rechtliche Relevanz.[358]

Der Versuch von Verbänden, den Unternehmensberaterberuf gesetzlich geregelten freien Berufen, wie z.B. dem der Wirtschaftsprüfer, anzunähern, bedeutet, zumindest bei organisierten Unternehmensberatern insofern einen Fortschritt, als deren Integrität und Fachwissen in der Regel qualifizierte Arbeit erwarten lassen.[359] Die Schaffung eines solchen Gütesiegels soll vor allem dazu führen, daß Berührungsängste und Unsicherheiten abgebaut werden. Dies machen sich allerdings auch dubiose Vereinigungen zunutze, deren Mitgliedschaft man käuflich erwerben kann.[360]

Da unseriöse Unternehmensberater das Vertrauen in die gesamte Branche schädigen, fordert der BDU als wichtigstes Anliegen, die Berufsbezeichnung Unternehmensberater zu schützen.[361] Man will verhindern, daß Unternehmensberatung „ (...) einfach ein amorpher Regenschirm (ist), unter den sich jedermann stellen darf, ohne Eintritt zu

---

[355] Vgl. o.V. (1991c).
[356] Vgl. BDU (1993a), S. 14. Vgl. BDU (o.J.), S. 1 ff.
[357] Vgl. Hoffmann, W. (1991), S. 31.
[358] Vgl. Schlüter, A. (1987), S. 135 f.
[359] Vgl. Vogelsang, G. (1993), S. 129 ff.; Scherer, A./Wässerle, G. (1979), S. 174. Zur Kritik an der Wirksamkeit von Verbandsregeln vgl. Gabele, E. (1990); Strasser, H. (1993), S. 59 f.
[360] Vgl. o.V. (1989a); o.V. (1988d).
[361] Vgl. Reineke, W./Henneke, J. (1982), Petzold, R. (1987); Risse, W. (1989), S. 33 f.

bezahlen".[362] In Kanada beispielsweise darf sich nur noch Management-Consultant nennen, wer als geprüfter Consultant bei einer eingetragenen Beratung tätig ist.[363] Die Vereinigung von 26 europäischen Beraterverbänden namens FEACO (Fédération Européenne des Associations de Conseil en Organisation) versucht seit 1960, solche und weitere Maßnahmen zur Professionalisierung des Berufsstands auf europäischer Ebene durchzusetzen.[364]

So wird beispielsweise vielerorts intensiv über die Einführung von ISO-Standards nachgedacht. Da insbesondere Aufträge der EU-Kommission in absehbarer Zeit nur noch an zertifizierte Unternehmen vergeben werden, haben sich einzelne Unternehmen bzw. Fachgruppen des BDU mit konkreten Umsetzungsvorschlägen beschäftigt.[365] Im einzelnen richten sich die qualitätssichernden Maßnahmen der Verbände auf drei Objekte:[366]

1. Einführung eines gesetzlichen Schutzes und Festlegung individueller Qualifikationskriterien,
2. systematische Aus- und Weiterbildung im Rahmen von Kursen, Vorträgen, Workshops etc. sowie
3. Sicherung der Qualität von Beratungsleistung durch Zertifizierung nach DIN 9001-4 (EN29001-4).

In den USA wurde 1968 das Institute of Management Consultants (IMC) gegründet, dessen Zweck in der Prüfung von Unternehmensberatern und gegebenfalls in der anschließenden Verleihung des CMC-Status („Certified Management Consultant") besteht. Um diesen zu erlangen, muß jemand nachweisen, daß er Beratung auf Entgeltbasis betreibt, fünf Jahre Berufserfahrung, davon eines mit Projektverantwortung, sowie einen Collegeabschluß besitzt. Ferner muß er sich verschiedenen Tests und Referenzprüfungen unterziehen.[367]

---

[362] Vgl. Higdon, H. (1971), S. 30 f.
[363] Vgl. o.V. (1988i).
[364] Vgl. FEACO, Information Document, IV 1994, o.J., o.S.
[365] Vgl. BDU (1993b).
[366] Vgl. Sommerlatte, T. (1993a).
[367] Vgl. Greiner, L./Metzger, R. (1983), p. 15.

2.3 Fazit der Wettbewerbsanalyse

Aufgrund der mangelnden Schützung der Berufsbezeichnung Unternehmensberater und der (scheinbar) hohen Attraktivität des Consultingmarktes konkurriert ein sehr heterogenes Feld von Anbietern um Beratungsprojekte. Dabei erwächst den etablierten Unternehmen der Branche insbesondere durch Wirtschaftsprüfungs- und Steuerberatungsgesellschaften eine starke Konkurrenz. Durch den Reengineering- und Informationstechnologieboom begünstigt, entstammen bereits 6 der weltweit 10 größten Beratungsgesellschaften den genannten Bereichen.

Daneben dürfen aber auch Spin-Offs und expansionsfreudige ausländische Beratungsunternehmen in ihrer Bedeutung für den Beratungsmarkt nicht unterschätzt werden. Kleine und kleinste Unternehmen üben gleichzeitig hohen Druck auf die Beratungspreise aus, da sie einerseits nur geringe Overheadkosten zu tragen haben und deshalb vergleichsweise günstig arbeiten können sowie andererseits oft sogar ihre Leistungen zu Selbstkosten anbieten müssen, weil sie sonst keine Aufträge erhalten würden.

Substitutionskonkurrenz erwächst den etablierten Beratungsunternehmen vor allem durch die internen Consultingabteilungen von Industrieunternehmen (Siemens, Krupp, Bayer, etc.), die neben der Übernahme von bestimmten Projekten im eigenen Haus ihr Know-how zunehmend auch anderen Unternehmen anbieten. Die genannten Faktoren führen dazu, daß erheblicher Rationalisierungsdruck auf dem Beratungsmarkt lastet. Weitreichende Rationalisierungen lassen sich aber aufgrund der Bedeutung des Personals im Beratungsbereich vergleichsweise schwer durchführen. Als wichtigster und gleichzeitig knappster Produktionsfaktor ist dieses in der Lage, hohe Gehälter und kostenintensive Fortbildungsmöglichkeiten zu fordern.

Nachfrager werden zunehmend „consulting-minded", was sich auf den ersten Blick als entlastender Faktor darstellt. Mit der Beratungserfahrung von Klientunternehmen steigen aber auch die Erwartungen an die Consultants. Beratungsleistungen werden von dieser Seite sehr viel kritischer als ehedem beurteilt.[368] Man besitzt immer genauere Vorstellungen darüber, wie man Consultants auswählt, wo sie eingesetzt werden und wieviel sie kosten. Eine zunehmende Angleichung des Qualitätsniveaus der Beratungsanbieter sowie der verbreitete Wunsch von Klienten, Beratung von

368 Vgl. Hill, W. (1990), S. 22.

Spezialisten zu beziehen, macht eine immer stärkere Profilierung auf Seiten der Beratungsanbieter erforderlich.

Es läßt sich feststellen, daß die Loyalität zu einzelnen Stammberatungen immer mehr abbröckelt. Bei der Entscheidung für oder gegen ein bestimmtes Unternehmen geben Kriterien wie Preis, Dauer und Qualität der Beratung den Ausschlag.[369] Dies impliziert, daß sich Beratungen selbst zum Teil erstmals intensiv mit Strategien zur Erzielung von Wettbewerbsvorteilen beschäftigen. „Whenever two or three consultants gather together, the quo vadis issues invariably come up.“[370]

[369] Vgl. Benölken, H./Greipel, P. (1990), S. 29.
[370] Vgl. Directory of Management Consultants (1993), S. 52.

Teil 3: Wettbewerbsstrategische Optionen

1. Differenzierung / Profilierung als strategische Option

1.1 Konzepte zur Erklärung von Wettbewerbsvorteilen

Porter vertritt die Auffassung, man könne Wettbewerbsvorteile erreichen durch umfassende Kostenführerschaft, Differenzierung oder Konzentration auf Schwerpunkte, wobei letztere die Verfolgung einer der beiden anderen Strategien unter Konzentration auf eine bestimmte Marktnische voraussetzt. Mit Kostenführerschaft wird eine Position angestrebt, die durch das vergleichsweise geringste Kostenaufkommen pro definierter Leistungseinheit geprägt ist. Differenzierung zielt auf die Schaffung eines in einer Branche einzigartigen Produktes bzw. einer damit vergleichbaren Leistung ab, die Kunden einen höheren Nutzen als Konkurrenzprodukte bietet.

Ein Unternehmen kann sich durch spezielle Kompetenz, z.B. durch Design, Klientennähe, Serviceleistungen oder andere von Kunden als relevant erachtete Eigenschaften, profilieren. Einzigartigkeit in einer dieser Dimensionen schirmt gegen den Wettbewerb ab, da Abnehmer gebunden werden und sich deren Preisbewußtsein verringert. Dadurch lassen sich ein höherer Preis erzielen und die Gewinnspanne vergrößern.[371]

Mit dem Ergebnis solcher Bemühungen beschäftigt sich u.a. Pümpin, der Anforderungen an eine herausragende Wettbewerbsposition definiert.[372] Sein Konstrukt der *Strategischen Erfolgsposition (SEP)* kennzeichnet eine durch den Aufbau von wichtigen Fähigkeiten erreichte Marktstellung, die durch Überlegenheit gegenüber der Konkurrenz und langfristig überdurchschnittliche Unternehmensergebnisse den Unternehmenserfolg nachhaltig sichern kann. Deren Hauptmerkmale bestehen in:

- bewußter Schaffung und Gestaltung eines Wettbewerbsvorteils vor allem im Hinblick auf zukünftige Umwelt- und Marktbedingungen (langfristige Perspektive),
- qualitativer Anlage der SEP (als Fähigkeit),
- Zusammensetzung als synergetische Kombination von Einzelfaktoren sowie
- zumindest kurzfristig fehlender Kopierbarkeit durch die Konkurrenz.

---

[371] Vgl. Porter, M. (1992), S. 63 ff.; Rock, R./Ulrich, P. (1990); vgl. auch: Lovelock,C. (1993), S. 258.
[372] Pümpin, C. (1986), S. 34.

1.2 Dimensionen des Profilierungsstrebens

Abbildung 12 zeigt potentielle Profilierungsdimensionen von Beratungsanbietern. Sie wurden auf Basis der Beratungsliteratur, vor allem der beiden vorgestellten Ansätze abgeleitet und werden im folgenden näher analysiert. Erklärend wird folgendes hinzugefügt: Die Differenzierungsstrategie nach Porter gliedert sich, wie zu sehen ist, in die Schaffung von qualitativer Überlegenheit, in die Erzielung von Kundennähe und in die Profilierung hinsichtlich des Leistungsangebotes.[373] Der Fokussierungs- bzw. Spezialisierungsstrategie, als dritter strategischer Option nach Porter, wird im Rahmen der Diskussion der Breite des Leistungsangebotes von Beratungsunternehmen Rechnung getragen.

Abb. 12: Dimensionen der Profilierung von Unternehmensberatungen

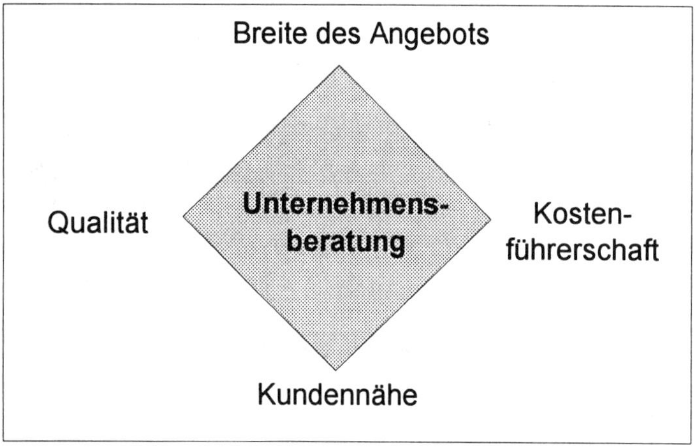

1.2.1 Die Breite des Beratungsangebots

„Typically, larger consulting firms pursue an image of 'full services' to win over a range of clients with different needs or to secure a single client with a breadth of problems. Smaller firms and independent consultants tend to specialize in a few services or a certain product, because they cannot support a full-service image economically, and it also gives them a focused selling point with clients."[374]

[373] Die Breite des Angebots umfaßt sowohl die Konzentration auf ein bestimmtes Feld im Sinne einer Spezialisierung als auch die Verfolgung der sogenannten Full-Service-Strategie.
[374] Greiner, L./Metzger, R. (1983), p. 51.

Viele Beratungen haben in der Vergangenheit durch unscharfe Profilierung und ein aus Kundensicht weitgehend austauschbares Angebot Mißerfolge erlitten. Sie konnten ihr Geschäft solange erfolgreich betreiben, wie der Beratungsmarkt von Verkäufern dominiert war und die geringe Erfahrung der Klienten im Umgang mit ihnen keine entsprechende Differenzierung verlangte. Mittlerweile sind sie gezwungen, sich auf ein bestimmtes Gebiet zu spezialisieren bzw. alternativ eine umfassende Beratungsleistung anzubieten. Abbildung 13 zeigt, wie sich renommierte Beratungsanbieter am Markt positionieren.[375]

Abb. 13: Positionierung von renommierten Unternehmensberatungen

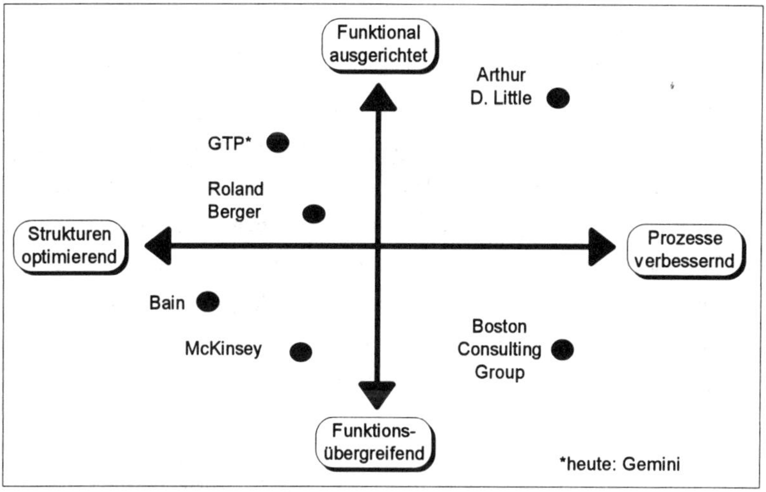

Quelle: Schertler, W. (1992), S. 83.

(1) Die Spezialisierung

Die starke Bedeutungszunahme des spezialisierten Beratungstyps läßt sich darauf zurückführen, daß die Komplexität des Unternehmensgeschehens und, in der Folge, der Bedarf an entsprechender Problemlösungskompetenz gewachsen sind.[376] Weiterhin haben sich die Erwartungen an die Fähigkeiten der Unternehmensberater erhöht: Mit der Akademisierung der Wirtschaft gehen wissenschaftliche Methoden und Techniken in das Repertoire der Klienten ein (oft gemeinsam mit Beratern, die auf die Seite des

[375] Vgl. Benölken, H. (1992).

[376] Eine Verschiebung der Reihenfolge der führenden US-Beratungsunternehmen zu Gunsten spezialisierter Unternehmen unterstreicht diesen Trend (vgl. Melcher, H. (1982), S. 189 f.; Neuschwander, T. (1993); o.V. (1992c), p. 57).

Beratungsnachfragers gewechselt haben); Consultants werden nunmehr gebraucht, wenn sehr spezielles Know-how, etwa bei komplexen Wandelprozessen, erforderlich ist. „What has changed in the last few years is that consultants are no longer seen as a substitute for good management, but as a complement to it."[377]

Je stärker der Klient zum „Sophisticated Buyer" von Beratungsleistungen wird, desto mehr strebt er danach, so Grunberg, diese von spezialisierten Anbietern zu beziehen.[378] Wie sehr die Konzentration auf ein bestimmtes Gebiet ein Kaufargument darstellt, läßt sich auch daran erkennen, daß spezialisierte Einheiten von Beratungskonzernen verstärkt selbst am Markt auftreten.[379]

> „If they (the clients) have a long-standing relationship with a consultancy this no longer means that they will give all or most of their assignments to that consultancy. Some consultancies have been surprised and hurt that they have lost contracts to competitors when they may have served that client for years. What clients are increasingly looking for is specialist knowledge, either technical or sectoral business knowledge. A banking client for example, buying IT consultancy, will frequently give the work to a consultancy whose team can offer banking as well as IT knowledge. It´s no longer enough for consultants to know how to solve a problem; they are expected to understand the industry in which that problem is occurring."[380]

Zudem geben auch Kostengesichtspunkte immer öfter den Ausschlag für den Einsatz einer spezialisierten Beratung. Eine solche zeichnet sich im allgemeinen durch hohe Effizienz in der Nutzung der vorhandenen Informations- und Erfahrungsbasis aus.[381] Collis stellt fest, daß dem entsprechend Klienten den Einsatz diversifizierter Top-Management-Consultants für Aufgaben mit einem vergleichsweise engem Fokus, z.B. im Bereich der EDV, aus Kostengründen mehr und mehr ablehnen. "Instead, the generalist consultants concentrate on higher value-added consulting for senior management."[382]

377 Rassam, C./Oates, D. (1991), p. 69.
378 Grunberg, M., zit. nach Skapinker, M. (1991).
379 Vgl. Collis, D. (1994), p. 2 f.; Berger, R. (1989), S. 37 f. u. 41.
380 Rassam, C./Oates, D. (1991), p. 59.
381 Vgl. o.V. (1988c)
382 Collis, D. (1994), p. 1.

Eine Reihe von Consultants hat sich dem Bereich der Informationstechnologie (IT) verschrieben.[383] „Seitdem sich die Informationstechnik in die Nervenbahnen der Konzerne geschlichen hat und dort zu einem immer komplexeren Gespinst ausbreitet, sind die wettbewerbsstrategischen Planspiele immer inniger mit der Datenverarbeitung verwoben."[384] Daher glauben Experten bereits an einen Paradigmawechsel: Für eine „Hochleistungsberatung" sei die Fähigkeit entscheidend, „Beratung und Informationstechnik zu verknüpfen"[385]. Innerhalb der IT-Beratung, „management consultancy's richest sector"[386], vollzieht sich eine noch weitergehende Spezialisierung, nämlich auf einzelne Kundensegmente wie etwa den Gesundheitssektor und die Dienstleistungswirtschaft.[387]

Angesichts des Bedeutungszuwachses heben Beratungshandbücher (etwa der „Consultant's Kit"[388]), die vor allem den Eintritt in das Beratungsfeld erleichtern sollen, Spezialisierung als wichtiges Kriterium für den Erfolg am Markt hervor. Eine solche Konzentration der Kräfte verbunden mit dem Willen, auch für weniger Geld als die renommierte Konkurrenz zu arbeiten, haben vor allem kleinen Beratungen einen nicht unerheblichen Marktanteil beschert.[389]

Gleichzeitig birgt die Ausrichtung auf ein abgestecktes Feld auch ein erhebliches Risiko in sich: Änderungen im Nachfrageverhalten kann nicht oder nur mit erheblicher Verzögerung begegnet werden. Die Gefahr liegt deshalb in geringer Anpassungsflexibilität bzw. in einer möglichen Veralterung von Spezialwissen.[390] Anbieter mit einem vergleichsweise breiten Betätigungsfeld besitzen demgegenüber verschiedene Möglichkeiten, Schwankungen in der Art der Nachfrage abzufedern.[391] Vor- und Nachteile dieser und anderer Art sind in der Tabelle 9 zusammengefaßt.

---

[383] Vgl. ebda.; Andersen Consulting beispielsweise, das weltgrößte Beratungsunternehmen, stammt aus dem Bereich der Informationstechnologie (vgl. Rose, B. (1990)). Booz, Allen & Hamilton gründete ihre Information Systems Group in den späten 80er Jahren. Heute arbeiten dort etwa 200 Beschäftigte. McKinsey erwarb einen 200 Personen starken EDV-Spezialisten namens Information Consulting Group. Vgl. o.V. (1991a).

[384] Rose, B. (1990); gerade deshalb ist IT-Consulting eng mit der Business-Reengineering-Beratung verbunden. Klienten setzen Berater ein, um Prozesse so zu straffen, daß IT sinnvoll eingestzt werden kann (Vgl. o.V. (1994c), p. 21).

[385] Schnieder, A., Schitag Ernst & Young, zit. nach: Bierach, B. (1995), S. 118.

[386] Jack, A. (1992), p. 2.

[387] Vgl. ebda.; vgl. auch: o.V. (1994c).

[388] Vgl. Jeffrey Lant Associates (1981), S. 11 ff.

[389] Vgl. Jack, A. (1992a), p. 1.

[390] Vgl. Berger, R. (1989), S. 40; Directory of Management Consultants 1993, S. 55.

[391] Für McKinsey, Booz, Allen & Hamilton und A. T. Kearney ist u.a. deshalb Spezialisierung „immer noch ein Greuel" (vgl. Rose, B. (1990)). Beide investieren etwa 5 - 10 Prozent ihres Jahresumsatzes in neue Betätigungsfelder (vgl. Rassam, C./Oates, D. (1991), p. 68).

Tab. 9: Vor- und Nachteile von Spezialisierung

Vorteil	Nachteil
Sehr tiefes Wissen im Hinblick auf einen Beratungsgegenstand	Gefahr, Gesamtzusammenhang zu verkennen; geringe Kompetenz bei übergreifenden Fragestellungen
Hoher Grad an Individualität der Beratung (dadurch Verstärkung der Bindung, Erhöhung der Vertrautheit)	Tendenz zu Insellösungen
Geringe Einarbeitungszeit, Gewinnung von Erfahrung, effiziente Arbeitsweise	Mangelnde Flexibilität
Günstige Bedingungen für Entwicklung, Erprobung und Einsatz von standardisierten Instrumenten	Veralterung von Spezialwissen

Das Dilemma zwischen dem Wunsch, umfassende Beratung leisten zu können, und dem Zwang, Reputation auf einem bestimmten Gebiet aufbauen zu müssen, führt vielerorts zu einer Zusammenarbeit von spezialisierten Beratern. Sie versuchen, sich zusammenzuschließen, um im Bedarfsfall eine Full-Service-Beratung leisten zu können.[392] Auch wenn dies die Flexibilität des einzelnen Anbieters nicht unmittelbar erhöht, erhofft man sich doch von der Möglichkeit, komplexe Projekte zu bearbeiten, insgesamt eine vergleichsweise höhere Auslastung. Im Bedarfsfall läßt sich ein Team aus Beratern zusammenstellen, das fachlich genau zu einer bestimmten Problemstellung paßt. Nicht benötigte Spezialisten gehen anderen Aufgaben nach. Die kostenintensive Vorhaltung von Spezial-Know-how entfällt.[393]

(2) Das Full-Service-Konzept

Bei Full-Service-Unternehmen bzw. Multi-Spezialisten[394] sollen die Kombination von Spezialisten- und Generalistenwissen, die Vorhaltung einer personalintensiven Stabsorganisation sowie die Anbindung an ein internationales Netz eine Beratung „aus einem Guß" gewährleisten.[395] Viele Klienten erwarten heute, daß übergreifendes

[392] Vgl. Schäfer, K. (1993); Krystek, U./Müller, M. (1992), S. 1201; Schlüter, A. (1987), S. 114.

[393] Vgl. Krystek, U./Müller, M. (1992), S. 1202. Mitunter besteht ein Problem darin, daß eine hierarchische Beziehung zwischen den Partnern fehlt: Je nach Ausprägung der Kooperation kann es sich schwierig gestalten, einen Konsens zwischen gleichberechtigten Parteien herzustellen. Voraussetzung für die Zusammenarbeit ist zudem die Überwindung eines von Mißtrauen geprägten Konkurrenzdenkens.

[394] Full-Service-Beratungsanbieter und Multispezialist werden synonym verwandt. Vgl. auch Berger, R. (1989), S. 39.

[395] Vgl. Risse, W. (1974); Schäfer, K. (1993); Saunderson-Meyer, W. (1992), p. III. Eine solche Ausrichtung basiert auf einem Berufsverständnis, das Beratung als Reservoir von umfassendem Managementwissen und hoher Problemlösungskompetenz sieht (vgl. Melcher, H. (1982), S. 189 f.).

Wissen mit Spezialistenwissen angereichert angeboten wird. Das Consultingunternehmen muß in der Lage sein, „Wald und Bäume" zu sehen![396] "Multinational companies are asking for consultancy help in designing and even implementing largescale coordinated manufacturing and distribution structures. ... A major manufacturing assignment will often involve specialists from every branch of consultancy."[397]

Der alternative Einsatz von mehreren spezialisierten Beratungen führe demgegenüber zu Effizienzeinbußen, weil Information allgemeiner Natur[398] jedesmal erneut ausgetauscht sowie Lernkurven der Klienten-Berater-Beziehung immer wieder durchlaufen werden müssen. Eine spezialisierte Beratung werde außerdem den zunehmend komplexeren Marktbedürfnissen nicht gerecht. Beratungsengagements würden nach Rassam/ Oates tendenziell größer, dauerten länger und kosteten auch immer mehr.[399] "More and more, we're asked to provide business solutions as well as advice."[400]

Von seiten der Multispezialisten hat man den Vorteil erkannt, sich parallel auch in die Gegebenheiten spezieller Wirtschaftszweige einzuarbeiten und deren einzelner Bedürfnissen gerecht zu werden.[401] Arthur D. Little stellt beispielsweise fest, „daß man im Markt nicht mehr den Leuten erzählen kann, daß man über alles gleich viel weiß".[402] Die Glaubwürdigkeit der Berater steige mit der detaillierten Kenntnis des speziellen Branchenumfeldes des Klienten: „Firms have also started to talk more about the growing degree of focus needed to pinpoint target industries or specialist areas which they believe are profitable or growing rapidly, such as the public sector and health care."[403]

> McKinsey hat es demgegenüber lange Zeit vermieden, Know-how-Schwerpunkte oder Branchenerfahrung herauszustellen. Der Philosophie des Unternehmens entsprach es eher, sich in der Öffentlichkeit als ein Unternehmen darzustellen, das Probleme jeglicher Art löst. Mit einer zunehmend kritischen Haltung von Klienten, die es ablehnten, daß sich Beratungen mutmaßlich erst in die Besonderheiten von Branchen einarbeiten mußten, entschloß sich auch dieses Unternehmen, ein Erfahrungsportfolio seiner Mitarbeiter zu erstellen und Projekte darauf aufbauend zu organisieren.

396 Vgl. o.V. (1988g), p. 10.
397 Rassam, C./Oates, D. (1991), p. 58.
398 Zu denken ist hier beispielsweise an Besonderheiten in der Unternehmenskultur, die für den Einsatz eines Beraters wichtig sein können.
399 Vgl. Rassam, C./Oates, D. (1991), p. 57.
400 Ellis, V. zit. nach: Skapinker, M. (1991).
401 Vgl. Grossklaus, P. (1995).
402 Tiby, C. zit. nach: BDU (1992), S. 122.
403 Jack, A. (1992b), p. 1.

Die Wirtschaftswoche bestätigt die verstärkte Nachfrage nach großen „Alleskönnern“ und sieht „eine Fusionswelle die Beraterszene überrollen“[404]. Es entstehen immer mehr „giant department-store-like consulting conglomerates“[405]. Eine Umfrage unter den 30 umsatzstärksten Managementberatungen in Deutschland kommt zu dem Ergebnis, daß, was bei der Auswahl von Interviewten freilich nicht verwundert, Berater die „zunehmend global ausgerichteten Klienten verstehen“ und deren Organisation sich im Aufbau der Consultingunternehmen sowie der Art der Projektabwicklung „spiegeln“ müßten. Die Klienten verlangten nach „kompletten Lösungen“. „Ohne weltweite Präsenz, Umsatzstärke und eine große Zahl von Beratern“, so die Befragten, „schrumpfen die Überlebenschancen in diesem Metier gewaltig“.[406]

Unternehmen, die die Chance, als Multispezialist größere Beratungsaufträge zu erhalten, wahrnehmen wollen, sollten nach Gerybadze ihr Geschäft durch die Herstellung von Querbeziehungen zwischen ähnlichen Tätigkeitsfeldern und Berufsgruppen erweitern.[407] So versuchen etwa Beratungen aus dem Kreis der Wirtschaftsprüfungsunternehmen, die sich anfangs stark auf den IT-Bereich konzentriert haben, mit Reengineering-Projekten ihr Beratungsangebot auf eine breitere Basis zu stellen.[408]

Eine entscheidende Voraussetzung für den Erfolg dieser Erweiterungsstrategie ist „die Kohäsion im Partnerkreis“[409], der in der Regel aus erfahrenen Beraterpersönlichkeiten besteht. Jeder von diesen könnte seine eigene, auf einen bestimmten Bereich spezialisierte Beratungsfirma führen. Eine stabile Ertragslage und dauerhafte Klientenbeziehungen wären aber nicht ausreichend gewährleistet. Der Zusammenschluß innerhalb einer Gruppe von Beratern mit komplementären Wissensgebieten, Erfahrungen und Kontakten schafft demgegenüber Synergiepotential und stellt ein stabileres Geschäftsvolumen in Aussicht.

Begrenzt durch Abstimmungs- und Kompetenzprobleme stellt „eine Gruppe von vier bis acht Partnern ... ein Optimum“[410] dar. Eine entsprechende Hebelwirkung können jene jedoch nur erzielen, wenn sie von einem gut eingespielten Team, in dem Mitarbeiter verschiedener Hierarchiestufen für bestimmte Aufgabenarten eingeteilt sind, unterstützt werden.[411]

---

[404] Bierach, B. (1995), S. 116 f..
[405] Byrne, J. (1994), p. 58.
[406] Bierach, B. (1995), S. 117.
[407] Vgl. Gerybadze, A. (1991), S. 27 f.
[408] Vgl. ebda., S. 27 f.
[409] Gerybadze, A. (1991), S. 34.
[410] Ebda.
[411] Vgl. ebda., S. 34 f.

Sommerlatte behauptet, daß man zur Sicherung der Überlebensfähigkeit im internationalen Beratungsgeschäft in fünf Jahren mindestens etwa eine Milliarde Dollar Umsatz erzielen müsse.[412] "Kleine Beratungsgesellschaften oder gar Einzelberater vermögen den Anforderungen internationaler Projekte in der Regel nicht mehr gerecht zu werden."[413]

Sie sehen ihre Chance allerdings in einem anderen Bereich liegen: Outsourcing-Bestrebungen der Industrie lassen immer wieder Nischen im Markt entstehen, in denen Spezialisten ökonomische und qualitativ hochwertige Leistungen erbringen können. Bei Unternehmen, die ihr Heil dennoch in bedingungslosem Wachstum erblicken, leide die Qualität „unter der Quantität und der Verzettelung der Kräfte"[414]. Eine gefährliche Nähe zu „Hans Dampf in allen Gassen"[415] sei erkennbar.[416]

Beide Arten von Beratungsleistung - Spezialistentum und Full-Service-Beratung - werden nach Einschätzung von Experten ihre Nachfrage am Markt finden. „If I want a consultancy to give me a pan-European view to help me with a strategic decision there are two or three well-known consultancies that I might buy from, but if I wanted to hire a guy to talk to six general managers around the world I probably wouldn´t go to those consultancies. I´d choose a firm that specialised in that kind of assignment."[417]

Bedrohlich erscheint die Situation vor allem für diejenigen Unternehmen, die die Polarisierung des Marktes tatenlos hinnehmen. Alternativ zu einem Aufschließen zu den internationalen Beratungskonzernen[418] bietet die Konzentration der Kräfte, wie gezeigt wurde, auch ihre Vorteile. Viele Unternehmen geben aus Gründen der Belebung des Wettbewerbs immer wieder auch Spezialisten und Newcomern eine Chance.[419] „Management consulting is at an historic fork in the road: high-tech globalization vs. the high quality, personalized service route. No practitioner can escape making a choice, left or right. No user of consulting services can afford to overlook these trends."[420]

---

412 Vgl. Sommerlatte, T., zit. nach Bierach, B. (1995), S. 117. Aus heutiger Sicht bedeutet das, daß dies keinem einzigen Unternehmen deutscher Abstammung gelingt.

413 Bierach, B. (1995), S. 117.

414 Westermeier, K. (1991), S. 30; vgl. auch Directory of Management Consultants 1993, p. 52.

415 Herp, Th., zit. nach Bierach, B. (1995), S. 117.

416 Rassam, C./Oates, D. (1991), p. 61.

417 Newkirk, D., zit. nach Rassam, C./Oates, D. (1991), p. 64.

418 Vgl. Bierach, B. (1995), S. 118.

419 Ein anschauliches Beispiel dafür stellt die Entwicklung der Boston Consulting Group dar. Erst in den sechziger Jahren gegründet, konnte diese mit einer eindeutigen Positionierung im Bereich Strategieberatung alteingesessenen Consultants Marktanteile streitig machen.

420 Directory of Management Consultants 1993, p. 52.

1.2.2 Die Gewährleistung von Qualitätsvorteilen

Intensiver Wettbewerb äußert sich in einer fortwährenden Variation der Variablen Preis und Leistung. Ein Vorstoß eines Anbieters auf einem der Gebiete wird in der Regel durch ein Nachziehen der Konkurrenten beantwortet. Da zum einen nur Unternehmen, die über eine außerordentlich günstige Kostenposition sowie hohe Finanzkraft verfügen, einen Preiswettbewerb überstehen können, zum anderen die Herausstellung von Kostengünstigkeit lange Zeit nicht mit seriöser Beratung vereinbar erschien, konzentrieren sich sehr viele Consultants auf Qualität als Feld ihrer Profilierungs bestrebungen.[421]

In der Vergangenheit bestand dazu eher keine Veranlassung. Berater waren hauptsächlich als „Wegweiser" gefragt. Prosperierende Unternehmen in Käufermärkten sahen jene als Ideenlieferanten. Gefällige Vorschläge seitens der Consultants und „Konzepte von der Stange" blieben nicht selten ohne Wirkung. Heute erstreckt sich die Rolle von jenen nicht mehr nur auf die Erarbeitung von Empfehlungen, sondern auch auf die konkrete Realisation von Vorschlägen und die Übernahme von Verantwortung. Berger antwortet auf die Frage, was Beratung bieten muß, damit sie im nächsten Jahrtausend erfolgreich ihre Dienste an den Klienten bringen könne: „Qualität, Qualität, Qualität und quantifizierbare Beratungsergebnisse"[422]. Tabelle 10 zeigt ein Spektrum an Möglichkeiten, das sich Beratungsunternehmen für eine „Qualitätsoffensive" bietet.

In der Praxis ist die qualitative Profilierung mit Schwierigkeiten behaftet. Sie wird dadurch erschwert, daß Klienten ein hohes Qualitätsniveau als Selbstverständlichkeit voraussetzen: Innerhalb des Spannungsverhältnisses zwischen Berater und Klient prüft letzterer die Arbeit des Consultants ständig unter dem Gesichtspunkt der potentiellen Eigenerstellung oder des Vorteils, der mit einem Wechsel zu einem anderen Berater verbunden wäre.[423]

Weiterhin hängt die Qualität einer Beratungsleistung auch von der Kooperationsbereitschaft der Einbezogenen ab. Diese ist nicht immer besonders ausgeprägt, da von Veränderungsmaßnahmen möglicherweise Betroffene oft erheblichen Widerstand gegen Beratervorschläge leisten.[424] Darüber hinaus fehlt es häufig an geeigneten Methoden,

---

[421] Vgl. Mayer, R. (1993), S.62 ff., sowie Specht, G./Zörgiebel, W. (1989), S. 498.
[422] Berger, R., zit. nach: Bierach, B. (1995), S. 118.
[423] Vgl. Gerybadze, A. (1991), S. 33.
[424] Vgl. Hilke, W. (1989), S. 27. Dies ist auch einer der Gründe, warum sich viele Beratungen weigern, eine Garantie für das Erreichen bestimmter Beratungsziele zu geben.

Dienstleistungsprozesse zu visualisieren und damit die Sicherung von Qualität zu erleichtern.[425]

Tab. 10: Möglichkeiten der qualitativen Profilierung von Beratungsunternehmen

Dimensionen der Dienstleistungsqualität[426]	Möglichkeiten der Einflußnahme durch das Beratungsunternehmen
(1) Annehmlichkeit des Umfeldes	- Seriöses Auftreten der Berater - Hochwertige Anmutung der Büroräume
(2) Verläßlichkeit	- Erprobtheit der eingesetzten Methoden - Vermeidung riskanter Vorgehensweisen - Erreichbarkeit der Berater - Anführen von Referenzen - Häufigkeit des Klientenkontaktes - Vertrauenswürdigkeit der Consultants - Einhaltung der veranschlagten Zeit und Kosten
(3) Reaktionsfähigkeit	- Schnelligkeit der Reaktion auf Veränderungen - Berücksichtigung individueller Wünsche
(4) Leistungskompetenz	- Problemadäquanz der Lösung[427] - Know-how und Erfahrung der Berater - Robustheit der Problemlösung gegenüber störenden Einflüssen - Fortwährende Kontrolle der Stabilität des Ergebnisses als fester Projektbestandteil - Exakte Dokumentation des Projektes für den Fall der Wiederaufnahme - Prüfung der Wirkung von Maßnahmen auf Nachbarbereiche - Einarbeitung in bestimmte Branchenumfelder und Gewinnung von Branchen-Know-how
(5) Einfühlungsvermögen	- Bewußte Integration des Klienten[428] - Erstellung von „Fleißarbeiten“, z.B. in Form von Vorstudie oder umfangreicher Visualisierung

[425] Vgl. Jaschinski, C. (1994), S. 36.

[426] Vgl. Parasuraman, A./Zeitlhaml, V./Berry, L. (1988); Bruhn, M. (1996), S. 29 f. Bei ersteren lauten die fünf Dimensionen: „tangibles, reliability, responsiveness, assurance, empathy“.

[427] Eine Befragung von Klienten zur Qualität von Beratung durch Studenten der Universität Sheffield ergab, daß Consultants die Standpunkte der Nachfrager mehr beachten und auf eine abgehobene Beratersprache verzichten sollten. Ein Hauptpunkt deren Kritik bestand in dem mangelnden Eingehen der Berater auf die spezifische Unternehmenssituation durch die Anwendung von „off-the-shelf-solutions“ (vgl. Fullerton, J./West, M. (1993)). Der hohe Stellenwert der individuell angepaßten Beratungsleistung bei der Qualitätsbeurteilung durch Klienten führt dazu, daß viele Consultants diesen Aspekt in den Vordergrund ihrer Werbe- und PR-Strategie stellen.

[428] Alle Anstrengungen des Consultants müssen darauf ausgerichtet sein, einen intensiven Kontakt zum Klienten herzustellen. Je besser dies gelingt, desto direkter läßt sich die Qualitätsanmutung der Nachfrager beeinflussen (vgl. Hilke, W. (1989), S. 16 f.).

Die zentrale Schwierigkeit besteht aber darin, daß jede angebotene Beratungsleistung nur ein Leistungsversprechen darstellt und in der Regel bei Vertragsabschluß noch nicht erfüllt ist; somit kann ein Klient deren Qualität erst während ihrer Umsetzung beurteilen. Aus diesem Grund werden Beratungsleistungen, wie beispielsweise auch die Tätigkeit eines Arztes, nach der von Nelson gebildeten Güterklassifikation[429] den Vertrauensgütern zugeordnet.[430] Der Nachfrager muß bei diesen einen erheblichen Vertrauensvorschuß leisten, weil er die Wirkung der Dienstleistung vor ihrer Erbringung, oft sogar auch unmittelbar danach, nicht beurteilen, geschweige denn quantifizieren kann.[431]

Daneben besitzt auch der Berater ein Interesse daran, Klienten nicht zu detailliert über Leistungsdeterminanten, die der Einschätzung der Qualität dienen, aufzuklären. Denn mit der Preisgabe von Informationen über den Inhalt der Beratung wandelt sich die Leistung mehr und mehr zu einem frei zugänglichen Gut, und Klienten sind nicht mehr bereit, dafür zu bezahlen.[432]

Wenn die unmittelbare Beurteilung von Qualität aus den genannten Gründen auch schwierig ist[433], gehen doch die „Eigenschaften und Merkmale eines Produktes oder einer Tätigkeit, die sich auf deren Eignung zur Erfüllung gegebener Erfordernisse beziehen“[434], langfristig in das Image von Beratungsanbietern ein. Anhand dieses Faktors, der sich infolge eines fortwährenden Austausches von Erfahrung mit Beratern unter Klienten und in den Medien herausbildet[435], wird das Leistungsvermögen eines Anbieters eingeschätzt. Auch fungiert der Markterfolg, der sich in der Größe und Bekanntheit des Beratungsunternehmens manifestiert, als zentrales Qualitätssignal.

---

[429] Güter werden in „search goods“, „experience goods“ und „credence goods“ eingeteilt. Während sich Suchdienstleistungen durch Eigenschaften auszeichnen, die sich vor dem Kauf ohne hohe Kosten bestimmen lassen (z.B. Seminarraumvermietung), können Erfahrungsdienstleistungen erst im Anschluß an den Kauf überprüft werden (z.B. Haarschnitt). Vertrauensdienstleistungen lassen sich auch nach dem Kauf kaum oder gar nicht beurteilen.Vgl. Rushton, A./Carson, D. (1989), S. 30 f.; Nelson, P. (1970).

[430] Vgl. Nelson, P. (1970); Nelson, P. (1974); Schade, Ch./Schott, E. (1996).

[431] Vgl. Beyer, J./Kett, I. (1992); vgl. Benölken, H./Greipel, P. (1990), S. 226.

[432] In die Literatur ist dieser Sachverhalt unter dem Begriff Informations-Paradoxon eingegangen (vgl. z.B. Hirth, H./Neus, W./Schmid, W. (1996)).

[433] Mit Instrumenten wie „SERVQUAL“ besteht mittlerweile die Möglichkeit, Dienstleistungsqualität zu messen (vgl. Parasuraman, A./Zeitlhaml, V./Berry, L. (1988)).

[434] Deutsche Gesellschaft für Qualität e.V. Das Deutsches Institut für Normung e.V. (DIN) definiert „Qualität (als) die Beschaffenheit einer Einheit bezüglich ihrer Eignung, festgelegte oder vorausgesetzte Erfordernisse zu erfüllen“ (DIN 55350, Teil 11, S. 3, Nr. 5).

[435] Dabei wird Mißerfolg deutlich mehr Aufmerksamkeit als Erfolg zuteil. Eine Untersuchung von Kommunikationsstrukturen ergab, daß Kunden, die mit der Leistung eines Unternehmens nicht zufrieden waren, ihr Mißfallen im Durchschnitt an neun bis zehn Personen weitergaben. Positive Erlebnisse werden im Gegensatz dazu nur an fünf Personen vermittelt. Wie aus der Psychologie bekannt ist, prägen sich negative Erlebnisse sehr viel stärker ein als positive, mit der Konsequenz, daß einmal gemachte Fehler nur schwer zu beseitigen sind (vgl. Benölken, H./Greipel, P. (1990), S. 76).

Folgender Zusammenhang wird unterstellt: Der Markterfolg resultiert daraus, daß viele Unternehmen das Beratungsunternehmen XY beauftragt haben. Dies spricht für Qualität. Und mit jedem neuen Auftrag für die betreffenden Consultants verstärkt sich dieser Effekt. Damit wird Beratung zu einem Netzgut: Je mehr Unternehmen eine bestimmte Dienstleistung in Anspruch nehmen, desto bekannter wird diese und desto stärker wächst in der Folge wiederum die Nachfrage nach ihr.

Dieser Effekt wird noch unterstützt durch Folgekosten, die eine schlechte Beratungsqualität verursacht. Vor allem finanzstarke Nachfrager sind daher bereit, für die Sicherheit, die bekannte und erfolgreiche Unternehmen sowie ihre Beratungsprodukte ausstrahlen, überdurchschnittliche Honorare zu bezahlen.[436]

Dies hätte unausweichlich eine Konzentration der Anbieter zur Folge, wenn es nicht auf der anderen Seite auch Nachfrager gäbe, denen vor allem dank wachsender Beratungserfahrung klar wird, daß auf dem gleichen Qualitätsniveau auch günstigere Alternativen locken. „McKinsey ... is not as good as it thinks. Brain for brain, its consultants aren't any brighter than those at some close rivals, and much of the work it performs can be done quite competently by a number of less pricey, less haughty consulting firms."[437] Instrumente wie Ausschreibung oder Vorprojekt werden zunehmend genutzt, um anhand der in diesem Rahmen gezeigten Leistungen die Qualität kostengünstigerer Beratungen zu beurteilen.

Neutrale Experten bescheinigen vor allem spezialisierten, unbekannten Unternehmen, hinsichtlich Qualität mit den hochpreisigen Beratungskonzernen konkurrieren zu können. Sie glauben, daß das Streben nach Wachstum und Größe zu Lasten der Effizienz gehe oder sogar zu einer Verminderung der Qualität des Outputs führe. „The problem of maintaining excellence in client service while developing economies of scale is one of the reasons why ... new firms are established."[438] Ganz in diesem Sinne wurden in einer Befragung von großen amerikanischen Unternehmen zu der Erfahrung, die Sie mit Unternehmensberatungen gewonnen haben, „one-man-and-his-laptop"-Unternehmen Qualitätsvorteile gegenüber Großunternehmen bescheinigt.[439]

---

[436] Vgl. Gerybadze, A. (1991), S. 27 u. 35; Huey, J. (1993); Kaufer, E. (1980), S. 26.

[437] Huey, J. (1993), p. 42.

[438] Cody, Th. zit. nach o.V. (1992c), p. 52.

[439] In kleineren Unternehmen würden Klienten von derselben Person bzw. denselben Personen betreut, die auch die Akquisitionsgespräche geführt haben. Ein beliebte Praxis bei Großunternehmen ist es, in der Akquisitionsphase Top-Consultants einzusetzen und in der eigentlichen Projektarbeit nur noch Junior-Berater zum Zuge kommen zu lassen (Vgl. Beyer, J./Kett, I. (1992)).

1.2.3 Die Kundennähe

Wenige Begriffe werden gegenwärtig mehr strapaziert als Kundennähe, -orientierung und -zufriedenheit. Experten propagieren Kundennähe als *den* strategischen Erfolgsfaktor von Unternehmen schlechthin.[440] Auch im Consultingbereich wird diese Einschätzung geteilt: Eine Befragung von 83 Anbietern[441] förderte eine Reihenfolge der wichtigsten Erfolgsfaktoren im Beratungsgeschäft zutage (vgl. Tab. 11). Dabei nehmen die ersten drei Plätze Faktoren ein, die mehr oder weniger direkt Kundenorientierung implizieren.

Tab. 11: Erfolgsfaktoren der Unternehmensberatung

1. Kundenorientierung
2. Vertrauensfördernde Akquisitions- und Kommunikationspolitik
3. Auslandsorientierung
4. Konzentration auf die Kernkompetenz
5. Arbeitseffizienz
6. Übergreifende Kommunikation
7. Mitarbeiterorientierung
8. Finanzwirtschaftliche Ausrichtung
9. Konkurrenzorientierung

Quelle: Leach, M. (1994), S. 33.

Was zunächst fast wie eine Selbstverständlichkeit anmutet, erweist sich in Anbetracht von Dienstleistungskonzernen, die so sehr mit internen Problemen beschäftigt sind, daß sie die Wünsche der Abnehmerseite mehr und mehr aus den Augen verlieren, für manchen als echte Chance. Klienten kaufen Fähigkeit und Erfahrung von Individuen. Daher wiegt ein Verlust an physischer Nähe, beispielsweise durch Einsetzung wechselnder Projektteams bei einem Klienten, besonders schwer.[442]

Geschäftsbeziehungen auf die angedeutete Art zu intensivieren, erscheint angesichts erheblicher Akquisitionskosten im Beratungsbereich ökonomisch überaus sinnvoll.[443] Aber auch für die Gewinnung neuer Klienten ist nach einer Untersuchung von Gömann die persönliche Nähe zu den Interessenten entscheidend. So geben in der Regel nicht Öffentlichkeitsarbeit oder Werbemaßnahmen den Ausschlag für die Beschäftigung einer

[440] Vgl. z.B. Fritz, W. (1990); Simon, H. (1990).
[441] Vgl. Leach, M. (1994), S. 33.
[442] Vgl. Skapinker, M. (1991).
[443] Es kostet biszu sechsmal mehr, einen Kunden zu gewinnen, als einen Stammkunden zu halten. Vgl. Benölken, H./Greipel, P. (1990), S. 86.

bestimmten Beratung, sondern persönliche Bekanntschaft bzw. das Beziehungsnetz der Berater.[444] Folgende Wirkungen lassen sich durch Kundennähe erzielen:

1. Verbesserung des Leistungsangebots
   Der Berater kann Anforderungen und Wünsche der Klienten sowohl unmittelbar als auch schnell erkennen und sie in sein spezifisches Leistungsangebot integrieren, was ihm vor allem einen zeitlichen Wettbewerbsvorsprung gegenüber Konkurrenten verschafft. Insbesondere können jene bei der Bildung von Beratungsprodukten berücksichtigt werden.

2. Schaffung eines Spielraumes bei der Preisgestaltung
   Ein persönliches Vertrauensverhältnis schafft Austrittsbarrieren für Klienten; Consultants gewinnen mehr Flexibilität hinsichtlich der Preisgestaltung.

3. Gewinnung von Wettbewerberinformationen durch Klienten
   Der Berater kann den Klientenkontakt dazu nutzen, sich über Maßnahmen der Konkurrenz zu informieren und entsprechend früh darauf zu reagieren.

4. Intensivierung von Serviceleistungen zur Klientenbindung
   Besonderer Service setzt physische Nähe voraus, denn „ausgezeichnete Dienstleistungen können nicht aus der Ferne geboten werden, sondern erfordern entsprechende Ressourcen vor Ort".[445] Dazu gehören im Beratungsbereich mitunter auch Dienste, die nicht mit der eigentlichen Beratungsleistung zusammenhängen (z.B. die Suche von Personal für Klienten).

Der Nähe sind aber auch Grenzen gesetzt: Ein allzu enges Verhältnis zwischen Berater und Klient wirkt sich mitunter kontraproduktiv auf die Qualität der Leistung aus. Ähnlich den Gefahren, denen eine interne Beratungsabteilung ausgesetzt ist, treten Effekte wie Betriebsblindheit oder Verlust der Neutralität auf. Eine „qualitativ hochwertige Leistungsbeziehung ... wird nur dann erreicht, wenn die Management-Consultingfirma im Wettbewerbsverhältnis ausgewählt und gelegentlich auch ausgewechselt werden kann"[446]. Ein Beraterwechsel kann dazu dienen, sich ein Bild von der Leistungsfähigkeit der verschiedenen Anbieter am Markt zu machen.

---

[444] Vgl. Gömann, S. (1994), S. 54.
[445] Simon, H. (1992).
[446] Gerybadze, A. (1991), S. 33; ähnlich: Lorenz, Ch. (1987).

Kundennähe kann sich in folgenden Dimensionen konkretisieren:[447] Die (1) psychische Distanz kommt in der Intensität zum Ausdruck, mit der sich ein Anbieter auf einzelne Kunden bzw. deren Probleme einläßt. Mit der (2) physischen Nähe wird der räumliche Abstand zu Klienten dokumentiert. Durch (3) kommunikative Nähe wird schließlich versucht, Abnehmern den Eindruck hoher psychischer Nähe zu vermitteln.

(1) Psychische Distanz

Diese setzt in allererster Linie voraus, daß dem Berater die Branche sowie typische Probleme vertraut sind. Je besser ein Consultant Klienten versteht, desto eher vermag er die „Machbarkeit" seiner Vorschläge und den Realisationswillen der Beteiligten einzuschätzen.[448] „Noch so perfekte fachliche Lösungsvorschläge können zwar das Ohr und den Verstand erreichen, jedoch den Menschen verfehlen."[449]

Beschränkt sich die Arbeit der Consultants lediglich auf die Erstellung allgemeiner Strategieempfehlungen, besteht die Gefahr, daß die Umsetzung des Vorgeschlagenen auf der Strecke bleibt. Das Zurückgreifen auf vorfabrizierte Beratungskonzepte, die der individuellen Beratungssituation nicht oder nur wenig Rechnung tragen, schafft eine breite Lücke zwischen Berater und Klient.[450] Weniger „dickleibige Gutachten", so auch ein Beobachter der Szene, sondern viel mehr enge und langfristige Beziehungen zu den Kunden führen zu einer Profilierung durch Nähe zum Klienten.[451] "Gone are the days when consultants left the minute their report landed on the chairman's desk - now it emphasises long-term client relationships."[452]

> Bei Bain zieht man deshalb immer komplexe Fragestellungen, die eine inhaltliche Verbindung zu Vorangegangenem besitzen und möglichst auch Implementationstätigkeit („Implementation is its raison d´etre"[453]) umfassen, isolierten Aufgabenstellungen vor.[454] Nur dann erscheint auch die generell sehr hohe Vorleistung der Berater, die darin liegt, sich vor jedem Projekt detailliert und grundlegend in das

[447] Vgl. Nieschlag, R. /Dichtl, E./Hörschgen, H. (1997), S. 116 ff.; Homburg, C. (1993), S. 165.
[448] Vgl. o.V. (1994e), Scherer, H.-P. (1993), S. 43. Bei Arthur D. Little werden beispielsweise nur Berater eingestellt, die Erfahrung in bestimmten Branchen aufweisen.
[449] Schrumpf, R. (1993), S. 13.
[450] Vgl. Straub, W./Forchhammer, L. (1995).
[451] Vgl. o.V. (1993a); vgl. Stevenson, H./Sahlman, W. (1988), S. 23.
[452] o.V. (1991a).
[453] o.V. (1988c), S. 17.
[454] Natürlich gehen mit längeren Beratungsengagements eine bessere Kapazitätsauslastung und somit Verdienstmöglichkeit der Beratung einher.

Geschäft des Klienten einzuarbeiten, gerechtfertigt. Häufig arbeiten eine große Anzahl von Beratern in einem Unternehmen. Die zeitgleiche Beratung von konkurrierenden Unternehmen wird abgelehnt. Von Klienten sowie Projekten dringt nichts an die Öffentlichkeit („maximum secrecy“[455]), die Berater selbst vermeiden jegliche Publicity. „Bain is the premier practitioner of relationship consulting(...)“[456].

Den zentralen Indikator für Kundennähe stellt die Umsetzung einer vorgeschlagenen Lösung vor Ort dar.[457] Wird generell auf Implementation verzichtet, spricht dies in vielen Fällen für fehlende Nähe sowie unangepaßte Konzepte, weil der Berater dann nicht in der Lage ist, Besonderheiten des Klienten kennenzulernen.[458] In der Vergangenheit hätten sich Unternehmensberater oft auf dem „Höhepunkt der innerbetrieblichen Verunsicherung“[459] zurückgezogen, und, anstatt breite Akzeptanz für die notwendigen Reformen zu schaffen, sei die Umsetzung allein dem überforderten Management überlassen worden, kritisiert Staehle das Verhalten vieler Consultants. Die Boston Consulting Group räumt beispielsweise ein, ein „outside agent“ gewesen zu sein. Heute strebt auch sie langfristige partnerschaftliche Beziehungen an und vernimmt „the challenge of turning theory into reality“.[460]

Beratungsunternehmen werden zunehmend unglaubhaft, wenn sie nicht auch die Umsetzung vorgeschlagener Maßnahmen anbieten. „Prüfstein der Qualität des Beratungsunternehmens sind daher die Bereitschaft und die Fähigkeit, die Realisierung des Sollkonzeptes auch selbst mit zu übernehmen. Dies bedeutet nicht, daß zwangsläufig ein Anschlußauftrag - Realisierung - erteilt werden muß. Die vom Berater erklärte Bereitschaft, das Sollkonzept, falls gewünscht, in die Tat umzusetzen, ist bereits ein ausreichender Test der Ernsthaftigkeit. Besteht diese Bereitschaft, so wird die gesamte Analyse von vorneherein so angelegt, daß die menschlichen bzw. psychologischen Gesichtspunkte, die bei der Realisierung eine Rolle spielen, ausreichend Berücksichtigung finden.“[461]

---

[455] Vgl. Skapinker, M. (1991).
[456] Vgl. ebda.. Bain beteiligt sich gelegentlich finanziell über die Bain Capital Group an Klientenunternehmen bzw. läßt sich in Form von Aktienpaketen vergüten (vgl. o.V. (1988c), S. 17).
[457] Nur in jedem vierten Projekt werden die Empfehlungen voll umgesetzt (vgl. Raithel, H. (1992)).
[458] Seikowsky, F., Bain & Co., zit. nach Hirn, W./Krogh, H. (1994), S. 213.
[459] Vgl. Staehle, W., zit. nach o.V. (1991b).
[460] o.V. (1991a).
[461] Lange, K. (1984), S. 71.

Greiner /Metzger gehen noch einen Schritt weiter: „So it is the implementation stage that, in our opinion, distinguishes good consultants from mediocre ones. ... Causing change is the essence of consulting. Without the accomplishment of change, consulting remains a parasitic profession."[462]

Bei Problemstellungen, die ungenügenden Rückhalt im Verantwortlichenkreis und (damit) mangelnde Organisationsdynamik vermuten lassen[463], ist es besonders notwendig, die Implementierung von erfahrenen und mit didaktischen Fähigkeiten ausgestatteten Consultants begleiten zu lassen. Eine Projektvereinbarung, die die Implementation einschließt, signalisiert im übrigen den Betroffenen, daß das Top-Management bereit ist, die beschlossenen Maßnahmen auch mit den notwendigen Konsequenzen zu verfolgen.[464]

Kundennähe konkretisiert sich häufig darin, daß Mitarbeiter sowohl des Klienten (als interne Promotoren, die mit dem Geschäft vertraut sind) als auch des Beraters (als Wandelexperten sowie Träger von Projekterfahrung aus anderen Unternehmen) in ein spezielles Projektteam integriert werden, von dem die Lösung von Problemen gemeinsam erarbeitet wird.[465] Denn „der Unternehmer als Kunde kennt sein Unternehmen auf jeden Fall besser als jeder Externe und hilft so bei der Problemlösung. Beraterarroganz, die hierauf verzichtet, wird ihr Canossa auf zwei Weisen erleben: durch Frustration in der fachlichen Aufgabenerledigung und Verlust der so notwendigen menschlichen Bande in der Kommunikation"[466]. Durch eine Koproduktion der dargestellten Art soll u.a. erreicht werden, daß erzielte Ergebnisse auch nach Beendigung eines Beratungsprojektes Bestand haben. In der Stabilisierung des Erreichten zeigt sich unmittelbar, wenngleich nicht ausschließlich, die Qualität einer Beratungs leistung.

Welches Bild vermittelt die Praxis? Während einige Berater tatsächlich ihre Vorschläge auch umsetzen („wir sind uns nicht zu schade, mit in die Werkshallen zu gehen und uns unter die Maschinen zu legen"[467]), Klienten-Berater-Teams bilden, und ein neuer

[462] Greiner, L./Metzger, R. (1983), p. 270.
[463] Zu denken ist hier an einen Beratereinsatz, der dem Vorstand einer Aktiengesellschaft vom Aufsichtsrat oktroyiert wird.
[464] Vgl. Lange, K. (1984), S. 72.
[465] Vgl. Berninghaus, H., zit. nach: Ausgewählte Diskussionsbeiträge (1991), S. 109; Scherer, H.-P. (1993), S. 41.
[466] Schrumpf, R. (1993), S. 13.
[467] Scheiter, S., A.T. Kearney, zit. nach: Scherer, H.-P. (1993), S. 41; Beratungen suchen heute Mitarbeiter eines völlig neuen Typs, nämlich solche, die mit Vorstandsmitgliedern über strategische Konzepte diskutiern, gleichzeitig aber auch in Monteurskleidung mit Arbeitern eine neue Organisation der Fertigung testen können (vgl. hierzu auch: o.V. (1994e)).

Projektabschnitt erst nach der Vollendung des vorangegangenen begonnen wird[468], konkretisiert sich für etliche andere Umsetzungsbegleitung in sporadisch stattfindenden Kontrollsitzungen. Weil bestimmte Beratungsunternehmen keine Verantwortung tragen wollen oder ihnen nicht genügend Personal zur Verfügung steht, helfen sie den Klienten nur bei der Vorbereitung und Planung der Implementation. Bei der konkreten Umsetzung ziehen sie sich dann zurück.[469] „While getting closer to their clients, most consultancies have taken care still to stay at arm´s length."[470]

> McKinsey etwa sieht die Verantwortung der Realisierung nach wie vor beim Management liegen und lehnt daher eine Implementation im Sinne einer zeitweiligen Übernahme der Geschäftsführung ab.[471] Auf die Frage nach der Implementationsbegleitung reagiert auch Berger zurückhaltend: „Es steht in jedem unserer Verträge, daß wir uns verpflichten, das Projekt in der Realisierung zu begleiten. Aber andererseits darf ein Berater sich im Unternehmen auch nicht als Dauergast etablieren. Wir müssen solange engagiert bleiben, bis das Unternehmen ein Projekt selbständig weiterführen kann. Ich schätze, daß gut die Hälfte unserer Klienten unsere Umsetzungsberatung in Anspruch nimmt."[472]
>
> Auch in den noch eingehend analysierten Beratungsprofilen wird diese Diskrepanz deutlich: Zwar messen die meisten Unternehmen der Implementation von Lösungen hohe Bedeutung bei. Ein fester Bestandteil eines Projektes scheint die Implementation aber nur bei denjenigen zu sein, die dies explizit betonen („gehört zum Selbstverständnis"). Warum sonst würden die Praktikabilität von Lösungen und die Umsetzungsorientierung der Beratung oft noch zusätzlich angeführt?

Eine Untersuchung von Hoffmann bestätigt den Eindruck, daß Klientennähe durchaus (noch) keine Selbstverständlichkeit ist. Er hat empirisch ermittelt[473], wie stark eine „gemeinsame Umsetzung (der Konzepte) mit dem Klienten" gewünscht wird (vgl. Abb. 14) bzw. wie selten es tatsächlich dazu kommt (vgl. Abb. 15). Insbesondere der Vergleich der vom Klienten erwarteten und der tatsächlichen Beratereinschaltung in Abbildung 16 macht das bestehende Profilierungspotential deutlich.[474]

---

468 Das gezielte Hintereinanderschalten von Projekten, bei denen jedes auf der Implementation des vorangegangenen aufbaut, wird genutzt, um die vollständige Implementation der Beratungsergebnisse zu gewährleisten (vgl. Scherer, H.-P. (1993), S. 43).

469 Die Implementation ist für viele finanziell vergleichsweise wenig lukrativ und wird als risikoreicher als andere Beratungstätigkeiten beurteilt.

470 Vgl. Lorenz, Ch. (1987).

471 Vgl. Rall, W., zit. nach: Ausgewählte Diskussionsbeiträge (1991), S. 109.

472 o.V. (1980).

473 Vgl. Hoffmann, W. (1991). Hierbei wurden Klienten während 200 Beratungsprojekten befragt.

474 Vgl. ebda., insbesondere S. 104 ff.

Abb. 14: Erwartungen von Klienten an die Zusammenarbeit mit Beratern

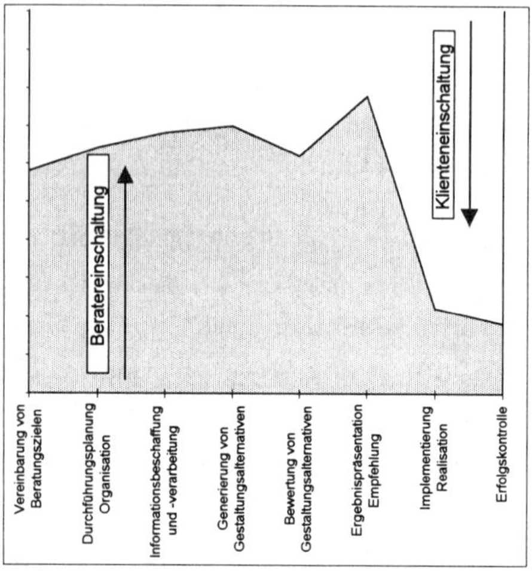

Quelle: Hoffmann (1991), S. 61

Abb. 15: Tatsächliche Zusammenarbeit zwischen Klienten und Beratern

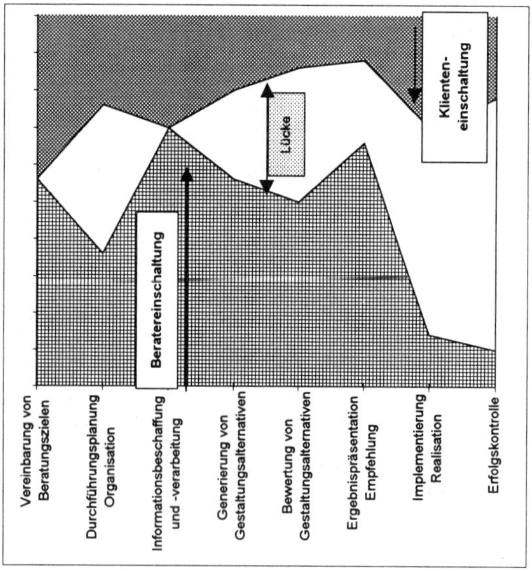

Quelle: Hoffmann (1991), S. 63

Abb. 16: Vergleich der erwarteten und der realisierten Beratereinschaltung

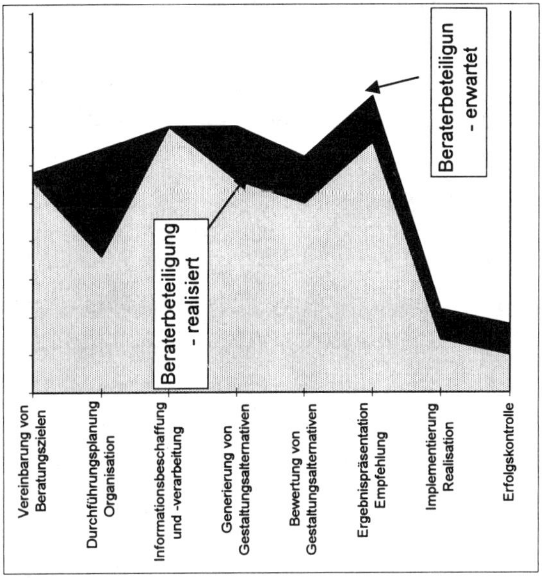

Quelle: Hoffmann (1991), S. 65

Wie bereits angeführt, haben beratungserfahrene Unternehmen mittlerweile Strategien entwickelt, wie sie im Vorfeld abschätzen können, inwieweit sich Berater auf ihre Probleme einstellen. Sie bedienen sich bestimmter Bewertungsbögen, die sich auf Wissen, Reputation, Anpassungsfähigkeit und Willen zur Implementation der Beratung beziehen.[475]

Außerdem schwenken trotz der Probleme mit der Zurechenbarkeit von Erfolg immer mehr Berater und Klienten auf eine erfolgsabhängige Vergütung über. Neben Bain läßt sich auch Andersen Consulting immer öfter auf dieser Basis honorieren.[476] Bei Siemens fordert man Berater auf, sich an bestimmten Kriterien messen zu lassen.[477] Eine Risikoteilung könnte eines Tages sogar zum Standard in der Branche werden. Klienten schätzen daran, daß sich Beratungen der Umsetzbarkeit der von ihnen vorgeschlagenen Schritte noch genauer bewußt werden müssen.[478]

[475] Vgl. Hirn, W./Krogh, H. (1994), S. 200 ff.

[476] Vgl. ebda., S. 213. Anfang der achtziger Jahre mußte Bain in schmerzlicher Weise erfahren, was Erfolgsbeteiligung auch bedeuten kann. Als ein Consultant im Rahmen einer Konzeptimplementation als kommissarischer Finanzvorstand bei dem Unternehmen Guinness eingesetzt worden war, machten die Guinness-Aktionäre Bain für den eingetretenen Verlust verantwortlich (vgl. Skapinker, M. (1991)).

[477] Vgl. ebda.

[478] Vgl. Rassam, C./Oates, D. (1991), p. 58.

(2) Physische Nähe

"Companies that operate internationally expect their consultants to do so, too."[479] Vom Berater wird erwartet, daß er Teil der „Business-Community“ am jeweiligen (Aus lands-)Standort ist und nicht bei Bedarf erst eingeflogen werden muß.[480] Enge Beziehungen zu den Führungskräften von Klientenunternehmen vor Ort sind entscheidend, um Projekte zu akquirieren sowie die Umsetzung von Empfehlungen sicherzustellen.[481] „The clients want you to have a presence in each strategic market and critical mass across the world.“[482]

Europäische Consultants müssen hier im Vergleich zu Amerikanern noch beweglicher werden.[483] Diese haben es verstanden, neben der Betreuung von US-Unternehmen in fremden Märkten auch lokale Klienten zu gewinnen. Von einem Markt aus erschlossen sie den nächsten.[484] Eine solche länderübergreifende Ausrichtung des unternehmerischen Aktionsfeldes sichert Wachstum, auch wenn im heimischen Markt kaum noch Potential dazu vorhanden ist.[485]

> Die Chancen für europäischen Beratungen sind nach Einschätzung von R. Berger gut, da "europäische Managementstile und -kulturen gegenüber den lange bewunderten, aber oft zu schematischen und simplistischen amerikanischen 'Management-By-Methoden' ... einen wesentlichen Beitrag zur neuen Dynamik in Europa"[486] leisten könnten.

Zukünftig wird vor allem der asiatische Raum, der aus Beraterperspektive noch als unterentwickelt zu bezeichen ist, an strategischer Relevanz gewinnen. Günstige Rahmenbedingungen veranlassen immer mehr Unternehmen, dort Produktionsstandorte aufzubauen; der Bedarf an Beratung wächst proportional mit. Collis schätzt, daß in 20 Jahren westliche Beratungen in Asien eine starke Präsenz erlangt haben werden.[487]

---

479 Skapinker, M. (1991).
480 Niederlassungen werden vor allem in den Ländern der sogenannten Triade aufgebaut, da dort die meisten internationalen Konzerne ansässig sind und etwa 90% des weltweiten Beratungsumsatzes getätigt werden.
481 Vgl. Mukerjea, D. (1994), p. 45.
482 Nelson, R., Ernst & Young, zit. nach: Byrne, J. (1994), p. 58.
483 Vgl. o.V. (1990d).
484 Vgl. Gerybadze, A. (1991), S.25 f.; vgl. Skapinker, M. (1991), p. 12.
485 Vgl. Kreutzer, R. (1991), S. 363.
486 Zit. nach: o.V. (1990d).
487 Vgl. Collis, D. (1994), pp. 2 f.

Weltweit agierende Beratungsunternehmen sind in großem Vorteil, wenn sie standortunabhängig mit der „gleichen Perspektive“[488] bzw. identischen Instrumenten arbeiten. Die Entwicklung einer Globalisierungsstrategie für eine bestimmte Produktgruppe, die Rechnungslegung eines multinationalen Unternehmens, die Konzipierung eines internationalen Führungskräftetrainings und die strategische Vorbereitung eines Joint-Venture bilden nur einige Beispiele für Aufgabenstellungen, mit denen Beratungsunternehmen heute länderübergreifend konfrontiert sind und für die vergleichbare Beratungskonzepte verlangt werden.[489]

Diese Strategie birgt weitere Vorteile in sich: Mitarbeiter können international leichter transferiert werden, da sie mit dem Handwerkszeug vertraut sind. Die Einarbeitungsphase reduziert sich damit erheblich. Außerdem weisen Aktivitäten in verschiedenen Ländern einen ähnlichen Kern auf. Es wird im Sinne einer Corporate Identity-Strategie ein klares Global Corporate Image geschaffen, das auf den Kernkompetenzen des Beratungsunternehmens beruht.

(3) Kommunikative Nähe

Einem Klienten kann das Gefühl von Nähe vermittelt werden, indem Berater bestimmte Medien als Plattform dazu nutzen, typische Probleme von Klientengruppen aufzugreifen und Lösungsansätze zu skizzieren. Hierzu eignen sich vor allem Kommunikationsinstrumente wie Artikel, Vorträge und Seminare. Dies kann dazu führen, daß Klienten sich umschmeichelt fühlen, ohne daß deshalb, wie etwa bei konkreten Akquisitionsgesprächen, Kaufdruck entsteht. Große Beratungen geben zu diesem Zweck sogar teilweise eigene Zeitschriften[490] heraus. Abschließend soll ein Beispiel vermitteln, wie mit Hilfe des Faktors Nähe eine einzigartige Wettbewerbsposition geschaffen werden kann.

> McKinsey unterhält ein dicht gewobenes Kontaktnetz, das aus den 3.500 Mitgliedern seiner Alumni-Organisation besteht. „Nobody ever really leaves McKinsey & Co.“[491] Ehemalige Berater, die häufig in leitender Stellung in anderen Unternehmen tätig sind, treffen sich mehrmals im Jahr mit McKinsey-Consultants, um auf Festen und Vorträgen den „familiären Zusammenhalt“ der

[488] Rall, W. (1991), S. 74.
[489] Ebda.
[490] Als Beispiele dienen hier das McKinsey Quarterly oder Prism von Arthur D. Little.
[491] Byrne, J./McWilliams, G. (1993).

Gruppe zu beschwören und private Freundschaften zu pflegen. „The hardest thing about competing with them is that they have these deep relationships with senior management that lead companies to return to McKinsey, unquestioned, time and time again.“[492]

So verwundert es nicht, wenn ehemalige Consultants, die in leitender Stellung in einem anderen Unternehmen tätig sind, ihre früheren Kollegen bei der Vergabe von Beratungsprojekten bevorzugen. Daneben können Berater, bevor sie ein neues Projekt starten, häufig auf Erfahrungen von Ex-McKinsey-Beratern, die jetzt in dem betreffenden Bereich beschäftigt sind, zurückgreifen (Abbildung 17 zeigt die verschiedene Nutzenfacetten des McKinsey-Network). Berater, Ex-Berater sowie Klienten werden durch die Zeitschrift McKinsey Quarterly über aktuelle Themen und Forschungsergebnisse informiert. Zuweilen wird dadurch auch das Interesse Nicht-Beteiligter geweckt, und neue Projekte entstehen in dem betreffenden Bereich.[493]

Abb. 17: Nutzen des Netzwerks von McKinsey

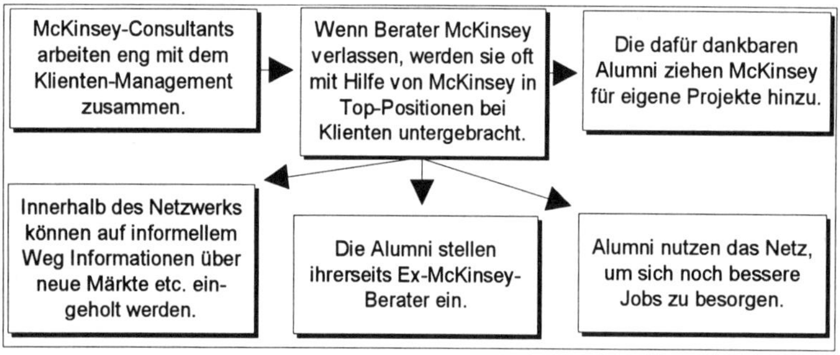

Quelle: Byrne, J./McWilliams, G. (1993), p. 41.

---

[492] Zit. nach Huey, J. (1993), p. 44.

[493] Vgl. Byrne, J./McWilliams, G. (1993); vgl. Balzer, A./Wilhelm, W. (1995), hier besonders S. 45 ff.; Scherer, H.-P. (1992), S. 85. Damit können u. U. aber auch negative Wirkungen für McKinsey, z.B. in Form eines Verlust von fähigen Mitarbeitern, verbunden sein.

1.2.4 Das Preis-Leistungsverhältnis

Eine günstige Kostenposition bei einer vergleichbaren Leistung schützt vor Maßnahmen der Konkurrenten, weil der Preis unter den der Wettbewerber gesenkt werden kann. Zudem fungiert sie als Markteintrittsbarriere.[494] „Die Strategie des Kostenvorsprungs kann unter Umständen eine Branche revolutionieren, in der die historischen Grundlagen des Wettbewerbs anders gelagert waren und deren Wettbewerber geistig und ökonomisch nicht darauf vorbereitet sind, die erforderlichen Schritte zur Kostenminimierung vorzunehmen."[495]

In den meisten Beratungen gewinnt zwar die Kontrolle der Kosten immer mehr an Gewicht, doch wird der Möglichkeit, sich durch ein günstiges Preis-Leistungsverhältnis am Markt zu profilieren, kaum Beachtung geschenkt. Dies liegt an den genannten Besonderheiten des Beratungsmarktes, wo die Folgekosten einer schlechten Beratung für Klienten hoch sind und bei vielen die Meinung vorherrscht, daß Kostengünstigkeit nur durch einen Verzicht an Qualität erkauft werden könne. Herstellungskosten und Abgabepreise sind für renommierte Beratungsgesellschaften daher nach wie vor Tabuthemen. McKinsey ist beispielsweise nicht bereit, über sie zu verhandeln. Man leistet sich eine „take-it-or-leave-it attitude"[496]. Auch gestaltet es sich schwierig, Klienten ein im Vergleich mit Wettbewerbern günstiges Preis-Leistungsverhältnis kommunikativ zu vermitteln, weil Beratungsleistungen in der Regel nicht unmittelbar vergleichbar sind.

> Als eine von wenigen hat die Deutsche Gesellschaft für Mittelstandsberatung (DGM) einen Vorstoß in diese Richtung unternommen. Sie versucht durch preisgünstige Beratung neue Klientensegmente zu erschließen. Speziell kleinere und mittlere Unternehmen sollen durch branchenspezifische und durch EDV unterstützte Beratungssysteme zur Inanspruchnahme von Beratungsleistungen motiviert werden.

Zusammenfassend läßt sich feststellen, daß der für Profilierungsmaßnahmen zur Verfügung stehende Raum durch die generell hohen Anforderungen an eine Beratungsleistung hinsichtlich Qualität und Klientennähe begrenzt ist. Selbst eine Differenzierung hinsichtlich der Art des Leistungsangebotes fällt zunehmend schwerer: Große Beratungs-

---

[494] Vgl. Mayer, R. (1993), S. 106 f.
[495] Porter, M. (1992), S. 64 f.

unternehmen bieten immer öfter einen Full-Service an, während kleinere Unternehmen ihre Kräfte auf die stark nachgefragten Nischen konzentrieren.

Bemerkenswert erscheint es trotz der genannten Schwierigkeiten, daß, obwohl kein Anbieter von Beratungsleistung heute Preis-Leistungs-Gesichtspunkte vernachlässigen kann, Unternehmen nur ganz vereinzelt diesen Bereich für Profilierungszwecke nutzen. Dabei könnte für diejenigen Anbieter echte Überlegenheit bestehen, die als „first mover" ein straffes Kostenmanagement, noch bevor Wettbewerber solches Verhalten erzwingen, in ihre Unternehmensstrategie integrieren, dies und die Gewährleistung von Qualitätsstandards kommunizieren sowie Klienten generell an Einsparungen beteiligen.

1.3 Das Leistungsprofil in Broschüren und Prospekten

Es erscheint reizvoll, die im letzten Abschnitt herausgearbeiteten Profilierungsdimensionen an der Realität zu spiegeln. Zu diesem Zweck können entweder fachkundige Personen, insbesondere Berater und Klienten, einer Befragung unterzogen oder Medien, die Consultingunternehmen zur Verbreitung ihres Selbstbildes und somit auch als Vehikel für ihr Profilierungsstreben einsetzen, inhaltlich ausgewertet werden. Aufgrund der unproblematischen Gewinnung und der leichten Vergleichbarkeit von sogenannten Beratungsprofilen wurde der zweite Weg gewählt. Prospekte und Broschüren informieren über das Unternehmen als ganzes, oft über dessen Beratungsphilosophie und gelegentlich auch über von diesem bevorzugt eingesetzte Methoden.[497]

Nur vereinzelt waren Unterlagen in gedruckter Form nicht erhältlich. In solchen Fällen hilft das Internet, und zwar insofern, als die Homepage als Mittel der Selbstdarstellung bzw. für die Akquisition auch in Beraterkreisen immer größeren Zuspruch findet. Das Medium erlaubt es, Informationen zu vergleichsweise geringen Kosten an einen sehr breiten Empfängerkreis heranzutragen.

Für die Positionierung der Consultingunternehmen wurden die gewonnenen Daten mit Hilfe der Mehrdimensionalen Skalierung (MDS) verarbeitet.[498] Bezogen auf den hier interessierenden Fall können vier Konstellationen eintreten (vgl. Tab. 12):

[496] Huey, J. (1993), p. 48.
[497] Vor allem große Branchenvertreter nutzen das Medium auch zum Zwecke der Personalgewinnung.
[498] Vgl. zur Mehrdimensionalen Skalierung u.a. Green, P./Rao, V. (1972); Dichtl, E. /Schobert, R. (1979).

Tab. 12: Wettbewerbsstrategien von Unternehmensberatern im Lichte deren Außendarstellung

Übereinstimmung von Theorie und Praxis	Darstellung im Leistungsprofil nach außen	
	richtig	falsch
ja	1. Verhalten theoriekonform, kommunikative Umsetzung richtig	2. Verhalten theoriekonform, kommunikative Umsetzung falsch
nein	3. Verhalten nicht theorie-konform, kommunikative Umsetzung richtig	4. Verhalten nicht theorie-konform, kommunikative Umsetzung falsch

- Die Betroffenen agieren am Markt, wie es die Managementliteratur postuliert, und verstehen dies in der Öffentlichkeit deutlich zu machen (vgl. Tab. 12; Pos. 1).
- Die Beratungsunternehmen verhalten sich zwar theoriekonform, setzen sich aber in ihren Broschüren in ein falsches Licht (Tab. 12; Pos. 2).
- Sie profilieren sich anders, als sie sollten, vermitteln der Öffentlichkeit aber ein zutreffendes Bild von sich selbst (Tab. 12; Pos. 3).
- Beratungsunternehmen verhalten sich weder theoriekonform, noch geben sie in ihrer Außendarstellung konsequent wieder, worauf sie in Wirklichkeit Gewicht legen (Tab. 12; Pos. 4). Hier besteht im Sinne einer doppelten Negation die Chance, daß die MDS das erwartete, aber dennoch ein falsches Ergebnis liefert.

Welches Ergebnis auch immer eine MDS-Analyse liefert, bedarf dieses der sorgfältigen Überprüfung im Hinblick auf Validität des Konzepts. Das Ziel einer MDS besteht darin, eine Menge von Objekten nach Maßgabe ihrer Ähnlichkeit oder Affinität in einem möglichst niedrig dimensionierten Raum darzustellen. Dazu bedarf es folgender Schritte:

(1) Die Festlegung der Objekte

Weil die Selbstdarstellung in Prospektform in der Regel von Consultants mit begrenztem Wirkungskreis bzw. geringer Bekanntheit nicht gewählt wird, konzentrieren wir uns auf 20 Unternehmen mit entsprechend breiter Klientenbasis, unter denen sich auch die weltweit zehn umsatzstärksten befinden.

(2) Die Gewinnung von Kriterien zur Messung der Proximität

Im Wege der Inhaltsanalyse[499] wurden aus dem verfügbaren Material 21 Kriterien extrahiert, die (0,1)-skaliert sind und die Entfernung jedes Unternehmens zu jedem anderen zu bestimmen erlauben (vgl. Tab. 13).

---

[499] Vgl. Mayring, P. (1990), S. 11.

Tab. 13: Selbstdarstellung von Consultants im Spiegel von Broschüren und anderem Werbematerial

Nr.	Unternehmen \ Kriterium	Angebot von "Full-Service"-Beratung	Spartenaufbau	Matrixorganisation	Konzentration auf Branchen	Aufnahme aktueller Management-konzepte (z.B. Business Reengineering, Benchmarking)	Einsatz von sog. Tools
1	Andersen Consulting					X	X
2	Arthur D. Little	X	X	X	X	X	X
3	A. T. Kearney	X	X	X	X	X	X
4	Bain & Company					X	X
5	Roland Berger & Partner	X	X	X		X	X
6	Booz, Allen & Hamilton	X	X	X	X	X	X
7	Bossard	X					X
8	The Boston Consulting Group			X	X	X	X
9	Braxton & Partner	X				X	
10	Coopers & Lybrand				X	X	X
11	Debis Marketing Consulting						X
12	DGM	X			X		X
13	Gemini	X	X	X		X	X
14	KPMG	X	X				X
15	McKinsey & Company	X	X	X			X
16	Mercer Consulting	X				X	X
17	Price Waterhouse	X	X			X	X
18	Schitag Ernst & Young	X				X	X
19	Towers Perrin						
20	Wyatt Watson					X	X
	Gesamt	13	8	7	6	14	18

Nr.	Unternehmen / Kriterium	Spezialisierung auf bestimmte Funktion(en)	Betonung von: Beratungs-qualität	Betonung von: maßge-schneiderten Lösungen	Betonung von: Langfristigkeit der Beziehung zu Kunden	Stattliches Alter
1	Andersen Consulting	Information	X			X
2	Arthur D. Little	Technologie	X	X		X
3	A. T. Kearney		X	X	X	
4	Bain & Company	Strategie			X	
5	Roland Berger & Partner		X	X	X	
6	Booz, Allen & Hamilton		X	X		X
7	Bossard				X	X
8	The Boston Consulting Group	Strategie			X	
9	Braxton & Partner					
10	Coopers & Lybrand	Information				
11	Debis Marketing Consulting	Marketing				
12	DGM		X	X		X
13	Gemini				X	
14	KPMG		X			
15	McKinsey & Company		X			X
16	Mercer Consulting					
17	Price Waterhouse	Information	X			
18	Schitag Ernst & Young		X	X		
19	Towers Perrin	Personal				X
20	Wyatt Watson					
	Gesamt		10	6	6	7

Nr.	Unternehmen / Kriterium	Beachtliche Größe	Gute Kontakte zur Wissenschaft	Eigene Forschung und Entwicklung	Implementations-orientierung	Beteiligung des Klienten am Beratungsteam
1	Andersen Consulting	X		X	X	X
2	Arthur D. Little	X	X	X	X	X
3	A. T. Kearney			X	X	X
4	Bain & Company				X	X
5	Roland Berger & Partner	X			X	X
6	Booz, Allen & Hamilton	X	X	X	X	X
7	Bossard	X			X	X
8	The Boston Consulting Group		X	X	X	X
9	Braxton & Partner	X	X		X	X
10	Coopers & Lybrand	X			X	X
11	Debis Marketing Consulting				X	
12	DGM				X	X
13	Gemini	X	X	X	X	X
14	KPMG	X			X	
15	McKinsey & Company	X	X	X		X
16	Mercer Consulting	X				
17	Price Waterhouse	X			X	X
18	Schitag Ernst & Young	X			X	X
19	Towers Perrin				X	X
20	Wyatt Watson	X			X	
	Gesamt	14	6	7	18	16

Nr.	Unternehmen / Kriterium	Beachtliche Größe	Gute Kontakte zur Wissenschaft	Eigene Forschung und Entwicklung	Implementations-orientierung	Beteiligung des Klienten am Beratungsteam
1	Andersen Consulting	X		X	X	X
2	Arthur D. Little	X	X	X	X	X
3	A. T. Kearney			X	X	X
4	Bain & Company				X	X
5	Roland Berger & Partner	X			X	X
6	Booz, Allen & Hamilton	X	X	X	X	X
7	Bossard	X			X	X
8	The Boston Consulting Group		X	X	X	X
9	Braxton & Partner	X	X		X	X
10	Coopers & Lybrand	X			X	X
11	Debis Marketing Consulting				X	
12	DGM				X	X
13	Gemini	X	X	X	X	X
14	KPMG	X			X	
15	McKinsey & Company	X	X	X		X
16	Mercer Consulting	X				
17	Price Waterhouse	X			X	X
18	Schitag Ernst & Young	X			X	X
19	Towers Perrin				X	X
20	Wyatt Watson	X			X	
	Gesamt	14	6	7	18	16

(3) Die Bestimmung der Distanz jedes Unternehmens zu jedem anderen

Wie (wenig) nahe sich, wie (un-)ähnlich oder austauschbar zwei Unternehmen sind, wird hier mit Hilfe des euklidischen Distanzmaßes gemessen. Dabei geht, wann immer beide zu vergleichende Objekte eine bestimmte Eigenschaft auf- bzw. nicht aufweisen, dies mit einer Null in die Berechnung ein, während sich eine Divergenz (0;1 bzw. 1;0) in Gestalt der Distanz 1 niederschlägt. Anschließend werden die Werte summiert. Nach diesem Beispiel beträgt die Entfernung z. B. zwischen Andersen Consulting und Arthur D. Little 8.

(4) Das Ergebnis der MDS

Mit Hilfe des Programmes SPSS werden die Unternehmen so in einem geometrischen Raum angeordnet, daß die Rangfolge der empirisch ermittelten Distanzen möglichst gut der Rangfolge der Distanzen im geometrischen Raum entspricht. Inwieweit dies gelingt, hängt von dem verwendeten Proximitätsmaß, genauer: der sogenannten Minkowski-Metrik (hier: euklidische Distanz), und der Zahl der verwendeten Dimensionen (hier: 4) ab. Als Gütekriterium dient der sogenannte Stress-Wert, der im vorliegenden Fall 0,096 beträgt.[500] Nach *Kruskal* läßt sich dies als ein gutes Maß an Übereinstimmung werten.[501] Tabelle 14 zeigt das Ergebnis.

Tab. 14: Ergebnis der MDS für einen 4-dimensionalen Raum

		Dimension			
Nr.	Unternehmen	1	2	3	4
1	ANDERSEN	0,53	0,58	-0,74	-1,14
2	ADL	-2,05	0,68	-0,68	-0,66
3	ATKEARNEY	-1,24	0,94	-0,25	1,42
4	BAIN	1,45	0,83	0,13	0,70
5	BERGER	-1,85	-0,99	0,41	1,30
6	BOOZ	-2,01	0,40	-0,89	-0,18
7	BOSSARD	0,96	-0,83	0,57	1,03
8	BOSTON	-0,10	2,25	-0,75	0,33
9	BRAXTON	0,84	0,24	1,15	-0,35
10	COOPERS	1,18	0,82	0,38	-0,38
11	DEBIS	2,21	-0,22	-0,58	-0,05
12	DGM	-0,27	-1,33	-2,19	0,51
13	GEMINI	-1,03	0,87	1,40	0,16
14	KPMG	-0,55	-2,05	0,29	-0,36
15	MCKINSEY	-2,00	-0,42	0,35	-1,40
16	MERCER	1,06	-0,61	1,11	-0,23
17	PRICE	-0,08	-0,30	1,01	-0,60
18	SCHITAG	-0,34	-0,92	-0,51	0,43
19	TOWERS	1,87	0,16	-0,84	-0,59
20	WATSON	1,41	-0,11	0,63	0,05

500 Bei der Bestimmung der Anzahl der Dimensionen gilt es generell zwischen Anschaulichkeit und Abbildungsgenauigkeit abzuwägen. Denn je mehr Dimensionen ein Raum aufweist, desto besser wird zwar der Stress-Wert, desto schwieriger gestaltet sich aber die graphische Veranschaulichung.

501 Vgl. Kruskal, J. (1964), pp. 1ff.

Abb. 18: Markt der Unternehmensberater im Spiegel von Broschüren und sonstigem Werbematerial (Dimension 1 und 2)

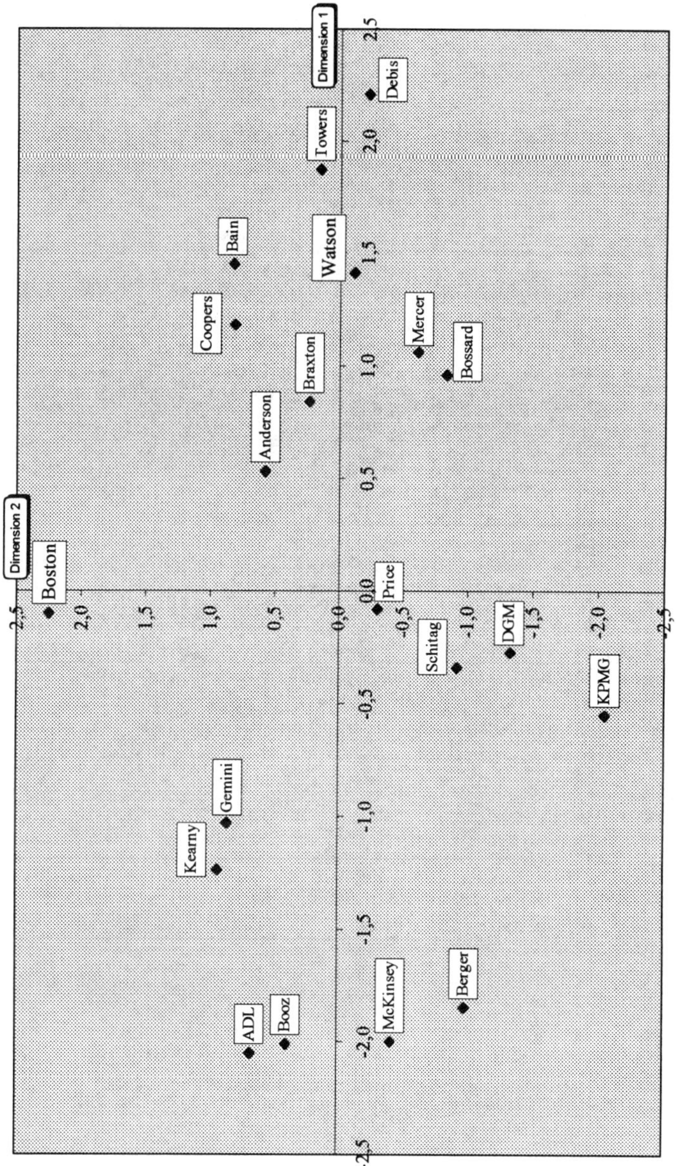

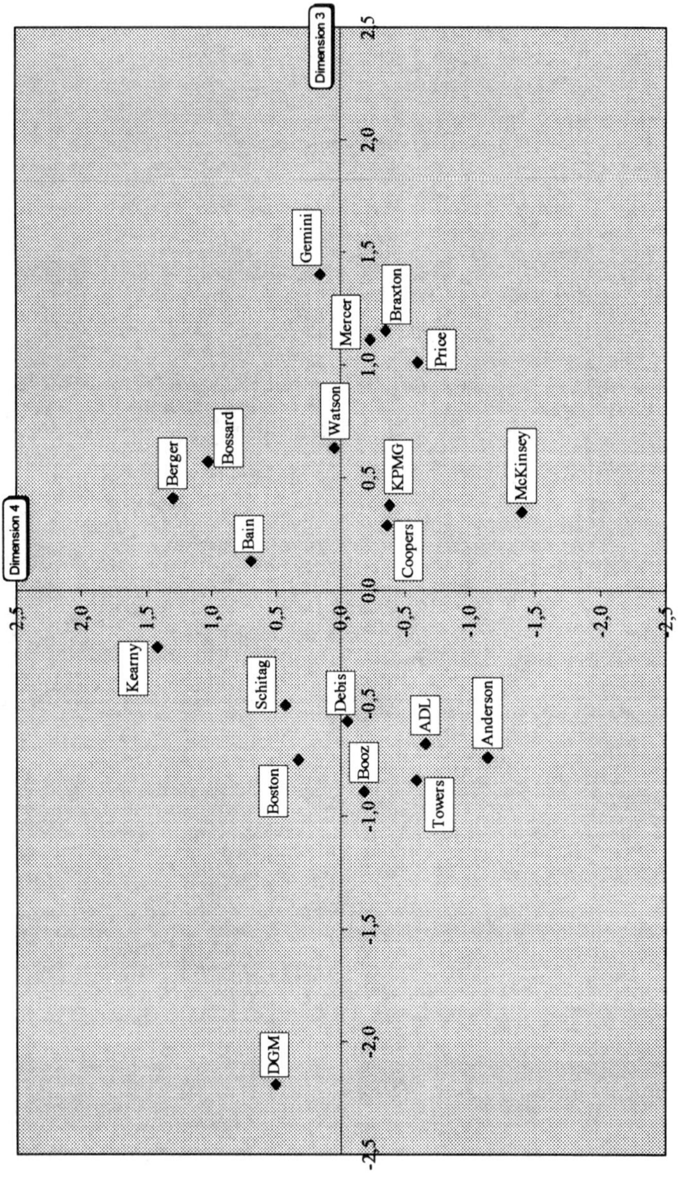

Abb. 19: Markt der Unternehmensberater im Spiegel von Broschüren und sonstigem Werbematerial (Dimensionen 3 und 4)

Aus Gründen der leichteren Erfaßbarkeit wird das Ergebnis auch graphisch aufbereitet. Dabei stellt sich das Problem der Wiedergabe eines Gebildes mit vier Dimensionen. Man behilft sich dabei mit einer Aufspaltung in sechs Einzelabbildungen à zwei Dimensionen.[502] Zwei davon werden hier präsentiert (vgl. Abb. 18 und 19).

(5) Die Interpretation der Befunde

Wie bei der Faktorenanalyse stellt sich auch hier das Problem der Interpretation der Dimensionen. Sie würden im Idealfall die strategischen Stoßrichtungen der Unter nehmen widerspiegeln. Was sie tatsächlich bedeuten, läßt sich auf zwei Wegen feststellen, einmal mittels eines „good reasons approach", also durch eine auf Sachverstand gestützte und von Hermeneutik geprägte Deutung, zum anderen durch das sogenannte Property Fit-Verfahren (PROFIT).[503] Bei letzterem erstellt man aufgrund der Kenntnis von objektiven Eigenschaften oder auf der Basis von Befragungsergebnissen Rangreihen der positionierten Objekte, wobei jene als „property verctors" in einen geometrischen Raum projiziert werden und aufgrund ihrer Lage in Relation zu den Dimensionen Hinweise auf deren Natur geben.

Die Objektpositionen in den Abbildungen lassen tatsächlich zwei der erwarteten Profilierungsrichtungen erkennen: Dimension 1 stimmt in hohem Maße mit der Breite des Angebots, Dimension 2 mit der Preis-Leistungsorientierung überein. In beiden Fällen nimmt die Deutlichkeit der Profilierung mit der Höhe der negativen Werte (also nach links bzw. nach unten) zu.

Eine Interpretation der zwei anderen Dimensionen ohne weiteres Datenmaterial wäre spekulativ. Weder Qualität noch Klientennähe (oder weitere denkbare Profilierungsdimensionen) kommen augenscheinlich in Betracht. Dies kann daran liegen, daß die (0,1)-Skalierung in der Ursprungstabelle (vgl. Tab. 13) nicht ausreicht, um ein differenziertes Bild der Beratungsunternehmen hinsichtlich der verbleibenden Profilierungsdimensionen entstehen zu lassen. Dafür spricht auch die vergleichsweise ähnliche Positionierung von mit Außnahme der DGM fast allen Beratungsanbieter in Bezug auf die Dimensionen 3 und 4. Im übrigen muß an dieser Stelle noch einmal an die durch Tabelle 12 reflektierte Problematik erinnert werden.

---

[502] Das Gebilde wird in folgende Dimensionen zerlegt: 1, 2; 1, 3; 1, 4; 2, 3; 2, 4 sowie 3, 4.
[503] Vgl. Dichtl, E./Schobert, R. (1979), S. 1 ff.

Um zu einer vollständigen Interpretation aller vier Richtungen zu gelangen, müßte man somit PROFIT heranziehen. Da aber die für dessen Einsatz erforderlichen Rangreihen von Objekten nicht zur Verfügung stehen, scheidet dieser Weg aus. Erschwerend kommt hinzu, daß sich das betreffende Verfahren nicht im Methodenkasten von SPSS befindet. Nicht zuletzt käme es, lägen wirklich Rangreihen vor, auf einen Versuch an, um zu sehen, ob es nicht nur möglich ist, Vektoren in einen vierdimensionalen Raum zu legen, sondern diese auch konsistent in jeweils auf zwei oder drei Dimensionen reduzierte Gebilde einzuzeichnen. Ein solches, nur teilweise befriedigendes Ergebnis läßt es angeraten erscheinen, nochmals einen Schritt in die Tabelle 13 zurückzugehen. Schon aus dieser läßt sich vieles, was zur Profilierung theoretisch hergeleitet wurde, wiederfinden.

2. Die Notwendigkeit der Rationalisierung von Beratungsleistungen

2.1 Der Konflikt zwischen Preisbereitschaft und Kostenhöhe

Die im Laufe der Zeit gewonnene Erfahrung im Umgang mit externen Dienstleistern sowie die stagnierende Auftragslage bei vielen beratungsuchenden Unternehmen führen dazu, daß Preisaspekte mehr und mehr in den Mittelpunkt von Verhandlungen rücken. Die Vergabe von Beratungsaufträgen wird immer häufiger auf dieser Basis entschieden.[504] Preise von Top-Beratern, die zwischen 35 und 50 Prozent über dem Durchschnitt[505] liegen, lassen sich bei annähernd vergleichbarer Leistungsqualität kaum noch rechtfertigen. In Themenbereichen, in denen viel Konkurrenz droht, sind mittlerweile scheinbar alle Anbieter zu Preiszugeständnissen bereit.[506]

Die ausgeprägte Konkurrenz im Beratungsbereich bewirkt zudem, daß Consultants von beratungserfahrenen Klienten zur Offenlegung ihrer Arbeitsweise, damit indirekt auch zu deren effizienterer Gestaltung sowie zur Weitergabe von Kostenvorteilen gezwungen werden.[507] Die Kostenstruktur einer typischen Consulting-Unternehmung (vgl. Tab. 15) läßt Rückschlüsse darauf zu, wo ein vergleichsweise großes Rationalisierungspotential zu vermuten ist.

Bei der Prognose der Entwicklung des Beratungsmarktes gehen Fachleute von einem Eintritt in die Reifephase mit deutlich niedrigerer Wachstumsrate aus. Preis-/Leistungsvergleiche werden zur Regel, kreativen Lösungen bei gleichzeitig „laufender Effizienzsteigerung in der operativen Abwicklung der Projekte“ kommt eine entscheidende Rolle zu.[508] Nur „Dienstleistungen, welche durch niedrige Preise und damit Kosten und hohe Qualität gekennzeichnet sind, (gelten) als besonders erfolgversprechende Angebote“[509].

---

504 Vgl. Fix, D. (1992); Hirn, W./Krogh, H. (1994).

505 McKinsey wird ein preislicher Abstand gegenüber den Wettbewerbern in der genannten Höhe bescheinigt (Vgl. Huey, J. (1993), p. 48).

506 Ebda.

507 Wenn in einer Branche, die lange Zeit von geringer Konkurrenz, niedriger Auslastung von Produktions- und Vertriebseinrichtungen, organisatorischer Schwerfälligkeit etc. geprägt war, der Wettbewerb plötzlich härter wird, verspüren Unternehmen nach Leibensteins „X-Efficiency“-Theorie den Zwang, Ineffizienz abzubauen. Zunächst wird überprüft, ob sich Kostenstellen und -arten gänzlich ausmerzen lassen, die während der „ruhigen“ Jahre hinzugekommen sind. Mit dem Schlagwort Lean wird heute das Ergebnis eines solchen Ausleseprozesses bezeichnet. In diesem Sinne werden auch die angebotenen Produkte bzw. Leistungen daraufhin untersucht, ob all deren Elemente zur Zufriedenstellung des Klienten nötig sind (vgl. Leibenstein, H. (1966), pp. 392 ff.).

508 Vgl. Fix, D. (1992); Hirn, W./Krogh, H. (1994); Johnssen, W. (1984), S. 23.

509 Meyer, A./Blümelhuber, C. (1994), S. 30.

Tab. 15: Kostenstruktur einer Consulting-Unternehmung

Kostenarten	Anteil an den Gesamtkosten in %
Personalkosten (1) Direkte Personalkosten (Gehalt, Sozial- und Nebenleistungen, Aus- und Weiterbildung, Sondervergütungen) (2) Indirekte Personalkosten (Beschaffung, Entwicklung, Verwaltung, Fluktuation von Personal)	60 - 80
Dienstleistungskosten (1) Bürobetrieb (Miete, Einrichtung, Kommunikation, Kopieren/ Druck, sonstige Fremddienste) (2) Reisetätigkeit (Tagegelder, Fahrt-, Übernachtungs-, Bewirtungskosten, Auslandszulagen)	10 - 20
Allgemeine Unternehmenskosten (Lizenzen, Abschreibungen, Beiträge, Steuern, Zinsen, Versicherungskosten)	5 - 15
Kalkulatorische Kosten	0 - 10

Quelle: Melcher, H. (1992), S. 116.

Zwar konnten einer Umfrage der Wirtschaftswoche zufolge die 30 größten Beratungen in Deutschland im Jahr 1995 immerhin ein durchschnittliches Wachstum von etwa 15 Prozent verzeichnen, doch gibt der BDU für seine 462 Mitglieder nur noch eine Umsatzrendite von unter 5 Prozent an. Der Grund für die unbefriedigende Erlössituation wird darin gesehen, daß Klienten Consultingleistungen einerseits möglichst günstig erlangen wollen, andererseits kostenintensive Netze und Ressourcenausstattung sowie Beratungsdienstleistungen aus einer Hand erwarten. Diesen Anforderungen vermögen zunehmend nur noch große Beratungsunternehmen nachzukommen. Das unternehmerische Risiko wird dabei insgesamt immer größer.[510]

Man befürchtet, daß zukünftig allenfalls Großprojekte eine vollständige Weitergabe der Beratungskosten über den Preis an den Auftraggeber erlauben. Eine seriöse Kalkulation verlange, daß eine Unternehmensberatung mittlerer Größe bereits 3.800 bis 4.000 DM pro Tag und Seniorberater fakturiert, um in die Gewinnzone zu gelangen. Um aber

[510] Vgl. Bierach, B. (1995), S. 121.

derlei Preise am Markt erzielen zu können, bedürfe es eines im In- und Ausland gewonnenen Know-how, eines weitgespannten Informationsnetzes und eigener Forschung und Entwicklung. Kleine Unternehmen sähen sich immer weniger in der Lage, diese Anforderungen zu erfüllen. Man geht davon aus, daß künftig nur noch solche Beratungsgesellschaften dem Konflikt zwischen Preisbereitschaft und Kosten höhe entgehen, die „Economies of Scale aufbauen mit den richtigen Themen, Produkten und Methoden“.[511]

2.2 Ansatzpunkte für Produktivitätssteigerung im Dienstleistungsbereich

Das Bemühen um Rationalisierung prägt die moderne Wirtschaft und Gesellschaft. Die Entwicklung der abendländischen Kultur, das Handeln der Individuen genauso wie deren Arbeitsbedingungen oder die politischen Systeme, in denen sie sich organisiert haben, basieren auf Maßnahmen, begrenzte Ressourcen möglichst produktiv einzusetzen.[512] Besonders deutlich wird dies im wirtschaftlichen Bereich. Wenn die Nachfrage in einem Markt zurückgeht, neue Konkurrenten in diesen eindringen, wenn sich Kostenfaktoren verschlechtern, die Preisbereitschaft der Abnehmer sinkt oder aber bestimmte Unternehmen durch schnelle Ausnutzung einer technischen Neuerung einen Wettbewerbsvorsprung erlangen, unterliegen Leistungsanbieter einem Rationalisierungsdruck.[513]

Obwohl seit Ende der achtziger Jahre mehr Arbeitskräfte mit der Erstellung von Dienstleistungen als mit der Produktion von Realgütern befaßt sind[514], konzentrieren sich entsprechende Ansätze immer noch auf die Güterproduktion. Die Chance, dort weitere Verbesserungen zu erzielen, nimmt jedoch deutlich ab.[515]

In den vergangenen 120 Jahren stieg die Produktivität bei der Herstellung und Bewegung von Gütern in den Industrieländern jährlich im Durchschnitt um drei bis vier Prozent und sorgte damit für einen konstanten Wohlstandszuwachs. Dies läßt sich bei einem geringer werdenden Anteil von Personen, die im industriellen Bereich arbeiten,

[511] Vgl. Kuhlmann, Mercer Management Consulting, zit. nach: Bierach B. (1995), S. 118.
[512] Vgl. Weber, M. (1976), S. 13.
[513] Vgl. Hermann, U. (1984), S. 8 f.; Buchholz, G. (1983), S. 3.; vgl. auch Lührmann, H. (1983), S. 1.
[514] Es vollzieht sich ein Umbau von der Industrie- zur Dienstleistungswirtschaft. Allein 1994 wurden mehr als 60 Prozent des deutschen Bruttoinlandsproduktes im tertiären Sektor erwirtschaftet. In den USA liegt der Anteil bereits bei 76 Prozent (vgl. Specht, U. (1995), S. 10). Vgl. auch: o.V. (1995c), S. 25. Der Dienstleistungssektor ist der wachstumsintensivste Wirtschaftszweig der Welt (vgl. Benölken, H./Greipel, P. (1990), S. 9).
[515] Vgl. Simon, H. (1993).

nicht mehr aufrechterhalten. Drucker fordert daher, daß die Priorität der Industrieländer der Steigerung der Produktivität im Wissens- und Dienstleistungsbereich gelten müsse. So wie der Taylorismus im industriellen Bereich einen Produktivitätsschub auslöste, muß heute nach ähnlichem für den Dienstleistungssektor gestrebt werden.[516]

Unter dem Eindruck einer möglichen Übertragung industrieller Denkweise auf die Erbringung von Dienstleistungen wurde von Regan bereits 1963 eine „Dienstleistungsrevolution" prognostiziert.[517] Aber erst allmählich werden Versuche unternommen, Erkenntnisse und Prinzipien aus der industriellen Produktion auf den Dienstleistungssektor zu übertragen, um zu einem ähnlichen Maß an Kostensenkung wie im Realgüterbereich zu gelangen.

Produktivität stellt sich als das Verhältnis des Leistungsoutputs zu den eingesetzten Inputfaktoren dar. Für deren Verbesserung kommen somit zwei Ansatzpunkte in Betracht. Einerseits kann das Leistungsergebnis bei konstantem Faktorinput erhöht, andererseits der Einsatz von Inputfaktoren bei einem festgelegten Leistungsergebnis vermindert werden.[518]

Das Leistungsergebnis läßt sich aus sowohl der Perspektive des Nachfragers als auch der des Anbieters betrachten. Für ersteren bedeutet Qualität zugleich Sicherheit der Erreichung und, dem vorgelagert, Transparenz der Erstellung. Für den Anbieter hingegen steht die Erhöhung der Auslastung seiner Kapazität, also der Abbau von Leerkosten im Zentrum seiner Bemühungen. Eine zielgenaue Vermarktung von Leistungen führt dabei zugleich zu einer Erhöhung der Absatzchancen und damit zu einer Verbesserung des Gesamtergebnisses.

Es lassen sich folgende drei zentrale Ansatzpunkte für eine Steigerung der Produktivitärt von Dienstleistungen ermitteln. Diese werden in Kapitel 3.2 im spezifischen Feld der Unternehmensberatung verankert.

(1) Verbesserung der Faktornutzung

Aufgrund der am Beratungsmarkt herrschenden Verhältnisse geht es hier vorrangig um die Frage, wie sich die Inputseite einer Dienstleistung günstiger gestalten läßt. Als

[516] Vgl. Drucker, P. (1993), S. 53 f.
[517] Vgl. Regan, W. (1963).
[518] Vgl. z.B: Wöhe, G. (1996), S. 1; Heinen, E. (1991), S. 45 ff.; Ihde, G. (1970), S. 25 ff.

Kostentreiber wird man leicht die für die Bewältigung einer Aufgabe erforderliche Zeit, das Wissen und die Fähigkeiten des Dienstleisters sowie die materiellen Produktionsfaktoren identifizieren. Bei diesen hat man zwischen einem Mengen- und einem Wertgerüst zu unterscheiden.

Für bestimmte Dienstleistungen kommen der Einsatz vergleichsweise günstigerer Arbeitskräfte sowie die Übernahme von Funktionen durch Kunden oder auch maschinelle Anlagen in Frage.[519] Wenn beispielsweise die Leistung eines Zahnarztes in Teile mit hoher Wertschöpfung, etwa die eigentliche Behandlung, und solche mit einer geringen, z.B. die Aufnahme von Patientendaten, zerfällt, wirkt sich die Delegation entsprechender Hilfsarbeiten auf weniger qualifiziertes Personal (unter der Annahme der Auslastung des Zahnarztes) produktivitätssteigernd aus.

Ganz ähnlich kann in manchen Fällen auch einem Bedarfsträger ein Teil der Leistungserstellung übertragen werden (z.B. dem Gast in einem Restaurant die Zusammenstellung eines Salates am Buffet).[520] Die Möglichkeit dazu hängt stark von dessen Bereitschaft bzw. Fähigkeit zur Übernahme bestimmter Aufgaben ab. Deren Ausmaß korreliert positiv mit der Transparenz des Leistungserstellungsprozesses, der Freude an der Eigenleistung sowie dem von dem Betroffenen erzielbaren Preisvorteil.[521]

Schließlich kann sich ein Rationalisierungseffekt ergeben, wenn der Dienstleister durch ein Maschinensystem, „welches die Leistungsfähigkeit und Tätigkeiten der internen Kontaktsubjekte nachahmt und übernimmt", unterstützt bzw., im Grenzfall, ersetzt wird.[522] Dies steht in einem engen Zusammenhang mit der ständigen Weiterentwicklung der Computertechnologie, die zur Folge hat, daß alle wirtschaftlichen Tätigkeiten einem anhaltenden, tiefgreifenden Wandel unterworfen sind. Die Existenz von leistungsfähigen Personalcomputern sowie die Kombination von Informations- und Kommunikationstechnologie[523] machen die Unterstützung bzw. Automation ver schiedenster Aufgaben erst möglich.[524]

---

519 Vgl. Corsten, H. (1994b), S. 66 ff.; ders. (1985a), S. 63 ff.; zur Industrialisierung von Dienstleistungen vgl. auch Levitt, T. (1976), pp. 43 ff..
520 Vgl. ders. (1990), S. 93.
521 Vgl. ders. (1989), S. 31.; ders. (1995).
522 Meyer, A./Blümelhuber, C. (1994), S. 30.
523 Vgl. Bullinger, H.-J./Niemeier, J. (1990), S. 83.
524 Vgl. Bücker-Gärtner, H. (1983), S. 41.

> Erstaunlich ist nach Niedereichholz, daß die mit Maßnahmen zur Kostensenkung bestens vertrauten Berater dennoch meist konventionell arbeiten. „Abgesehen von einfachen EDV-Unterstützungen ... dominieren noch Bleistift und Papier bei Ist-Aufnahme und Erarbeitung von Sollkonzepten. Gleichzeitig wird das Erfahrungswissen eines Beraters lediglich durch Nutzung seines Gedächnisses und durch gelegentliches Heranziehen von Berichtsbänden früherer Projekte genutzt."[525] Die Autorin unterstellt bei solchem Verhalten System: Nur herkömmliche Methoden garantierten „lange Projektlaufzeiten, hohe Auslastungsquoten und damit satte Gewinne"[526].

Prozesse lassen sich dann automatisieren, wenn die ihnen zugrundeliegenden Faktoren identifiziert und Wirkungsbeziehungen im Hinblick auf das Ergebnis modelliert werden können. Voraussetzung dafür ist die Möglichkeit einer eindeutigen sprachlichen, symbolischen oder mathematischen Abbildung einer Verrichtung.[527] Dies ist bei sogenannten repetitiven Tätigkeiten der Fall. Man denke hier beispielsweise an einen Bankautomaten, an dem genau spezifizierte Transaktionen wie Abheben, Wechseln oder Überweisen von Geld ohne Beteiligung von Personal durchgeführt werden können. Automation empfiehlt sich besonders dort, wo die Anforderungen an die Prozeßflexibilität gering sind. Bei dispositiven Tätigkeiten fällt dies demgegenüber sehr schwer.[528] Wie aber an der Entwicklung von sogenannten Expertensystemen[529] deutlich wird, erscheint es auch hier nur noch eine Frage der Zeit, bis selbst komplexe Prozesse von Computern bewältigt werden können.

> Anläßlich eines Treffens der ACME wurde ein Szenario für das Jahr 2000 entworfen, das die mit einer (teil-)automatisierten Abwicklung von Beratung verbundenen Chancen und Gefahren kennzeichnet. Ein Teil der Consultants wird dort als Anbieter eines Bündels spezialisierter Beratungsprodukte gesehen, die sie auf globaler Basis vermarkten. Diese sind vergleichsweise wenig personengebunden und können auch von wenig erfahrenen Kräften rasch eingesetzt werden.

---

525 Kraus, M./Kraemer, W. (1993), S. 6.
526 Niedereichholz, Ch. (1993b), S. 28.
527 Vgl. Meister, D. (1990), S. 65.
528 Vgl. Neubert, J. (1989), S. 22 f.; vgl. Bücker-Gärtner, H. (1983), S. 45 ff.
529 Vgl. Niedereichholz, Ch. (1993b), S. 29. Solche Systeme sind in der Lage, an bestimmte Bedingungen geknüpfte Entscheidungen selbständig zu treffen.

Die partielle Ersetzung bzw. Unterstützung von Beratungsleistung durch automatisierte Systeme führt in dem Szenario zu einer beachtlichen Produktivitätsverbesserung. Diese Entwicklung fördere allerdings auch eine Anbieterkonzentration: 80 % des Marktes würden 20 bis 40 weltweit agierenden Beratungsunternehmen, der Rest konventionell arbeitenden Nischenspezialisten zufallen.[530]

Problematisch wird die Hilfe allerdings dort, wo der Computer so stark dominiert, daß Ergebnisse nicht mehr hinterfragt bzw. auf ihre Logik geprüft werden. Denn derartige Werkzeuge sollen den Berater zwar bei Routinetätigkeiten entlasten, „fehleranfällige Abstimmungsprozesse ... vermeiden und vorhandenes Wissen verfügbar machen", keinesfalls aber seine Kreativität behindern.

(2) Erzielung von Mengeneffekten

Die Nutzung von Erfahrungseffekten setzen sich Rationalisierungsansätze wie etwa der von Taylor[531] zum Ziel, bei denen zunächst genau geprüft wird, worin eine bestimmte Tätigkeit besteht, was mit ihr erreicht werden soll, warum sie überhaupt ausgeführt wird und wie sie einheitlich gestaltet werden könnte. Die Straffung eines Prozesses basiert auf einer detaillierten Analyse, in der Folge auf einer strukturierten Handlungsanweisung und damit auch einer standardisierten Vorgehensweise. Der Ermessensspielraum der daran beteiligten Personen kann so reduziert werden.

Wenn damit auch die Flexibilität der Leistungserstellung insgesamt sinkt, führt dies doch zu einem Erfahrungskurveneffekt[532] und höherer Planungseffizienz. Durch die zunehmende Vertrautheit der Betroffenen mit dem Arbeitsprozeß („Routinisierung") sinken die Fehlerquote, der Anteil von Trial-and-Error-Vorgängen und somit die Kosten. Die Transaktionskosten bei der Beschaffung und dem Einsatz von Inputfaktoren fallen, weil die Quelle, Verarbeitungsort und -zeitpunkt bekannt sind. Die Wirkung stellt sich dabei allgemein um so schneller ein, je höher der Standardisierungsgrad der fraglichen Leistung ist, da ständiges Umdenken entfällt. Lernen senkt sowohl die Herstellungszeit als auch die Kosten und verbessert die Qualität der Leistung.[533]

---

[530] Vgl. Directory of Management Consultants 1993, S. 52.

[531] Der mittlerweile stark negativ besetzte Begriff Taylorismus steht nur noch in einem lockeren Zusammenhang mit Taylors ursprünglicher Lehre.

[532] Vgl. Corsten, H. (1994b), S. 70. Zum Erfahrungskurveneffekt vgl. Kap. 3.2.2.2.

[533] Vgl. Wacker, P.-A. (1980), S. 4 ff.

Auch kann versucht werden, den Wert der eingesetzten materiellen Faktoren zu verändern. Beispielsweise ergeben sich durch bewußte Reduzierung der Variantenvielfalt einer Leistung und daraus folgende Ausweitung der Bestellmenge Vorteile beim Beschaffungspreis. Aufgrund der geringen Menge an solchen Inputfaktoren spielt dies allerdings bei der Erstellung von Beratungsleistungen eine vergleichsweise geringe Rolle.

(3) Schaffung von Transparenz

Mit der Überwindung einer stark an Teilprozessen orientierten Betrachtungsweise wird eine systemische Rationalisierung angestrebt. Hierbei wird das Unternehmen als komplexes soziotechnisches Gebilde betrachtet, „das angesichts seiner turbulenten Umwelt grundsätzlich unter strategischen Entscheidungsbedingungen funktionieren muß und zur Sicherung seines Überlebens nach kybernetischen Prinzipien zu strukturieren und zu steuern ist".[534] Dessen Leistungsfähigkeit hängt weniger von der restlosen Ausschöpfung des in den systeminternen Aktivitäten und Abläufen schlummernden Rationalisierungspotentials als vielmehr von der strategischen Qualität der übergeordneten Prozesse ab. Gerade im Beratungsbereich werden die Vorteile dieses erweiterten Rationalisierungsverständnisses noch deutlich werden: „Bei wissens-orientierter Arbeit sind Festlegen der Tätigkeit und Eliminieren unnötiger Verrichtungen noch notwendiger und führen obendrein zu noch größeren Verbesserungen."[535]

[534] Ulrich, P. (1990), S. 253.

[535] Vgl. Drucker, P. (1993), S. 57. Das amerikanische Versandhaus Sears Roebuck verzichtete beispielsweise schon 1908 darauf, das bei Bestellungen eingehende Münzgeld zu zählen, und wog dieses nur noch ab. Nur wenn Soll- und Ist-Gewicht voneinander abwichen, hat man sich damit nicht begnügt (vgl. ebda., S. 56.).

3. Die Standardisierung als strategische Option für Unternehmensberater

Im vorangegangenen Kapitel wurde deutlich, daß Rationalisierung im Dienstleistungsbereich in vielen Fällen auf Standardisierung fußt. So sind etwa die Straffung und Automation von (Beratungs-)Prozessen nur denkbar, wenn diese weitgehend gleichförmig wiederholt werden können. Um Gewinn aus der Übernahme von Leistungsbestandteilen durch Klienten zu ziehen, empfiehlt es sich, gut strukturierte Tätigkeiten mit klar definierter Zielsetzung an diese zu übertragen. Für die Vorbereitung und Erzielung von Synergieeffekten eignet sich schließlich die Standardisierung des Leistungsprogrammes in besonderem Maße. Deshalb wird im folgenden zu untersuchen sein, ob Standardisierung auch für Consultants geeignet erscheint, um sowohl dem Rationalisierungsdruck zu begegnen als auch der bereits zuvor ermittelten Notwendigkeit zur Profilierung nachzukommen.

3.1 Objekte der Normierung

3.1.1 Der Input

Grundsätzlich kommen im Beratungsbereich die im unteren Teil der Abbildung 20 dargestellten Dimensionen bzw. Leistungsbestandteile für eine Normierung in Frage: Der (Transformations-)Prozeß läßt sich phasenspezifisch festlegen, dazugehörende Teilprozesse können abhängig von zu bestimmenden Faktoren standardisiert sowie einzubeziehende Inputfaktoren einheitlich gestaltet werden. Soweit letztere zugleich Kundenkontaktpunkte (z.B. Gebäude) darstellen, wird damit auch die Standardisierung der Leistungswahrnehmung gefördert. Schließlich besteht die Möglichkeit, den Output bzw. das Ergebnis von Leistungsprozessen zu fixieren.[536]

Zwischen den drei Ansatzpunkten bzw. Standardisierungsobjekten besteht enge Interdependenz. Die Vereinheitlichung von Inputfaktoren vermag, wie sich später zeigen wird, das Standardisierungspotential zugehöriger Prozesse zu erhöhen. Die Normierung des Leistungsergebnisses wiederum bewirkt implizit eine Festlegung von bestimmten Inputfaktoren und Prozeßfolgen.[537] Als erster Baustein der Leistungserstellung werden deshalb zunächst die verschiedenen Inputfaktoren eines Beratungsprojektes vorgestellt und hinsichtlich ihrer Standardisierbarkeit geprüft.

---

[536] Vgl. Stauss, B. (1995), S. 6.

[537] Corsten, H. (1985a), S. 68.

Abb. 20: Produktionsmodell von Dienstleistungen

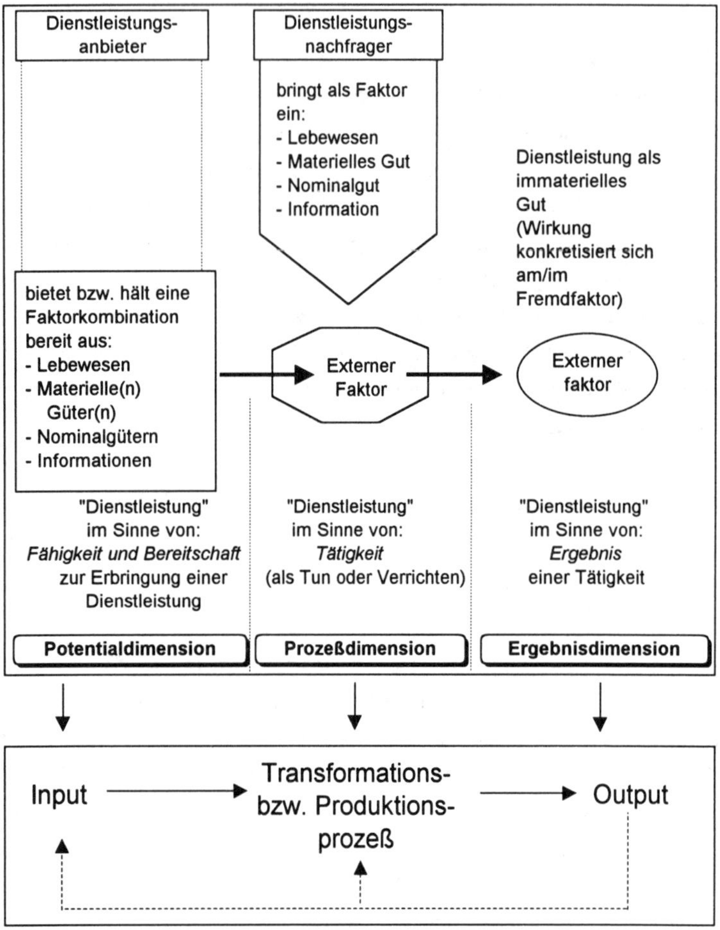

Quelle: in Anlehnung an Hilke (1989), S. 5 ff.

(1) Sachanlagen

Hierunter fallen Büroräume und deren Ausstattung, Arbeitsmaterialien, insbesondere Hard- und Software, Fahrzeuge der Berater sowie sonstige materielle Faktoren, die der Leistungsbereitschaft dienen. Sie alle lassen sich vergleichsweise einfach normieren. Außer Computersystemen, durch die zum Teil andere Inputfaktoren in effizienter Weise ersetzt werden können, spielen sie im wenig kapitalintensiven Beratungsbereich aber eine nur untergeordnete Rolle.

(2) Wissen

Aufgrund seiner für die Tätigkeit des Beraters überragenden Bedeutung muß Wissen als eigenständiger Inputfaktor aufgefaßt werden. Die personengebundenen Kenntnisse und Erfahrungen von einzelnen Akteuren reichen im allgemeinen nicht für die Bewältigung von komplexen Projekten aus. Es müssen vielmehr Vorkehrungen getroffen werden, daß jeder Consultant schnell und umfassend auf das in einer Organisation vorhandene Know-how zuzugreifen vermag. Dazu wird Know-how, das entweder im Rahmen von Projekten erarbeitet oder aber von außen, beispielsweise in Form von Studien, zugekauft wurde, in einer einheitlichen Art und Weise in sogenannten Wissensbasen gespeichert. Daneben bedarf auch die Art des Zugriffs darauf einer effizienten Regelung.

(3) Klienten

„Ist der externe Faktor ein Mensch, so ist dieser nicht in dem Sinne standardisierbar, daß seine jeweiligen Eigenschaften und individuellen Bedürfnisse in der konkreten Situation gänzlich zu vereinheitlichen sind.“[538] Denn Reaktionen und Empfindungen hängen in nicht eindeutig bestimmbarer Weise von situativen Faktoren und Zusammenhängen ab.[539] Die Lösung des Problems liegt darin, im Wege der Segmentierung homogene Gruppen von Nachfragern zu finden und diesen jeweils standardisierte Konzepte anzubieten. Durch entsprechende Anpassungs- und Zusatzleistungen werden letztere dann auf individuelle Nachfragerwünsche abgestimmt.[540]

> Von der DGM werden beispielsweise Beratungsleistungen für bestimmte Segmente - etwa den Mittelstand - zu vergleichsweise günstigen Preisen angeboten. Bei dieser Klientel sind häufig die finanziellen Mittel nicht vorhanden, als daß man sich eine personal- und kostenintensive Individualanalyse renommierter Berater leisten könnte. Die Kostengünstigkeit resultiert dabei aus dem Einsatz von Expertensystemen.[541]

---

[538] Gersch, M. (1995), S. 50.

[539] Vgl. Klaus, P. (1991), S. 255 f. Corsten hingegen ist der Auffassung, daß die Möglichkeit besteht, „Kundenverhalten zu standardisieren“ (vgl. Corsten, H. (1985a), S. 67).

[540] Vgl. Kaufmann, E. (1977), S. 154 f.

[541] Vgl. Unternehmensprofil der DGM; vgl. auch Meister, D. (1990), S. 5.

(4) Berater

In ähnlicher Weise können Beratungsunternehmen versuchen, Menschen mit vergleichbarer Persönlichkeit, Vorbildung und Qualifikation zu beschäftigen. Eine Art Standardisierung erfolgt durch deren Einstufung in bestimmte Leistungs- und Erfahrungskategorien (z.B. Assistent, Senior-Consultant, Projektleiter). Dies vereinfacht die Einsatzplanung der Berater, weil Erfahrungswerte über den Personalbedarf bei bestimmten Projekttypen vorliegen.

3.1.2 Der Prozeß

3.1.2.1 Der Beratungsprozeß

Beratungsaufgaben werden überwiegend in Projektform[542] bewältigt und weisen eine typische Struktur auf.[543] Man lehnt sich an die klassische Entscheidungstheorie[544] oder auch den Managementprozeß an, wo zunächst das Problem diagnostiziert, nach einer Lösung gesucht und diese dann umgesetzt wird (vgl. Abb. 21).[545] Jeder Abschnitt umfaßt seinerseits typische Teilaufgaben[546], die jeweils eine Beschaffung, Verarbeitung oder Weitergabe von Informationen erfordern. In der Teilhabe an Erfahrung mit dieser Art der Strukturierung von Problemen liegt oft der spezifische Nutzen der Hinzuziehung eines externen Beraters.

[542] „Ein Projekt ist ein größeres, einmaliges und komplexes Vorhaben, an dessen Planung und Steuerung sowie Durchführung im allgemeinen mehrere Bereiche eines Betriebes oder mehrere Unternehmen beteiligt sind. Anfang und Ende der Projektdurchführung sind definiert"(vgl. REFA Verband für Arbeitsstudien und Betriebsorganisation e.V. (1993), S. 149).

[543] Vgl. Vogelsang, G. (1992), S. 110.

[544] Vgl. Staehle, W. (1990), S. 486.

[545] Nur wenige Beratungsunternehmen können es sich leisten, auf die Implementation des von ihnen Vorgeschlagenen zu verzichten. Vgl. Eschbach, T. (1984), S. 120; Henzler, H. (1985). Nach Erfahrung von Berger entfällt dabei etwa ein Viertel der gesamten Beratungszeit auf Analysearbeiten, die Hälfte auf die Konzeptentwicklung und ein weiteres Viertel auf die Umsetzung (vgl. Fix, D./Schweer, D. (1991)).

[546] Vgl. Kap. 3.1.2.2.

Abb. 21: Managementprozeß

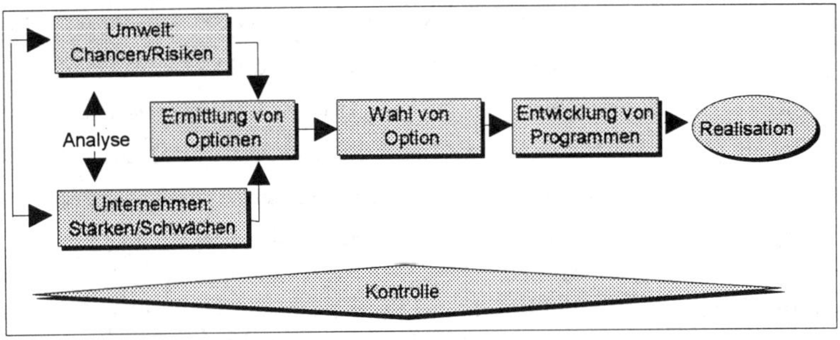

Quelle: in Anlehnung an Steinmann/Schreyögg (1990), S. 166.

In der Literatur nimmt die Einteilung von Beratungsprojekten in Abschnitte oder Phasen einen festen Platz ein.[547] Deren Struktur ergibt sich aus chronologischen gepaart mit sachlogischen Erfordernissen.[548] Abbildung 22 zeigt die typische Struktur eines Beratungsprozesses.[549]

Abb. 22: Phasen des Beratungsprozesses

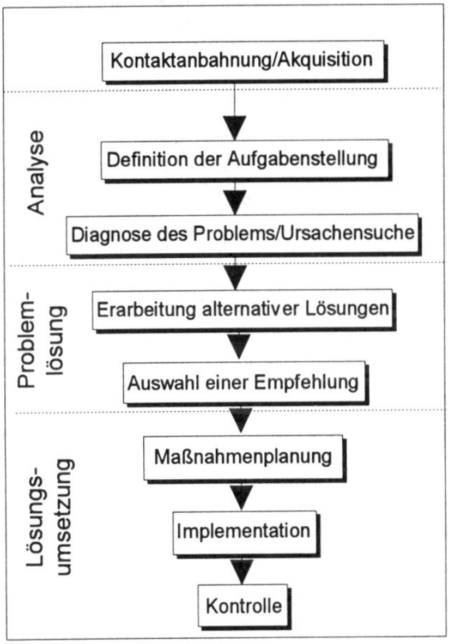

[547] Vgl. Meister, D. (1990), S. 51 ff.; Greiner, L./Metzger, R. (1983), pp. 249 ff.; Schröder, H. (1971), S. 963; Oefinger, Th. (1986), S. 95 ff.; Niedereichholz, Ch. (1994), S. 63 ff.; Risse, W. (1989), S. 81 f.

[548] Vgl. Strasser, H. (1993), S. 94.

[549] Vgl. Lippitt, G./Lippitt, R. (1978), S. 96; Hollai, S. (1961), S. 66. Ähnlich: Turner, A. (1982), p. 122.

Probleme, die den Einsatz eines Beraters rechtfertigen, können auf zwei Typen zurückgeführt werden.[550] Einmal stimmt ein Ist-Wert nicht mit einem Soll-Wert überein. Dies provoziert die Frage nach der Ursache der Diskrepanz und führt in der Folge oft zu Rationalisierung. Bei einem Ziellückenproblem hingegen läßt sich erkennen, daß ein für einen künftigen Zeitpunkt angestrebter Zustand mit den getroffenen Maßnahmen nicht erreicht werden kann. Dies impliziert, daß entweder die Strategie falsch oder das Ziel zu hoch angesetzt ist. Tabelle 16 vermittelt Beispiele der einen und der anderen Art.

Tab. 16: Beispiele für Rationalisierungs- und Neuorientierungsprojekte

Rationalisierung	Neuorientierung
• Entwicklung von Informationskonzepten und Informatiksystemen, Verbesserung von Berichterstattung und Dokumentationsdiensten • Umstellung von Budgetierungs- und Abrechnungssystemen • Steigerung der Prozeßeffizienz z.B. im Bereich der Produktion, der internen und externen Logistik sowie der internen Standort- und Layoutplanung • Regelung administrativer Abläufe, Durchlaufplanung für Entwicklungsprojekte • Abbau der Gemeinkosten	• Überprüfung und gegebenenfalls Neubestimmung von Strategien (z.B. Ausloten von Diversifikationsmöglichkeiten, Differenzierung der Geschäftsfelder nach Kundensegmenten zur besseren Erfüllung kaufentscheidender Anforderungen und Erwartungen) • Strategiekonforme Anpassung der Organisation durch Restrukturierung der Führungsstruktur, Umschichtung von Investitionen, Neubündelung von Aufgaben und Ressourcen sowie Weiterentwicklung des Führungssystems • Förderung der Bereitschaft und Fähigkeit von Kadern und Mitarbeitern zur Durchsetzung eines neuen Kurses

Quelle: Hill, W. (1990), S. 172 f. (mit Modifikationen)

Bei sogenannten Cost-Cutting-Projekten empfiehlt sich fast immer eine bestimmte (Standard-)Vorgehensweise. Alle einschlägigen Ansätze gehen auf die klassische Value Analysis von Miles[551] zurück. Hierbei wird jedes Element eines Ganzen systematisch auf seine Daseinsberechtigung bzw. die Zweckmäßigkeit seiner Gestaltung hin untersucht. Die dabei zu durchlaufenden Prüfschritte wurden sogar in einer DIN-Norm verankert (DIN 69910).[552]

550 Vgl. Hill, W. (1990), S. 172; o.V. (1984a), S. 82.

551 Zit. nach Huber, R. (1986), S. 21 ff.

552 Die Gemeinkosten-Wertanalyse von McKinsey, die Gemeinkosten-Aufwand-Nutzen-Analyse (GANA) von der Beratungsabteilung des Betriebswirtschaftlichen Instituts der ETH Zürich, die Gemeinkosten Systems Engineering (GSE) von der Kienbaum Unternehmensberatung, die Funktionswertanalyse (FWA), die Funktions-Kosten-Optimierung (FKO) von Knight Wendling, die Produktivitätsanalyse (PRA), das Zero-Base-Budgeting (ZBB), das besonders von A.T. Kearney propagiert wurde, u.a. fußen auf der klassischen Wertanalyse (vgl. Huber, R. (1986), S. 29 und S. 50 ff.).

Neben der „klassischen Form" der Beratung, die sich konkret bestimmten Fragestellungen widmet und Expertenempfehlungen abgibt, hat sich noch eine weitere Spielart des Consultings, die als Prozeßberatung bezeichnet wird, etabliert.[553] Dort übernimmt der Consultant die Aufgabe eines Moderators, der - bei weitgehender inhaltlicher Abstinenz - Klientenmitarbeiter motiviert, „management development" initiiert und andere strategische Prozesse begleitet. Wenn hier auch besonders hohe Flexibilität und situatives Einfühlungsvermögen vom Berater gefordert wird, lassen sich doch unter Zurhilfenahme von sozialwissenschaftlichen Techniken bestimmte typische Aufgabenstellungen und Prozesse, etwa die Schaffung von Problembewußtsein mit Hilfe von Metaplan, einheitlich gestalten.[554]

3.1.2.2 Teilaufgaben

(1) Prozeßtypen und ihre Eignung für Standardisierung

Bei Beratungsaufgaben kommt es zu sogenannten integrativen und autonomen Prozessen, wobei im einen Fall klientenspezifische Informationen oder der Auftraggeber selbst unmittelbar in das Geschehen eingebunden sind, im anderen nicht. Integrative Prozesse lassen sich um so schwerer steuern und damit auch standardisieren, je mehr der Berater auf das Wohlwollen und die Unterstützung seitens des Inputfaktors Mensch, der sich nicht in seinem Verfügungsbereich befindet, angewiesen ist. Dessen Informationsstand, analytische Begabung, Anspruchsniveau und Zeitvorstellungen werden häufig nicht dem entsprechen, was der Berater erwartet.[555]

Einen Weg aus dem Dilemma weist Klaus, der bei der Deutschen Bundesbahn und der amerikanischen Eisenbahngesellschaft AMTRAK sogenannte Hindernis- und echte Service-Interaktionen beobachtete.[556] Erstere stehen dem eigentlichen Nutzen einer Dienstleistung im Wege. Eine Fahrkarte z.B. muß vor der Reise erworben werden; der Vorgang ist eher unangenehm. Die geringen emotionalen Bedürfnisse des Nachfragers machen hier einen schnellen und standardisierten Ablauf sinnvoll. Dem stehen echte Service-Interaktionen gegenüber, die allein letztlich Nutzen stiften (z. B. eine Schiffsreise) und denen aus der Sicht des Nachfragers große Bedeutung zukommt. Eine Standardisierung würde hier eher als Qualitätsminderung empfunden.[557]

---

553 Vgl. Kirsch, W./Esser, W.-M./Müller, G. (1985), S. 90.
554 ebda.
555 Vgl. Meyer, A./Blümelhuber, C. (1994), S. 20.
556 Vgl. Klaus, P. (1984a), S. 473.
557 Vgl. ders. (1984b), S. 58 ff.

> Oft wird die Analysephase eines Beratungsprojekts als lästig angesehen. Mitarbeiter müssen produktive Arbeitszeit opfern, um den Beratern Frage und Antwort zu stehen sowie für sie scheinbar wertlose Informationen zusammenzutragen. Den beschlossenen Lösungsmaßnahmen hingegen widmen sie in der Regel große Aufmerksamkeit. Jeder ist an den Ergebnissen bzw. deren Konsequenzen für seine eigene Tätigkeit interessiert. Aus diesem Grund wird solchen Vorgängen besondere Beachtung geschenkt, die mit dem Wandel der Organisationsstruktur in Zusammenhang stehen.

Eine besondere Schwierigkeit resultiert daraus, daß je nach Wahrnehmung und Erwartung ein und dieselbe Interaktion sowohl positiv als auch negativ empfunden werden kann. „Der Eindruck des Nachfragers setzt sich somit aus einem komplexen Bündel von Erlebnissen, Erfahrungen, Eindrücken, Vermutungen und Vorurteilen zusammen."[558] Je neuartiger beispielsweise eine bestimmte Interaktion für den Betroffenen ist, desto höher sind sein Involvement („Ich-Beteiligung" bzw. Intensität, mit der er sich einem Sachverhalt zuwendet[559]) sowie seine kognitive Aktivität. Desto eher wird er auch sein Bedürfnis nach Individualität und Aufmerksamkeit im Rahmen der Interaktion befriedigen wollen. Je häufiger er dagegen eine bestimmte Interaktion vollzogen hat, desto mehr erwartet er eine zügige Abwicklung, die durchaus nach einem bestimmten Schema ablaufen darf.[560] „Bei geringem Involvement kann gerade die Herausstellung eines Standards zu einer positiven Kaufbeeinflussung werden."[561]

Unabhängig von dem Charakter einer Leistung wird das Qualitätsempfinden eines Nachfragers stets von dem Vergleich des Erlebten mit dem Erwarteten geprägt.[562] Kritisch können dabei Kontaktpunkte, in der Dienstleitungsliteratur als „service encounters"[563] bezeichnet, werden, bei denen die erlebte Standardisierung von Teilergebnissen oder Prozessen dem nicht Rechnung trägt. Denn sie prägen das Bild der Leistung in den Augen der Nachfrager, sie bilden die Grundlage für das, woran man sich errinnert, aber auch für den Vergleich mit anderen Anbietern.[564] Nicht zu unrecht wird deshalb in diesem Zusammenhang vor Pseudo-Interaktionen gewarnt. Hierbei handelt es sich um

558 Gersch, M. (1995), S. 79.
559 Vgl. Kroeber-Riel, W. (1992), S. 347.
560 Vgl. Gersch, M., (1995), S. 49.
561 Vgl. ebda., S. 76.
562 Vgl. Lovelock, C. (1993b), S. 70 ff.
563 Vgl. Heskett, J./W. Sasser/C. Hart (1990), p. 2.
564 Vgl. Gersch, M. (1995), S. 81.

Vorgänge, bei denen ein Klient das Gefühl erhalten soll, in besonderer Weise an der Erstellung einer Beratungsleistung teilzuhaben. Tatsächlich aber trägt er zu deren Fortgang überhaupt nichts bei.[565]

> Vor allem seminarähnliche Veranstaltungen oder Brainstorming-Sitzungen bieten Gelegenheit für solche Schein-Interaktion: „Aus Sicht der Consultants kommt es bei einem Workshop nicht darauf an, daß ein Projekt vorankommt. Wichtig ist, daß die Beteiligten das Gefühl haben, von ihrer Mithilfe habe das Projekt profitiert."[566] Dabei ist aber „der Meinungsaustausch in einem Workshop ... regelmäßig vollkommen belanglos für den Beratungsprozeß".[567]

Neben der Erreichung eines Sachzieles schreibt Klaus der Befriedigung psychischer und emotionaler Bedürfnisse der an einer Dienstleistung beteiligten Personen hohe Relevanz in bezug auf die Qualität des Leistungsergebnisses zu. Diese sei dann hoch, wenn ein subjektives Nutzen-Leistungsgleichgewicht entstanden ist, in dem die Beteiligten sowohl das Sachziel als auch vorhandene psychische und emotionale Bedürfnisse befriedigt sähen.[568] Während des Beratungsprozesses treten sehr unterschiedliche Bedürfnisse zutage. Je nach Kliententyp und Projektart variiert beispielsweise der Stellenwert von Interaktion und partnerschaftlicher Lösungsfindung: Einerseits wird eine direktive Beraterrolle gewünscht, die von der Erreichung eines Sachziels dominiert wird und bei der vergleichsweise leicht standardisiert werden kann, andererseits wird eine kooperative Problemlösung bestimmten Kliententypen besser entgegenkommen.[569]

Klaus verlangt daher eine Abkehr von der allein an quantitativen Größen orientierten Lenkung von Prozessen hin zu einem veränderten Wirtschaftlichkeitsverständnis von Interaktionsprozessen. Standardisierung soll Möglichkeiten offenlassen, neben dem Sachziel die angesprochenen sozialen und emotionalen Motive zu befriedigen. Insofern müssen sich Rationalisierungsansätze stärker auf die Schaffung von Rahmenbedingungen und Interaktionsmodellen beziehen als auf die ausschließlich „an Effizienzkriterien orientierte Prozeßoptimierung innerhalb oder zwischen notwendigen Teilprozessen"[570]. Dieser Gedanke spiegelt sich auch ganz allgemein in einer Abkehr von

[565] Vgl. Staute, J. (1996), S. 165.
[566] Staute, J. (1996), S. 164.
[567] Ebda., S. 166.
[568] Vgl. Klaus, P. (1991), S. 261.
[569] Vgl. Hoffmann, W. (1991), S. 101 ff., Vgl. auch Kap. 3.3.3.
[570] Vgl. Gersch; M. (1995), S. 48; ähnlich Klaus, P. (1991), S. 259 ff.

Rationalisierungsbestrebungen wider, deren Hauptansatzpunkt in der Substitution von menschlicher Arbeitsleistung durch maschinelle Aggregate, sogenannte „hard technologies", besteht.[571]

Abbildung 23 faßt die Überlegungen zusammen. Es sind, wie man erkennt, „insbesondere interaktive Prozesse, bei denen eine Standardisierung der Abläufe oder beispielsweise eine Entpersonifizierung der Leistungserstellung negative Effekte auf die Qualitätsbeurteilung durch den Nachfrager haben könnten, ... zu identifizieren und mit entsprechenden Freiräumen für die Aufgabenträger zu versehen".[572]

Abb. 23: Prozeßtypen und ihre Eignung für Standardisierung

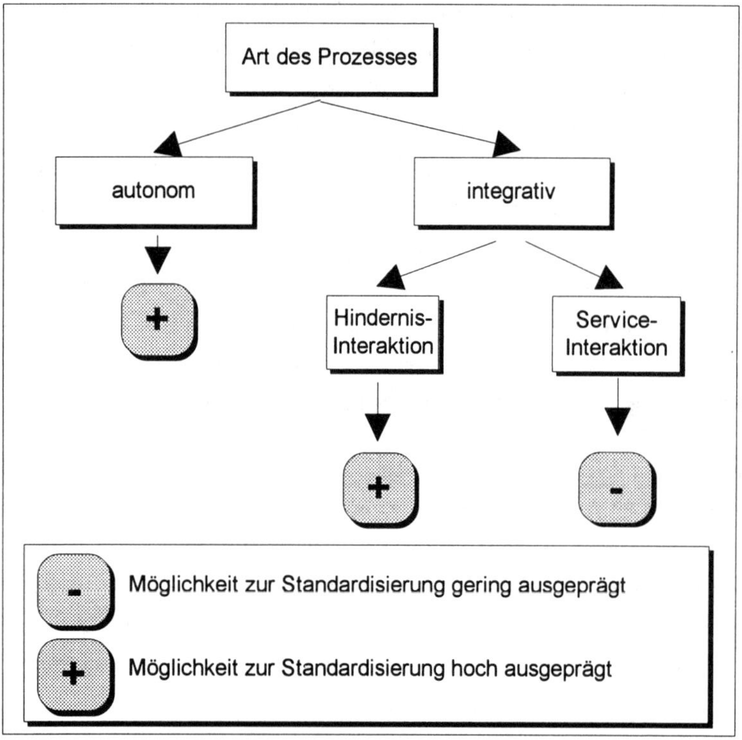

[571] Als Beispiele seien hier Geldausgabeautomaten im Kreditsektor oder Expertensysteme angeführt. Vgl. Levitt, T. (1972); ders. (1976), S.63 ff.
[572] Gersch, M. (1995), S. 109.

(2) Formen der Standardisierung von Teilprozessen

Von der Wahl der geeigneten Standardisierungsform hängt das Qualitätsempfinden ab. Das Ausmaß der benötigten Flexibilität bestimmt daher den Normierungsgrad einer Aufgabe. Je weniger sich der Berater an einem exakt vorgegebenen Programm orientieren kann, d.h. je flexibler er auf bestimmte, nicht vorhersehbare Ereignisse reagieren muß, desto eher sollte er Techniken und andere vergleichsweise gering standardisierte Beratungsformen einsetzen. Wenn seine Tätigkeit allerdings generellen Handlungsvorschriften unterliegt, kann er auf Methoden und andere erprobte Werkzeuge zurückgreifen.[573] Flexibilitätserfordernisse können ferner in dem Maße reduziert werden, in dem sich ein Unternehmen auf bestimmte Tätigkeiten bzw. Bereiche spezialisiert. Der Spielraum wird begrenzt, Teilprozesse wechseln nicht mehr so häufig, und es stellt sich Routine bei den verbleibenden Vorgängen ein.[574]

> Mit Hilfe des Blueprinting[575] wurde eine Möglichkeit geschaffen, komplexe Prozesse graphisch abzubilden und dadurch Bereiche, die die Flexibilität des Beraters und individuelles Vorgehen erfordern, zu identifizieren. Das Verfahren zeichnet sich durch eine Trennung von Teilprozessen aus, die - im sogenannten Back-Room - außerhalb der direkten Wahrnehmung und ohne Einbeziehung des Klienten ablaufen, gegenüber Leistungen, die vom Nachfrager unmittelbar wahrgenommen werden bzw. seine Beteiligung erfordern. Ferner kann die Wirkung von unterschiedlichen Standardisierungsmaßnahmen simuliert werden.[576]

(a) Methoden

Beim Einsatz einer Methode löst ein Berater ein präzise definiertes Problem aufgrund einer Vorschrift innerhalb eines größeren Zusammenhangs. Das Wort stammt aus dem Griechischen und bedeutet „der Weg der Untersuchung". Zumeist soll durch ihren Einsatz ein Leistungsteilergebnis bzw. ein bestimmter Soll-Zustand erreicht werden. Synonym zu Methode verwendet man im Beratungsbereich die Begriffe Instrument, Werkzeug oder „tool".[577]

---

[573] Vgl. Kieser, A./Kubicek, H. (1992), S.90 ff.; Hill, W./Fehlbaum, R./Ulrich, P. (1989), S. 269.
[574] Vgl. Schade, Ch. (1996), S. 233.
[575] Vgl. Shostack, L. (1982), pp. 56 ff. Die Wurzeln des Blue-Printing liegen in den Ansätzen der Zeit-, Bewegungs- und Methodenplanung. Auch Arbeitsablaufbeobachtung sowie Netzplantechniken sind in diesem Ansatz integriert.
[576] Vgl. ders., (1985), p. 248.
[577] Vgl. Schade, Ch. (1996), S. 244 ff.

Für die Auswahl einer Methode bedarf es eines Eignungsprofils. Die in dieses eingehenden Kriterien werden induktiv gewonnen.[578] Bei quantitativen Varianten müssen in der Regel genaue Vorschriften über Art und Umfang der benötigten Informationen und die mit ihnen durchzuführenden Verarbeitungsprozesse vorliegen. Als Beispiel hierfür diene die Break-Even-Analyse. Bei qualitativen Spielarten hängt der Grad der Standardisierbarkeit von der Vollständigkeit sowie eindeutigen Beschreibbarkeit der Einsatzbedingungen ab. Die Stärken-Schwächen-Analyse belegt dies.[579] Mehrheitlich entstammen Methoden dem wissenschaftlichen Bereich, bauen auf Modellen auf und weisen daher die geforderten formalen Kriterien auf. Sie werden entweder unverändert übernommen oder von Beratern mit ihrer individuellen Prägung versehen (z.B. BCG-Portfoliomatrix[580]).[581]

> „Die konsequente Umsetzung der nationalen und internationalen Erfahrungen aus vielen erfolgreichen Beratungsprojekten hat zur Entwicklung eigener Methoden und Vorgehensmodelle geführt. Der Einsatz dieser in der Praxis erprobten Methoden verstärkt die persönlichen Erfahrungen unserer Mitarbeiter und führt gezielter und schneller zu einer systematischen Erschließung von Produktivitätsreserven und Einsparungspotentialen."[582]

(b) Techniken

Techniken hingegen dienen der Verbesserung der Kommunikation sowie der Sozialisation im Rahmen eines Beratungsprojektes. Sie basieren auf verhaltenswissenschaftlichen Erkenntnissen. Als Beispiele kommen Gesprächs- und Interviewtechniken, gruppendynamische Trainingsformen und Konfliktlösemechanismen in Betracht. Sie werden einerseits zur Verbesserung der Interaktion zwischen Berater und Klient, andererseits zur Problembewältigung innerhalb dessen Organisation eingesetzt. Der Standardisierungsgrad von Techniken ist in der Regel gering, die Einsatzflexibilität aber vergleichsweise hoch.[583]

Aus der typischen Phasenstruktur des Beratungsprozesses sowie den daraus abgeleiteten Teilaufgaben ergeben sich die in Tabelle 17 exemplarisch dargestellten Möglichkeiten

[578] Vgl. Meister, D. (1990), S. 68 f.
[579] Vgl. ebda., S. 69 f.
[580] Vgl. Henderson, B. (1994).
[581] Vgl. Frank, U. (1988), S. 189 ff.; vgl. auch Meister, D. (1990), S. 70.
[582] Vgl. Coopers & Lybrand Unternehmensberatung (1993).
[583] Stutz, H.-R. (1988), S. 205.

der Standardisierung. Die unterstützenden Tätigkeiten sind allesamt autonom, die unmittelbar klientenbezogenen dagegen eher integrativer Natur. Vereinzelt existieren auch Teilaufgaben, beispielsweise die Konkurrenz- als Teil der Stärken-Schwächen-Analyse, die ohne Beteilung des Klienten ablaufen.

Tab. 17: Standardisierungspotential im Beratungsprozeß

	Phase	Teilaufgabe	Normierungsoption	
			Unmittelbar klientenbezogene Aufgaben	Unterstützende Tätigkeiten
1.	Akquisition	• Kontaktaufnahme mit dem Klienten • Erörterung der Problemstellung • Abgabe eines Angebots		• Strukturierung des Akquisitionsprozesses[584] • Dokumentation und Auswertung der Gespräche[585] • Erstellung eines Angebots[586]
2.	Festlegung der Aufgaben-stellung	• Herausarbeiten einer konkreten Problem-stellung • Vorbereiten der eigentlichen Beratung		• Schaffung einer Auftragsinfrastruktur[587] • Zusammenstellung eines Projektteams[588]
3.	Problem-diagnose	• Ermittlung der Problemursachen	Einsatz von Methoden wie: • Stärken-Schwächen-Analyse • Portfoliotechnik • Wertkette • Deduktiver Logikbaum • Fischgrätdiagramm	• Vergleich mit ge-speichertem Wissen • Dokumentation der Problemursachen in einer Wissensbasis
4.	Lösung	• Ermittlung unter-schiedlicher Lösungs-wege und Wahl der geeignetsten Variante	• Quantitative Analysen (z.B. Break-Even-Rechnung, Nutzwertanalyse) • Kreativitätstechniken	• Vergleich mit bereits gespeichertem Wissen • Dokumentation der Lösung in einer Wissensbasis
5.	Umsetzung	• Konzipierung eines Maßnahmenplans		
6.	Implementation und Kontrolle	• Unterstützung der Umsetzung • Kontrolle des Ergebnisses	• Einsatz von Techniken des geplanten Wandels • Kennzahlenvergleich	

584 Vgl. auch Tab. 20.

585 So gespeicherte Informationen können für den Fortgang des Projektes, aber auch für nachfolgende Beratungsengagements sowie als allgemeine Marktinformationen gewinnbringend verwendet werden.

586 Hierzu sind beispielsweise die Festlegung von Verantwortlichkeit, Rechenschaftspflichten, Präsentationszeitpunkt sowie Verrechnung der Nebenleistungen zu zählen.

587 Dies umfaßt etwa die Vergabe von Projektnummern, das Anlegen einer Dokumentation und die Festlegung des Modus der Leistungserfassung.

588 Ein Projektteam kann aufgrund der bereits dargestellten Beraterklassifikation (Senior-, Juniorberater, etc.) sowie eines Wissensportfolios, in dem Kenntnisse und Erfahrungen einzelner Berater vermerkt sind, vergleichsweise einfach gebildet werden.

3.1.3 Der Output

Als Output oder Ergebnis einer Dienstleistung gilt das, was dem Kunden übergeben wird und wofür dieser letztlich bezahlt. Der Übergang im Beratungsbereich vollzieht sich in der Regel nicht zu einem bestimmten Zeitpunkt, sondern nach und nach, jeweils mit dem Abschluß bestimmter Phasen. Eine Normierung des Outputs erscheint nur insoweit möglich, als sich Problemstellungen so stark ähneln, daß allgemeingültige Konzepte, die nur geringer Anpassung bedürfen, herangezogen werden können. Denn nur dann kann der Consultant Erfahrung hinsichtlich der benötigten Zeit, der erforderlichen Mittel, der Eignung einer Vorgehensweise, vor allem aber des Ergebnisses seines Engagements besitzen. Standardisierung erscheint deshalb eher bei Rationalisierungs- als bei Strategieprojekten möglich, denn bei letzteren überwiegen innovative Elemente.

Der Vorteil einer Antizipation des Leistungsergebnisses liegt darin begründet, daß Lösungswege im Sinne von systemischer Rationalisierung[589] entwickelt werden können. Abbildung 24 zeigt, welche Vorgehensweise z.B. Gemini für die Reorganisation von Unternehmen wählt. Diese vom einzelnen Auftrag losgelöste Vorgehensweise ermöglicht eine überlegte, nicht unter Zeitdruck und Klientenbeobachtung erzwungene Strukturierung einer Problemstellung oder deren Lösung. Ein Teil der Beratungsleistung wird zudem speicherbar, Schwankungen in der Personalauslastung können ausgeglichen werden.

Abb. 24: Business Transformation-Prozeß von Gemini

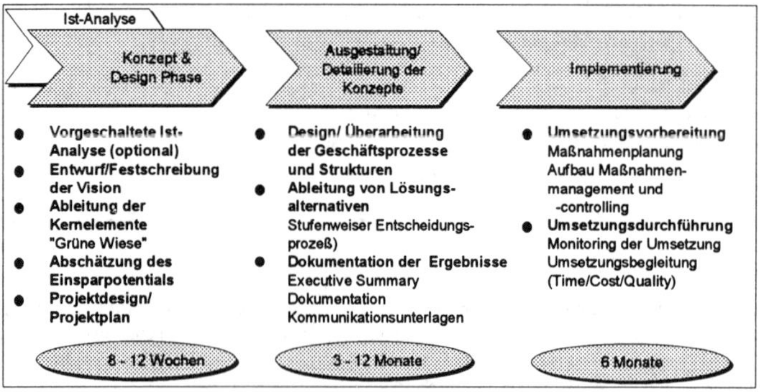

Quelle: Gemini Consulting: Bewerberbroschüre/1995, S. 20.

---

[589] Vgl. auch Kap. 3.2.1.1.

Wirtschaftlich betrachtet, empfiehlt sich die Verknüpfung zweier Vorgehensweisen: Für Probleme, wie sie für bestimmte Wirtschaftsbereiche - etwa den Mittelstand - symptomatisch sind (siehe Tabelle 18), lohnt es sich, normierte Lösungswege zu entwickeln, während man alle anderen individuell behandelt. Kein Beratungsunternehmen würde einen Auftrag ablehnen, nur weil dieser nicht in eine bestimmte Schublade paßt.[590]

Tab. 18: Typische Probleme mittelständischer Unternehmen

Sphäre	Bereich	Typische Probleme
externe	Staatliche Rahmen- bedingungen	Sozialabgaben und Steuern Tarifpolitik Wirtschaftsförderung
	Konjunkturentwicklung	Ausgleichspotential
	Kunden Lieferanten Konkurrenten Kreditinstitute	Markttransparenz Verhandlungsmacht Abhängigkeit von Marktpartnern Konkurrenzfähigkeit
interne	Institutionelle Unternehmensführung	Zentrale Stellung der Unternehmensleitung Keine Stabsstellen Überlastung der Unternehmensführung mit operativen Aufgaben
	Planung	Planungsvoraussetzungen
	Organisation	Unternehmensgrundsätze und -ziele Koordination von Einzelplänen
	Kontrolle	Kontrollaktivitäten und -instrumentarium
	Rechnungswesen und Informationssystem	Fixkostenanteil Kostenrechnung Zugang zu Informationsquellen Kommunikation im Unternehmen
	Finanzierung	Kapitalstruktur Beschaffung von Eigenkapital Liquiditäts- und Finanzplanung

Quelle: in Anlehnung an Rüschen, Th. (1990), S. 50.

Das im Medienzeitalter rasche Bekanntwerden von Unternehmenskrisen führt zu großer Transparenz und damit zu einer Erleichterung des Aufspürens von lukrativen Problemfeldern. Im besonderen wird die Publizität durch den Rechtfertigungsdruck des Führungspersonals von Aktiengesellschaften gegenüber den Anteilseignern im Kontext mit dem Shareholder Value gefördert.

590 „Mehr oder weniger identische oder ähnliche Problemsituationen verschiedener Klienten ermöglichen einen breiten Einsatz einer standardisierten Beratungsleistung und eines daraus entwickelten Beratungsproduktes" (Rüschen, Th. (1990), S. 48)

Daß auf nichts Vorhandenes zurückgegriffen werden kann, kommt immer seltener vor. Bei der Boston Consulting Group wird in einer internen Studie der Glauben „jeder Fall ist anders (Abläufe, Methodik, ...)“[591] als großes Hindernis für eine Verbesserung der Effizienz der Beratung angesehen. Jahrzehntelange Erfahrung mit unterschiedlichsten Problemstellungen ermöglicht es Beratern, Ähnlichkeiten auch in vordergründig verschiedenen Aufgabenstellungen zu erkennen.

> Oft profitiert man dabei von einem Brückenschlag zwischen privatwirtschaftlicher und öffentlicher Sphäre: „When the District Attorney's office in the Bronx, a county in New York City, asked McKinsey to help improve the quality of trial preparation and boost the morale of the Assistant District Attorneys, our team observed that cases typically moved through the courts like product orders in a poorly run factory. Using lessons learned from consulting on manufacturing and logistics problems, the team persuaded the DA to redesign the process so that lawyers were assigned to courts rather than to cases. The new process not only accelerated the disposition of cases, but allowed more time for lawyers of different tenures to work together and learn from another.“[592]
>
> Arthur D. Little kam in einem Projekt für die mexikanische Regierung zu derselben Überzeugung: „Although some managers doubted that change techniques used in the private sector would work in government, the change program is working very well.“[593] „ (...) public institutions are not so different from their counterparts in the private sector. Clearly, there is every reason for confidence that the government bureaucracy of today can become the learning organization of tomorrow.“[594]

Der Erfolg einer Normierung des Outputs konkretisiert sich in der Verbreitung sogenannter Beratungsprodukte. Diese „liefern gute Verkaufsargumente, können erhebliche Publicity erlangen und der Kunde weiß, welche Art von Leistungen er vom Berater erwarten kann"[595]. Als herausragender Vorteil ist „ihre Funktion als absatzfähiges Produkt zu nennen. So kann entsprechend aufgearbeitetes Know-how, eine Beratungsmethodik

591 Vgl. internes Dokument, welches dem Verfasser vorliegt.
592 Vgl. McKinsey & Company Internet-Homepage.
593 Villanueva, H./Martell, M./Valenzuela, H. (1996), p. 5.
594 Ebda., p. 13.
595 Hill, W. (1990).

(im Prinzip nichts anderes als ein spezielles Projektführungsinstrument), als Produkt an den Klienten abgesetzt werden"[596].

Oft wählen Klienten bestimmte Beratungsunternehmen aus, gerade weil diese für die Lösung eines speziellen Problems bekannt sind. Mitunter werden sie sich dadurch dessen Existenz erst bewußt.[597] Niedereichholz identifiziert „standardisierte Beratungsprodukte" vor allem in den in Tabelle 19 aufgeführten Bereichen.

Tab. 19: Themenbereiche für Beratungsprodukte

Gemeinkostenwertanalyse	Innovationsmanagement	Umweltberatung
Zero-Base-Budgeting	Strategische Planung	Merger & Acquisition
Erlössteigerung	Informationsmanagement	Personalflexibilisierung
Vertriebsförderung	Existenzgründung, Unternehmensaufbau	Marketing
Diversifikation	Organisations-optimierung	Technologie

Quelle: Niedereichholz, C. (1993a), S. 112.

> Etliche Elemente finden sich in einer Einschätzung von Berger wieder: „Da gibt es einige Schlüsselthemen: Innovative motivierende Organisationskonzepte, Ökologiemanagement, Technologiewettbewerb, Informatik als strategische Waffe und natürlich strategisches Kostenmanagement. Für diese Themen haben wir Beratungsprodukte und -konzepte entwickelt. Ein Beispiel: Wenn eine Rezession kommt, dann werden wir uns wieder mehr mit Kosten auseinandersetzen müssen - allerdings ohne die strategischen Fragestellungen zu vernachlässigen. Wir haben dazu bereits ein Konzept erfolgreich erprobt, das Strategie, Organisation und die Kostenfrage miteinander verbindet: Durch 'Strategy-based-organizing (SBO)' werden strategisch relevante Funktionen in einem Unternehmen gestärkt, aber alle nur systemerhaltenden Funktionen minimiert."[598]

Der Verkauf von Produkten ist etwa Mitte der achtziger Jahre zum wichtigsten Wachstumsfaktor im Beratungsmarkt geworden.[599] Man geht bereits von dessen Zweiteilung

[596] Stutz, H.-R. (1988), S. 193.
[597] Vgl. Friedrichs, J. (1980), S. 163. Vgl. Strasser, H. (1993), S. 46 f.
[598] R. Berger, zit. nach: Fix, D./Schweer, D. (1991).
[599] Vgl. Grün, O. (1984), S. 16.

aus. Das eine Segment versteht sich als eine Art Industrie, die innovative Ideen und Vorgehensweisen in Produktform veräußert. Das andere behandelt Beratungsprojekte situativ. Die dort etablierten Anbieter profilieren sich über eine individuelle Vorgehensweise und eine vergleichsweise hohe Kundennähe.[600]

Gerybadze mißt Investitionen in die Erstellung und Vermarktung von Produkten zentrale Bedeutung für die Erklärung von Wettbewerbsvorteilen und somit des anhaltenden Erfolges bestimmter Consultingunternehmen bei. Spezifisches Wissen werde oft über Jahrzehnte hinweg akkumuliert, bevor ein Unternehmen ein hohes Qualitäts- und Differenzierungsniveau erreichen kann. Einmal erlangte Know-how-Vorteile seien für andere Unternehmen nur schwer erreichbar.[601]

> Einige renommierte Beratungskonzerne haben die Bedeutung von Produkten in ihrem Feld falsch eingeschätzt „The men from McKinsey may be arrogant, but they´ve been badly whipped once before - in the early Seventies - and the senior directors haven´t forgotten the experience. In those days the upstart Boston Consulting Group began boldly marketing corporate strategy ´products´ with scintillating names such as the growth-share matrix and the experience curve.
>
> McKinsey, which philosophically eschews ´flavor-of-the-month´ consulting ideas, stuck to its position of merely marketing its allegedly superior intelligence. The Firm wound up watching BCG eat not only its lunch but its breakfast and dinner as well."[602] Lange Zeit verteidigte man sich bei McKinsey mit dem Vergleich, daß, wenn das einzige Werkzeug, das man besitze, ein Hammer sei, alles wie ein Nagel aussehe. „We are committed to knowledge building, but we reject the standard idea."[603] Heute entwickelt man in einem Forschungsinstitut in Washington ebenfalls Beratungsprodukte für den globalen Einsatz.[604]

Die Standardisierung des Outputs ist untrennbar mit einer Strukturierung des Lösungsweges, aufbauend auf der typischen Phasenstruktur, sowie der Festlegung einzelner Schritte verbunden. Nur dann kann ein dem Klienten zugesagtes Ergebnis auch mit hoher Wahrscheinlichkeit erreicht werden.

600 Vgl. o.V. (1993d), S. 30.
601 Vgl. Gerybadze, A. (1991), S. 25
602 Huey, J. (1993), p. 51.
603 Huey, J. (1993), p. 51.
604 Vgl. Kowalewsky, R. (1994).

An dem Beispiel der Gemeinkostenwertanalyse wird deutlich, wie eng die Normierung des Resultats mit der Vereinheitlichung des Weges dorthin zusammenhängt. Um dem Klienten eine Einsparung von bis zu einem Viertel der Gemeinkosten in Aussicht stellen zu können, sind bei McKinsey folgende Schritte vorgesehen:[605]

(1) Strukturierung der Leistung

Die von einer Untersuchungseinheit erbrachte Leistung und die von dieser verursachten Kosten werden ablauf-, nicht stellen- oder personenorientiert erfaßt und strukturiert. Denn Arbeitsergebnisse lassen sich in einer Stellenbeschreibung nur schlecht verankern. Auf die Grobgliederung relevanter Prozesse folgt eine detaillierte Analyse; der Personalaufwand je Arbeitsschritt wird in Mannjahren erfaßt. Die Aktivitäten werden dabei so abgegrenzt, daß der Zeitbedarf 0,1 Mannjahre nicht unterschreitet. Diese Grenze hat sich als zweckmäßig erwiesen, weil sich auf diese Weise jede Untersuchungseinheit mit ca. 30 bis 40 Aktivitäten hinreichend genau beschreiben läßt.[606] Die Strukturierung der Leistung kann durch Tätigkeitsanalysen bzw. sogenannte Selbstaufschreibung, Zeitstudien sowie Multimoment-Aufnahmen unterstützt werden.[607]

(2) Entwicklung von Einsparungs- oder Rationalisierungsideen

Der Leiter einer untersuchten Einheit muß im Laufe einer Woche Ideen entwickeln, an welchen Stellen Einsparungen erzielt werden können. Von Forschung und Entwicklung über Vertrieb und Marketing bis zu produktnahen Organisationsteilen wie Fertigungssteuerung oder Qualitätssicherung stellt sich die wertanalytische Grundfrage: Lassen sich Leistungen in diesen Bereichen kostengünstiger gestalten, ohne die Qualität zu beeinträchtigen. Die kaum zu überschauende Menge von Arbeitsvorgängen kann nur mit Hilfe von ausgefeilten Techniken systematisch nach Einsparungsmöglichkeiten abgesucht werden. Mit diesem Vorgehen will man jede Untersuchungseinheit mehr oder weniger nachdrücklich dazu motivieren, weitreichendes Rationalisierungspotential zu identifizieren.[608]

---

[605] Vgl. Gutzler, E. (1992), S. 121 ff.
[606] Vgl. ebda., S. 120.
[607] Vgl. Huber, R. (1986), S. 205.
[608] Vgl. Gutzler, E. (1992), S. 121.

(3) Bewertung der Ideen im Hinblick auf Realisierbarkeit

Vom Projektteam werden die Vorschläge auf ihre Realisierbarkeit hin beurteilt und bewertet. Als Kriterien dienen dabei die Wirtschaftlichkeit, das einzugehende Risiko, die Zustimmung der unmittelbar betroffenen Leistungsempfänger und die benötigte Realisierungsfrist. Dafür bietet sich eine ABC-Analyse oder ein Portfolio (mit den Dimensionen Realisationsrisiko und -dauer) an, die die Ideen in verschiedene Stufen der Realisierbarkeit aufzuteilen vermögen.

(4) Einleitung der für die Leistungsverbesserung erforderlichen Maßnahmen

Aus A-Ideen entwickelt man konkrete Realisierungsmaßnahmen. Bestimmt werden dabei u.a. die erwartete Reduktion in Mannjahren, die Höhe des Aufwandes, die Voraussetzungen und die Dauer der Umsetzung. Das Verfahren ist geeignet, innerhalb von vier bis fünf Wochen Einsparungsvorschläge zu generieren, „die im Durchschnitt etwa 12 bis 17 Prozent der untersuchten Mannjahrkapazität erreichen“[609]. Innerhalb von vier Wochen können so bis zu 150 Abteilungen oder 3.000 Stellen untersucht und die Ergebnisse einführungsreif aufbereitet werden.[610]

3.2 Quellen der Effizienzsteigerung

3.2.1 Die Faktornutzung

3.2.1.1 Die Erhöhung der Auslastung

Beratungsaufträge fallen unregelmäßig an und schaffen daher für die betroffenen Unternehmen Probleme bei der Planung und Nutzung ihrer Kapazität. Mit Hilfe von Standardisierung lassen sich indessen bestimmte Typen von Prozessen von der eigentlichen Projektarbeit abkoppeln und dann von dieser losgelöst erstellen. Mit der darin liegenden Überwindung des Uno-Actu-Prinzips, also des für den Dienstleistungsbereich typischen Zusammenfallens von Produktion, Absatz und Verbrauch[611], ist eine Möglichkeit gegeben, Schwankungen der Auslastung abzumildern und so das vorhandene Personal kontinuierlich einzusetzen.[612]

[609] Vgl. ebda., S. 122.
[610] Vgl. Roever, M. (1981).
[611] Vgl. Meyer, A./Blümelhuber, C. (1994), S. 6.
[612] Vgl. Meister, D. (1990), S. 4.

Die Festlegung des Prozeßablaufs begünstigt ferner das Hin- und Herwechseln von Consultants zwischen verschiedenen Projekten. Dies fördert die Flexibilität bei der Leistungserstellung. Neben einer Verbesserung der Auslastung von Beratern ist auch eine intensivere Nutzung des vorhandenen Wissens und der Sachanlagen möglich.[613] Dazu ein Beispiel:

> Die Tätigkeit eines Beraters bringt es mit sich, daß dieser den überwiegenden Teil seiner Arbeitszeit bei Klienten verbringt. Sein Büro würde der Consultant daher in der Regel höchstens einen Tag pro Woche nutzen. Um hier nicht unnötig Kapazität vorzuhalten, wird in vielen Unternehmen auf eine persönliche Zuordnung von Räumen verzichtet. Consultants besitzen in diesem Fall Rollcontainer, in denen ihr persönliches Hab und Gut nebst Akten und Disketten untergebracht sind, die in einem Lagerraum aufbewahrt und je nach Bedarf in eines der einheitlich ausgestatteten Büros gebracht werden.

Durch die Konzentration der Berater auf wichtige Vorgänge, die Unterstützung durch Instrumente sowie die Beseitigung von unnötigen Verrichtungen werden Produktionsfaktoren intensiver ausgelastet. Im Hinblick auf eine umfassende Erschließung vorhandenen Potentials empfiehlt es sich, von einer gesamtheitlichen Betrachtung auszugehen und erst dann einzelne Prozesse ins Visier zu nehmen.

(1) Die systemische Rationalisierung

Ein Unternehmen wird als komplexes soziotechnisches System verstanden, „das angesichts seiner turbulenten Umwelt grundsätzlich unter strategischen Entscheidungsbedingungen 'funktionieren' muß und zur Sicherung seines 'Überlebens' nach kybernetischen Prinzipien zu strukturieren und zu steuern ist“[614]. Die Leistungsfähigkeit des Ganzen hängt deshalb weniger von der Ausschöpfung des Rationalisierungspotentials, das in den systemendogenen Aktivitäten und Abläufen steckt (ähnlich dem Taylorismus), als von der Planung des Schlüsselprozesses ab. „Konstitutiv für den systemischen Rationalisierungstyp ist somit, daß er konsequent auf die vorrangige strategische Effektivität unternehmungsinterner und -externer Kommunikations- und Leistungsaustauschprozesse zwischen institutionell relativ autonomen Subsystemen zielt.“[615]

---

[613] Die intensive Nutzung von Beraterwissen kommt im Rahmen der Behandlung von Synergieeffekten (vgl. Kap. 3.2.2.3) zur Sprache.

[614] Ulrich, P. (1990), S. 253.

[615] Ebda., S. 254.

Baethge/Overbeck fordern daher, daß sich Normierung von der Einzelfunktion bzw. dem Arbeitsmittel löst und das gesamte Unternehmen umfaßt. Weitreichende Wettbewerbsvorteile werden nicht durch isolierte Betrachtung einer Tätigkeit, sondern vor allem durch die Optimierung übergreifender Prozesse, durch die Transparenz von Abläufen, die Komplexitätsreduzierung und die Bereitstellung von Informationen erreicht.[616] Mit einer Normierung des Outputs bzw. der Bildung von Beratungspro dukten wird dieser Erkenntnis, wie bereits berichtet, Rechnung getragen.

(2) Die Abstimmung von Leistungen auf Klientenerwartungen

Die Effizienz bei der Durchführung eines Projektes steigt mit der Möglichkeit, auf normierte Leistungsbestandteile zurückzugreifen. Die Existenz von Standardisierungspotential hängt vor allem von den Erwartungen der Nachfrager ab.[617] Benölken/Greipl identifizieren drei Kliententypen, die sich hinsichtlich ihrer Erwartungen an Kosten, Leistung und Individualität der Beratungsleistung unterscheiden (vgl. Abb. 25). Eine darauf abgestimmte Beratungsstrategie vermeidet überflüssige Individualisierung.[618]

Abb. 25: Typen von Beratungsleistungen

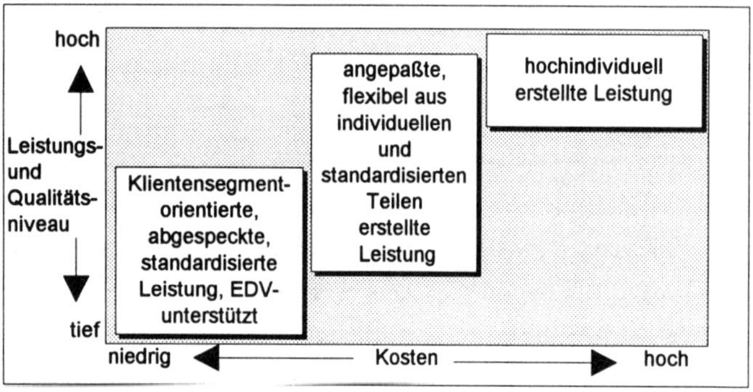

Quelle: Benölken, H./Greipl, P. (1990), S. 106.

a) Ein hohes gefordertes Leistungsniveau bei gleichzeitig großer Preisbereitschaft sollte ein individuelles Vorgehen nach sich ziehen. Differenzierung gegenüber der Kon-

[616] Vgl. Baethge, M./Overbeck, H. (1986), S.61 ff., dies. (1990).

[617] Vgl. Corsten, H. (1995), S. 198. Ein Dienstleister versucht mitunter auch, auf die Erwartungen von Klienten Einfluß zu nehmen. Durch die Präsentation einer typischen Leistungssituation im Rahmen von kommunikationspolitischen Maßnahmen und durch die Darstellung des dort üblichen Verhaltens kann Kundenerwartungen zu standardisieren versuchen (vgl. Stauss, B. (1995), S. 6).

[618] Vgl. Benölken, H./Greipel, P. (1990), S. 105 f. Im industriellen Bereich wird dafür der Begriff Overengineering gebraucht.

kurrenz spielt für den Klienten eine große Rolle. Daraus folgen beachtliche Anforderungen an die Qualität der Leistung sowie des Personals. Standardisierung kommt nur in Randbereichen infrage.

b) An den durchschnittlichen Wünschen der Klienten orientieren sollte sich die Beratung für das linke Segment in der Abbildung. Klienten müssen mit einem „abgespeckten" Angebot zufrieden sein und sich mit relativ geringem individuellem Aufwand bearbeiten lassen. Dies erfordert Bereitschaft zur Normierung sowie den Einsatz von EDV.

c) Ein hohes Leistungsniveau unter vergleichsweise niedrigem Kostenaufwand läßt sich ausschließlich über ein erhebliches Maß an Standardisierung erreichen.

(3) Der Einsatz von Werkzeugen

Durch den Einsatz von Tools, Methoden und Techniken werden Vorgänge beschleunigt, Trial- and Error-Prozesse vermieden und Probleme vergleichsweise sicher gelöst. Berater können mit Hilfe von Standardisierung von repetitiven Tätigkeiten entlastet werden, was die Produktivität steigert. Bezeichnenderweise heißt es im Unternehmensprofil von Arthur D. Little: „Part of our job is continuously to review, absorb, and fine-tune the latest and best methodologies. Our approach is eclectic and our criterion simple: we use what works. Often the techniques we employ are the ones that we ourselves have developed over the years in the course of doing business with our clients."[619]

Eine wichtige Funktion erfüllen dabei Kennzahlen. Sie informieren prägnant über quantifizierbare Sachverhalte und erleichtern Vergleiche zwischen verschiedenen Unternehmen.[620] In der Regel sind die Daten, aus denen Referenzgrößen gebildet werden, bereits im Unternehmen vorhanden. Diesen Umstand können sich Berater zunutze machen, wenn es darum geht, schnell und kostengünstig einen Problembereich zu identifizieren. Als Instrumente zur Verdichtung der komplexen Unternehmensrealität tragen sie der begrenzten Informationsverarbeitungskapazität von Entscheidungsträgern Rechnung.[621]

---

619 Vgl. Arthur D. Little, Unternehmensprofil.

620 Vgl. besonders Vogelsang, G. (1992), S. 165 ff.; vgl. Staehle, W.(1969), S. 50. Seine Grenzen findet der Kennzahlenvergleich bei Sachverhalten, die eine Interdependenz von quantitativen und qualitativen Größen aufweisen.

621 Vgl. Meister, D. (1990), S. 55; Kubr, M. (1986), pp. 83 ff.

> „Aus Sicht des Beratungssystems ist die Kennzahlenanalyse zumindest in der Phase der Datenerhebung ein verhältnismäßig einfach zu handhabendes Instrument, das weitgehend unabhängig von der Beraterqualifikation eingesetzt werden kann. Durch systematische Sammlung und Speicherung von Kennzahlen verschiedener Beratungsfälle kann langfristig eine Datenbasis aufgebaut werden, die nicht nur extern verfügbare Informationen - wie z.B. Bilanzkennzahlen - umfaßt, sondern auch intern erhobene Kennzahlen berücksichtigt und die vom Beratungsunternehmen zu Vergleichszwecken bei weiteren Beratungsaufträgen herangezogen werden kann.“[622]

3.2.1.2 Die Substitution durch günstigere Faktoren

(1) Die Substitution von Beratern durch Hilfskräfte

Das Beratungsgeschäft zeichnet sich durch hohe Personalintensität aus.[623] Die Kosten von Leistungen hängen deshalb stark von der Höhe für Consultants geforderten Honorare ab. Wenn teure Kräfte durch billigere ersetzt werden, führt dies bei gleicher Leistung zu einer Steigerung der Beratungseffizienz. Ein Austausch ist insofern an Bedingungen geknüpft, als besondere Anforderungen an Wissen, Erfahrung und Sozialkompetenz des Beteiligten gerichtet werden. Preisgünstiges Personal läßt sich einsetzen, wenn Wissen und Beratungs-Know-how interpersonell transferiert oder aber Aufgaben in Teile mit unterschiedlichem Anspruchsniveau aufgegliedert werden können.

> „Beratungsunternehmen haben auf Basis ihrer umfassenden Erfahrungen bei der Lösung ähnlicher Probleme in der Regel ein vereinheitlichtes Vorgehen entwickelt. Solche Problemlösungsprogramme werden in Form von Checklisten erarbeitet und dienen der Programmierung sowohl der zeitlichen als auch der sachlichen Aufeinanderfolge der Beratungsaktivitäten. Diese strikten Regelungen ermöglichen dem Projektleiter eine weitgehende Delegation der genannten Aktivitäten und stellen zugleich sicher, daß die Vorgehensweise bei der Problemlösung der Philosophie der jeweiligen Beratungsunternehmen folgt.“[624]

---

[622] Vogelsang, G. (1992), S. 175.
[623] Vgl. Tabelle 15.
[624] Elfgen, R./Klaile, B. (1987), S. 129.

Für die erwähnte Weitergabe eignen sich Beratungswerkzeuge und -produkte, vor allem aber die Erstellung einer zentralen Wissensbasis[625], weil dort Know-how systematisch eingebracht und von jedem bei Bedarf abgerufen werden kann.[626] Damit läßt sich gewährleisten, daß nicht nur das Wissen der in ein konkretes Projekt involvierten Berater, sondern auch das der übrigen Mannschaft zum Einsatz gelangen.[627] Gleichzeitig können Berater international leichter transferiert werden, weil sie mit dem Arbeitswerkzeug bereits vertraut sind. Nicht von ungefähr bezeichnen Booz Allen & Hamilton ihr Dokumentations- und Informationssystem mit Knowledge Program:[628]

> „Once it is operational, the Knowledge Program is going to make your work easier, more efficient, and more effective. First, it gives you access to the firm´s best thinking on major issues, providing relevant work you can use with clients. What´s more, the access is easy and immediate. Since the information provided will contain complete documentation on leading work, including case examples, synthesized insights and methodologies, you won´t have to recreate rudimentary work that has already been done each time you start on a new engagement. ... As you develop noteworthy ideas, you´ll now have a forum to pursue those with other experts around the firm, to develop, shape and advance the thinking, rather than watching other firms move a similar idea forward because they already have the infrastructure needed to build intellectual products."[629]

Bei Andersen Consulting findet sich für jedes Tool folgende Spezifikation: Einsatzbedingungen, Vorgehensweise, Verknüpfung mit anderen Instrumenten, Vor- und Nachteile sowie Quellen für weitere Information. An einer bestimmten Stelle können individuelle Erfahrungen eingebracht werden. Für Beratungsprodukte wie das „Value Driven Re/Engineering" ist neben dessen Ablauf genau angegeben, in welcher Phase und zu welchem Zweck bestimmte Werkzeuge genutzt werden können. Damit sieht sich jeder Berater in die Lage versetzt, Lösungskonzepte zu entwickeln. Deren Erstellungsaufwand reduziert sich dabei auf ein Minimum.[630]

---

[625] Vgl. Gerybadze, A. (1991), S. 34.
[626] Vgl. Stutz, H.-R. (1988), S. 196.
[627] Vgl. Rüschen, Th. (1990), S. 53.
[628] Vgl. Booz Allen & Hamilton, Knowledge Works - Discover It!, p. 9.
[629] Vgl. ebda.
[630] Vgl. internes Dokument, das dem Verfasser vorliegt.

Der Austausch von Kräften vollzieht sich in der Regel kaskadenförmig. Senior- werden durch Junior-Berater und diese wiederum durch Research-Assistants ersetzt. Weil die Honorarunterschiede oft beträchtlich sind, wirkt sich, wo immer dies ohne Beeinträchtigung der Leistung möglich ist, die Heranziehung von weniger qualifizierten Kräften positiv auf Preis und Rendite aus.[631]

Durch die Weitergabe von Wissen können Beratungsunternehmen auch leichter und schneller wachsen.[632] Viele halten dies für ein sehr wichtiges Standardisierungsmotiv. Bei Gruber, Tietze und Partner seien hohe Wachstumsraten nur dank des „massiven Einsatz(es) von standardisierten und computergestützten Werkzeugen"[633] zu erzielen gewesen. Allerdings warnen Beobachter des Geschehens, den Bogen dabei zu überspannen, weil Unternehmensberatung sonst zum sogenannten Checklist-Consulting[634] verkomme.

Aus Gründen einer dezentralen Leistungserstellung, bei der Consultants mit divergierendem Know-how an verschiedenen Orten und zu unterschiedlichen Zeiten gemeinsam mit Klienten Beratungsleistungen erstellen, besteht die Gefahr, daß Wissen nicht zusammengeführt wird bzw. nicht ersichtlich ist, welche Kenntnisse wo im Unternehmen vorhanden sind. Jeder einzelne trägt einen Bestandteil zum Know-how des Unternehmens bei und oft kann erst durch die Kombination von jenem eine qualitativ hochwertige Leistung erbracht werden. Besonders im Hinblick auf den denkbaren Verlust eines Know-how-Trägers wäre dies riskant. „Wenn Berger heute gegen einen Baum fährt, können sie 50% des Unternehmens gleich abschreiben"[635] macht ein Berater die Gefahr deutlich. Dem läßt sich begegnen, indem möglichst viel Wissen in der dargestellten Weise interpersonell übertragbar gemacht und auch tatsächlich übertragen wird.

> Die Existenz von Möglichkeiten, wie Wissen übertragbar gemacht werden kann, schätzt Seifert, Geschäftführer der Boston Consulting Group, als sehr wichtig für seine Branche ein: „Wachstum basiert in Zukunft immer auf Wissen. Wissen ist der Produktionsfaktor der Zukunft, der Energie und Rohstoffe substituiert, in zunehmendem Maße auch Arbeit und Kapital. Wachstumsstrategien sind dort

[631] Vgl. Dörfel, A. in BDU (1992), S. 109 f.
[632] Vgl. auch Hill, W. (1990), S. 180; Niedereichholz, Ch. (1993b), S. 29.
[633] Tietze, W., Gruber, Tietze und Partner (jetzt Gemini), zit. nach o.V. (1992b).
[634] Vgl. Niedereichholz, Ch. (1993b), S. 29.
[635] zit. nach o.V. (1994f).

erforderlich, wo sich wissensgeladenes Kapital konzentriert, wo sie mit dem Aufbau und dem immer neuen Kombinieren von Wissen arbeiten. Wachstum findet statt vor allem in den neuen wissensgestützten Industrien wie der Softwareentwicklung, den Medien und entsprechenden Dienstleistungen - zum Beispiel Beratungen oder Anwaltskanzleien.

Wissen ist flüchtig. Es ist an Personen gebunden, und darin liegt eine der größten Herausforderungen. Eine Herausforderung an die Individuen, die Unternehmen und die Gesellschaft, diesen „Qualifizierungswettkampf" aufzunehmen, eine Herausforderung an die Unternehmen, um diese Ressource zu konkurrieren. Wie entsteht nun Wissen? Durch Lernen. ... Die lernende Organisation muß ein gutes Gedächtnis haben. In erfolgreichen Organisationen schaut jeder zuerst im eigenen Unternehmen nach, ob ein anderer etwas weiß oder etwas ähnliches schon gemacht hat. Das schafft ein institutionelles Gedächtnis, eine große Menge schnell verfügbaren Wissens."[636]

Unternehmensspezifisches Wissen weitergeben zu können, birgt aber auch die Gefahr in sich, daß dieses in die falschen Hände gerät. Know-how geht über abgeworbene Berater verloren oder Klienten lassen Konkurrenten daran teilhaben. Innovative Produkte kann man deshalb nicht lange vor Nachahmern schützen.[637]

(2) Die Substitution von Menschen durch Maschinen

Einen noch größeren Kosten(spar-)effekt erzielt man oft durch den Einsatz von Maschinen. Mit der Fähigkeit zur elektronischen Datenverarbeitung können Klientendaten in fast beliebigem Umfang in die Analyse eingespeist werden. Dazu eignen sich etwa repetitive Vorgänge ebenso wie die teilautomatisierte Entscheidungsfindung, die dank Expertensystemen möglich ist.[638] „Hybrid technologies", der Kombination von individueller Vorgehensweise und dem Einsatz von Maschinen, wird von Levitt ein großes Rationalisierungspotential zugeschrieben.[639]

[636] Seifert, H. (1996), S. 134.
[637] Vgl. Cramer, J. (1995), S. 7; Mayer, R. (1993), S. 124.
[638] Vgl. Kraus, M./Kraemer, W. (1993).
[639] Vgl. Levitt, T. (1972), S.41 ff.; ders. (1976), S.63 ff.

Beispielsweise lassen sich per PC so unterschiedliche Dinge wie Investitionsvorhaben analysieren und Organisationsstrukturen von Unternehmen untersuchen.[640] Dank moderner Informationstechnologie wird es immer öfter möglich, selbst komplexe Aufgaben auf die betreffende Weise anzugehen.[641] Manch ein Expertensystem ist in der Lage, Beratungsvorgänge zu strukturieren sowie definierte Projektbausteine in eine sinnvolle Reihenfolge zu bringen.[642]

Ferner kann dieses beispielsweise eine Problemstellung mit den in der Wissensbasis[643] gespeicherten Fällen vergleichen und solche selektieren, die die größte Ähnlichkeit mit der zur Lösung anstehenden Frage aufweisen.[644] Dies alles stellt einen entscheidenden Schritt in Richtung Selbststeuerung dar, der im Extremfall regelnde Eingriffe von außen entbehrlich macht.[645]

> Für die Deutsche Gesellschaft für Mittelstandsberatung (DGM) waren Kostenaspekte maßgebend für die Entwicklung von rechnerunterstützten Beratungsprogrammen. Mit diesen versucht sie, preissensible mittelständische Unternehmen als Klienten zu gewinnen. Die Verantwortlichen wollen „die teure individuelle Beratung mit Hilfe intelligent verknüpfter Rechnerleistung standardisieren. Dies sollte die Kosten so herabdrücken, daß die DGM gegenüber den anderen Beratungsunternehmen im Lande einen deutlichen Wettbewerbsvorsprung erhält."[646]

Kraus/Kraemer stellten fest, daß der EDV-Einsatz im Consulting als sehr wichtig eingeschätzt wird.[647] Die EDV-Unterstützung interaktiver Bestandteile von Beratungsaufgaben wird von den von ihnen Befragten allerdings als „nicht geeignet" erachtet.[648] So müssen Konzepterstellung und -umsetzung aufgrund der Wichtigkeit von persönlichem Gespräch und wegen der Notwendigkeit der Interpretation von Klienteninformationen

[640] Vgl. Krallmann, H./Herzog, M./Müller, F. (1993), S. 37. Organisationsstrukturen lassen sich beispielsweise mit dem Programm BONAPARTE optimieren.
[641] Mayer, R. (1993), S. 250. Vgl. auch Meister, D. (1990)
[642] Vgl. Krallmann, H./Herzog, M./Müller, F. (1993). In Verbindung mit moderner Kommunikationstechnologie wird es möglich, dezentral auf das System zurückzugreifen, an der Erstellung von Modulen mitzuwirken sowie Erfahrungen in jenes einfließen zu lassen.
[643] Vgl. Mertens, P./Borowski, V./Geis, W. (1990), S. 4 f. Im Kontext von Expertensystemen wurde auch der Begriff Wissensbasis geprägt.
[644] McKinsey unterhält eine Informationsbasis namens PDNet, die bereits 1991 die „geballten" Erfahrungen aus mehr als 6.000 Projekten enthielt. Vgl. o.V. (1991a), p. 70.
[645] Vgl. Mertens, P./Borowski, V./Geis, W. (1990), S. 17.
[646] Biallo, H. (1990), S. 56.
[647] Vgl. Kraus, M./Kraemer, W. (1993), S. 7. Die vergleichsweise hohe Rücklaufquote von 66 % bei der unternommenen empirischen Untersuchung läßt auf ein großes Interesse der Beratungen schließen.
[648] Ebda., S. 8.

von einer EDV-Unterstützung ausgeklammert werden, nicht aber deren Vorbereitung. Fast alle betrachteten Unternehmen bestätigen, daß sich durch Expertensysteme der Beratungsvorgang deutlich effizienter gestalten läßt, wenn auch nur etwa 20 Prozent den Einsatz solcher Instrumente, die „speziell auf den zu unterstützenden Beratungsvorgang ausgerichtet"[649] sind, wagen. Eine solche Untersuchung stellt insofern eine Seltenheit dar, als Berater bei Fragen der Arbeitsmethodik normalerweise wenig auskunftsbereit sind. Sie fürchten Transparenz, u.a. weil diese zu einem Druck auf die Preise und zu einer Verschlechterung des Images führen kann.

(3) Die Verlagerung von Aufgaben an Klienten

Zeit und Kosten lassen sich auch dadurch sparen, daß man einzelne Elemente eines Projektes an den Auftraggeber delegiert. Dies fällt um so leichter, je präziser diese definiert sind und je weniger die Einbindung des Partners dessen Einweisung in die Aufgabenstellung bzw. eine minutiöse Darlegung der von ihm bzw. seinen Mitarbeitern zu übernehmenden Arbeiten voraussetzt. Dafür bieten sich Routinetätigkeiten wie z.B. die Analyse von Sachverhalten an, die nach ganz bestimmten Spielregeln, eben im Wege einer „standard procedure" abgewickelt werden.[650] Oft steht dabei nicht der Gedanke der Rationalisierung, sondern der Wunsch des Auftraggebers nach Einbindung von Betroffenen im Vordergrund. Denn als interne Promotoren des Wandels sollen diese den eingeschlagenen Weg auch ohne den Berater weiterverfolgen können.

Allgemein läßt sich feststellen, daß jegliche Substitution von Faktoren durch preisgünstigere mit einem Anstieg der Kommunikationskosten einhergeht.[651] Hilfskräfte bzw. Klienten müssen in die zu übernehmenden Aufgaben erst eingewiesen werden. Computer sind nicht imstande, sich originäres Wissen zu erarbeiten.[652] Außerdem ist auch Kontrolle erforderlich, besonders wenn Arbeitsprozesse beim Klienten in irgendeiner Art vorbelastet sind oder aufeinander aufbauen. Die dargestellten Nachteile wiegen in bestimmten Fällen den mit einer Übertragung von Aufgaben verbundenen Nutzen auf.

---

[649] Vgl. Kraus, M./Kraemer, W. (1993), S. 7.
[650] Vgl. Stutz, H.-R. (1988), S. 196.
[651] Vgl. Kreutzer, R. (1991), S. 365.
[652] Mayer, R (1993), S. 251.

3.2.2 Mengeneffekte

3.2.2.1 Vorteile bei der Beschaffung

(1) Die Kosten der Beschaffung von Inputfaktoren

Bei der Beschaffung normierter Einsatzfaktoren sinken die Transaktionskosten. Die Suche nach Lieferanten, die Prüfung deren Zuverlässigkeit sowie die Spezifikation der Leistung entfallen in dem Maße, in dem die dazu notwendigen Schritte vereinfacht und erprobt sind. So reduziert sich beispielsweise der Aufwand für das Buchen eines Fluges auf die Angabe von Zielort und Zeit, wenn alle anderen Variablen (Fluggesellschaft, Klasse, Sitzplatz, Art der Bezahlung eines Flugscheins etc.) festliegen. Auch bei der Gewinnung von Mitarbeitern können so Kosten vermieden werden. Nachwuchskräfte mit einem typischen Profil finden Berater beispielsweise über Kontaktveranstaltungen an ausgewählten Hochschulen. Wenn man sich bei der Akquisition von Klienten auf ganz wenige Segmente konzentriert, lassen sich alle erforderlichen Maßnahmen ziel(gruppen)genau treffen.[653]

(2) Die Erzielung von Mengenrabatten

Beratungsunternehmen beziehen beispielsweise Fahrzeuge und Computer oft weltweit von denselben Lieferanten, oder sie treffen Rahmenvereinbahrungen mit Flug-, Hotel- und Autovermietungsgesellschaften. Selbst für Informationen können Mengenrabatte ausgehandelt werden: Mit Wirtschaftsdatenbanken trifft man pauschale Vereinbarungen über die Möglichkeit deren Nutzung.[654]

3.2.2.2 Der Gewinn an Erfahrung

Schon 1925 erkannten Mitarbeiter der amerikanischen Luftwaffe, daß bei der Montage von Flugzeugen die Lohnkosten pro Gewichtseinheit mit der Zeit sinken.[655] Zurückgeführt wird dies auf den Lernvorgang, den jede Wiederholung von Montagetätigkeiten

[653] Der Erwerb von Beratungsprodukten besitzt für Klienten erhebliche Beschaffungsvorteile. Aufgrund von erhöhter Transparenz können unterschiedliche Angebote miteinander verglichen und Unsicherheit bezüglich der Leistung reduziert werden (vgl. Kap. 3.2.3).

[654] Der Grund dafür liegt u.a. darin, daß sich Transaktionskosten des Anbieters verringern und dieser den Vorteil (zum Teil) weitergibt.

[655] Vgl. Albach, H. (1987), S. 1 f.

auslöst. Später hat vor allem die Boston Consulting Group ihre Forschungsanstrengungen auf den sogenannten Erfahrungskurveneffekt und dessen strategische Implikationen für die gesamte Wirtschaft gerichtet. Es läßt sich empirisch nachweisen, daß mit jeder Verdoppelung der kumulierten Produktionsmenge ein Kostensenkungspotential von 20 bis 30 Prozent einhergeht. Ein Großteil des geschäftlichen Erfolges der genannten Beratungsgesellschaft resultierte zeitweilig aus der konsequenten Vermarktung dieser Erkenntnis.[656]

Auch im Dienstleistungssektor kommt dieser Effekt zum Tragen: Beim Vertrieb von Lebensversicherungen beispielsweise nahmen in einem untersuchten Fall die Kosten je Police mit jeder Verdoppelung der Zahl der Abschlüsse um 23 Prozent ab.[657] Derartige Effekte konnten im Beratungsbereich bisher empirisch zwar noch nicht nachgewiesen werden; dennoch ist von ihrer Existenz auszugehen, da Lerneffekte generell auch bei geistiger Arbeit wirksam werden.[658]

So läßt sich etwa die durchschnittliche Akquisitionszeit senken, weil man gelernt hat, die Wünsche potentieller Klienten schneller und besser einzuschätzen und ihnen entsprechende Angebote zu unterbreiten. Neuralgische Stellen innerhalb von Projekten werden rascher erkannt, da man über entsprechende Erfahrung verfügt. Diese zahlt sich auch bei der Präsentation von Befunden und der Erstellung des Projektberichts aus.[659] Zusammenfassend wird die Bewältigung von Aufgaben insofern erleichtert, als eine normierte Vorgehensweise zu einer Kanalisierung des Lernprozesses führt.[660]

Der damit verbundene Effekt tritt am deutlichsten bei Methoden und Beratungsprodukten zutage.[661] Von Projekt zu Projekt wird die Vorgehensweise verfeinert; Verhaltens- und Reaktionsweisen, die sich als geeignet erwiesen, werden jeweils übernommen. Der Zeit- und Personalbedarf läßt sich zunehmend besser abschätzen, was die Planung der Potential- und Verbrauchsfaktoren sowie der vorab erstellbaren Teilleistungen erleichtert, Engpässe deutlich macht und die Anforderungen an die Koordinationsleistung reduziert. Infolgedessen nehmen die Komplexität, die Bearbeitungszeit und damit die Her-

[656] Vgl. Henderson, B. (1984).
[657] Hedley, T., zit. nach Mayer, R. (1993), S. 104.
[658] Neben einem persönlichen kommt hier vor allem auch ein kollektiver Erfahrungseffekt zum Tragen. Tätigkeiten, die von einem Beratungsteam ausgeführt werden, unterliegen denselben Gesetzmäßigkeiten wie die eines Individuums.
[659] Vgl. Rüschen, Th. (1990), S. 215 f. Ähnlich: Stutz, H.-R. (1988), S. 196.
[660] Vgl. Rüschen, Th. (1990), S. 216.
[661] Vgl. Schade, Ch. (1996), S. 214.

stellungskosten der Leistung ab.[662] Dem kann sogar in organisatorischer Hinsicht, z.B. in Form der Bildung eines Produktmanagements, Rechnung getragen werden: Bei einer solchen Spezialisierung beschäftigt sich Beratungspersonal ausschließlich mit dem Einsatz, der Vermarktung und Weiterentwicklung eines einzigen Produktes.[663]

In der Literatur wird die Fragestellung der sogenannten *Domänenwahl* kritisch diskutiert. Man ist man sich uneins darüber, ob es ökonomisch sinnvoller sei, Erfahrung im Umgang mit typischen Problemstellungen zu gewinnen oder sich auf Besonderheiten von bestimmten Branchen zu konzentrieren.[664] Im ersten Fall entwickelt sich der Berater zu einem Methodenspezialisten und lernt, erforderliche Inputfaktoren in effizienter Weise einzusetzen. Als Branchenfachmann fällt es ihm demgegenüber leicht, in seinem Feld häufig auftretende Probleme zu diagnostizieren und zu lösen. Der Erfahrungseffekt schlägt hier nicht so stark zu Buche. „Branchenorientierung bedeutet für einen Berater, daß er die Entwicklungslinien, die Kultur, die übliche Reaktionsgeschwindigkeit, das Selbstverständnis und die psychologischen Befindlichkeiten einer Branche aus eigener Erfahrung kennt."[665] A. D. Little hat dafür sogenannte Industry Practices entwickelt.[666]

Klienten können sich oft nicht vorstellen, daß ein Berater für eine Aufgabe geeignet ist, ohne jahrelang Erfahrung in ihrem Wirtschaftszweig erworben zu haben oder zumindest andere Unternehmen der Branche beraten zu haben. Daran wird häufig seine Qualifikation gemessen. Beraten hieße in diesem Fall, die richtige Lösung für ein Problem aus dem Erfahrungsschatz hervorzuzaubern.[667] Käme es darauf an, besäße ein Consultant kaum einen Vorteil gegenüber einem Linienmanager. Beraten bedeutet vielmehr, aufgrund einer wohlüberlegten Vorgehensweise zu einer Lösung zu gelangen, ohne daß Branchenkenntnis dabei hinderlich wäre.[668] Nur so können Probleme adäquat gelöst werden, statt Konzepte, die unter bestimmten Prämissen entwickelt wurden, zu kopieren.[669]

---

[662] Kleinaltenkamp spricht in diesem Zusammenhang von dem Produktionsrisiko - die durch die Integration des externen Faktors gegebene Unsicherheit bezüglich der Qualität des Prozeßergebnisses sowie der Zeitdauer -, das durch Standardisierung verringert wird. Vgl. Kleinaltenkamp, M. (1993), S. 60 ff.

[663] Vgl. Stutz, H.-R. (1988), S. 202.

[664] Vgl. Schade, Ch. (1996), S. 233 ff.

[665] Niedereichholz, Ch. (1994), S. 15.

[666] Vgl. Arthur D. Little: Hochleistungsorganisation Kreditinstitut.

[667] Vgl. Skapinker, M. (1991):); Lietz, J. (1992).

[668] Vgl. Risse, W. (1989), S. 72 f.

[669] Vgl. Ebda., S. 74.

> „Welche anderen Vorzüge sollte die Branchenkenntnis - von einem leichteren Einstieg abgesehen - denn bieten, als in einer Marktwirtschaft, die ihre Berechtigung aus dem Wettbewerb, dem Leistungsvorsprung bezieht, das Wissen zu nivellieren, also das jeweils beste auf die schlechteren zu übertragen? In der Marktwirtschaft zählt die besondere Leistung; zur Beratung gehört Verkauf von Ideen. Was ist also von einem Berater zu halten, der sich nicht darauf beruft, neue Ideen und Lösungen zu entwickeln, sondern vorhandene abzugucken?"[670]

Deshalb neigt die Praxis eher zur Problem- als zur Branchenorientierung. Denn der entscheidende Vorteil externer Beratung ist "der Wiederholungsgrad, mit dem die Berater komplexe Problemlösungen zu bearbeiten haben (Lerneffekt). Dabei kommen sowohl der meist ausgefeilte methodische Ansatz zum Tragen als auch die Kumulation von Erfahrungen in unterschiedlichen Unternehmen. ... Ein weiterer Vorteil externer Berater ist, daß viele Beratungsideen aus branchenübergreifenden Erfahrungen resultieren, was neben Arbitrage-Effekten auch zu innovativen Vorschlägen z.B. aufgrund von Analogieschlüssen quer über Branchen hinweg führen kann."[671]

3.2.2.3 Die Erzielung von Synergie

Durch die mehrfache Nutzung bestimmter Leistungen, von erworbenem Wissen oder jeglicher Art von Ressourcen, deren Gewinnung Kosten verursacht hat, werden Synergieeffekte erzielt. Denn mit der Vergrößerung der Bezugsbasis nimmt der einer Einheit zurechenbare Anteil an Fixkosten ab. Namentlich Entwicklungskosten lassen sich besser verteilen.[672]

Im Beratungsbereich bedeutet dies nichts anderes, als daß Projekte nicht immer wieder gänzlich neu gestaltet werden müssen. Neben formalen Bestandteilen, die von Projekt zu Projekt übernommen werden[673], lassen sich folgende Facetten der Aufgabe einheitlich regeln:[674]

- Kommunikationsbeziehungen unter den beteiligten Beratern (z.B. Kommunikationswege und -gegenstände) sowie zu den betroffenen Mitgliedern der Klientunternehmung (Festlegung von Inhalt, Ausmaß, Art und Terminierung der Information sowie

---

670 Risse, W. (1989), S. 73.
671 Petzold, R. (1987), S. 532 f.
672 Vgl. Stutz, H.-R. (1988), S. 201.
673 „Die Angebotserstellung ist in Unternehmensberatungen stark standardisiert und bedarf lediglich einer geringfügigen Bearbeitung durch die Verantwortlichen" (Staute, J. (1996), S. 223).
674 Vgl. Elfgen, R./Klaile, B. (1987), S. 129 f.

Bestimmung der Informationsquellen und der Möglichkeiten der Rückkoppelung mit den Betroffenen),

- Techniken und Modalitäten zur Durchführung einzelner Teilaufgaben (phasenspezifische Bestimmung von Problemlösungstechniken, Definition von Entscheidungskriterien und -prämissen für die Auswahl der Problemlösungsalternativen),
- Festlegung der Abfolge der Beratungsaktivitäten,
- Festlegung der Art und Weise der Einführung der Gestaltungsvorschläge sowie der dafür zur Verfügung stehenden Zeitspannen und
- Dokumentation des Beratungsablaufs.

In noch größerem Umfang profitiert man von Synergie bei Branchenorientierung und dem Einsatz von Beratungsprodukten. Eine einmal entwickelte Vorgehensweise wird hier ohne größere Veränderung immer wieder verwendet.[675]

> Das mit der Produktbildung erschließbare Synergiepotential wird von Arthur D. Little systematisch genutzt: Ein formalisierter Vorgang sorgt dort dafür, daß weltweit Wissen in Produkte integriert wird. Training und sorgfältige Dokumentation gewährleisten, daß das Arsenal an Produkten und Werkzeugen allen bekannt ist. Betroffen davon sind die Bereiche Strategie, Organisation, Customer Management, Technologie und Innovation, Manufacturing, Supply Chain Management, Corporate Finance und Information Management. Abbildung 26 vermittelt einen Eindruck davon, wie sich in dem genannten Unternehmen „Organizational Learning“ vollzieht.

Abb. 26: Organisation der Produktentwicklung bei Arthur D. Little

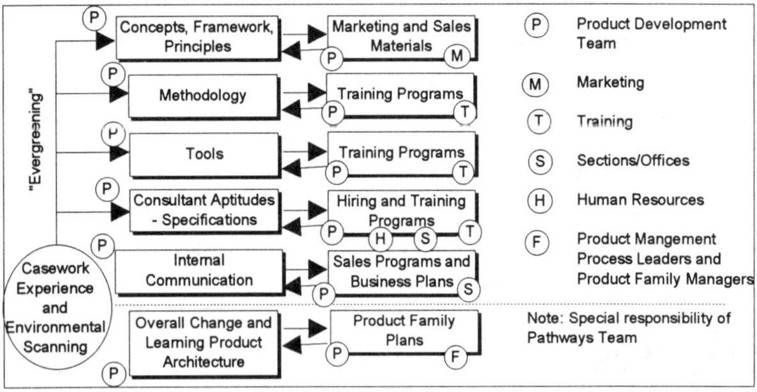

Quelle: Arthur D. Little, Pathway to Performance.

---

[675] Vgl. Johnssen, W. (1984), S. 22.

Auch die Speicherung von klientenspezifischen Informationen erweist sich als profitable Investition. Diese werden in Wissenbasen thesauriert; sie erleichtern die Bewältigung von Folgeaufgaben und dienen als Vergleichsmaßstab für künftige Projekte.

Tabelle 20 zeigt die Struktur einer Datenbank von Gemini, in der systematisch Fakten über Klienten und Projekte gesammelt werden. Die Daten können während eines Projektes, vor allem aber auch für die Akquisition, genutzt werden. Man kann damit etwa schnell Entscheidungsträger identifizieren, an frühere Projekte anknüpfen oder aber Mailings personengenau konzipieren. Gerade weil es sich bei der Akquisition um eine nicht bezahlte Vorleistung handelt, verwenden Beratungen große Anstrengungen darauf, diese effizienter zu gestalten.

Tab. 20: Gemini Client Data Collection

Client Organization Chart	Decision Maker and Authorizer Levels
Client Executive Network	Each Buying Unit Defined Names, Titles, Location, Function
Client Executive Profile	Personal and Professional Data, History
Client „Red Issue“ Profile	Descriptions, Value, Results, Exposures Key Influencer´s Name, Position Assessment of „Redness“ of Issues
Major Operational and/or Business Information Systems Report	Business Value or Criticality of Each System Organizations and Buying Units Affected by System Reporting Structure and Political Posture Effectiveness and Reliability of each System MIS Budget/Staffing Levels, Organization Charts, Equipment, Outside Services, Application Backlog, Vendor Alliances, Networks, Consultant History, System Integrators etc.
Consulting Presence Form	Client History of Consulting Experiences Firms, Issues, Cost, Results, Dates, Sponsorship
Client Executive Contact History	Gemini Executive-to-Executive Contacts Dates, Reasons, Results, Relationships

Quelle: Gemini, interne Broschüre.

Die Ausschöpfung von Synergiepotential bedingt die ungehinderte Verwertung von Vorleistungen und Nutzung von Informationen jeglicher Art. Deshalb muß der Zugang zu bzw. die Speicherung von ihnen einheitlich gestaltet sein. Denn die Suche und, gegebenenfalls, eine situationsspezifische Veränderung sollten sinnvollerweise weniger aufwendig sein als eine erneute Erstellung bzw. Erhebung.

Dem leichten Zugang zu Informationen kommt auch im Hinblick auf eine immer weitergehende Spezialisierung der einzelnen Berater hohe strategische Bedeutung zu.[676] Bei Andersen Consulting schlägt sich dies u.a. darin nieder, daß jeder Mitarbeiter danach beurteilt wird, wieviel er zur Vergrößerung des internen Knowhow beigetragen hat. „Knowledge Exchange“, ein weltumspannendes Informationssystem, bietet ihm die Möglichkeit, Wissen Kollegen zur Verfügung zu stellen, und verhindert, daß bei jedem Projekt „das Rad neu erfunden wird“[677]. Jeder Consultant hat darauf Zugriff, kann Berichte aus anderen Beratungsprojekten abrufen, Erfahrungen mit Kollegen austauschen - und ist seinerseits dazu verpflichtet, die eigene Arbeit zu dokumentieren.[678]

3.2.3 Die Schaffung von Transparenz

Die Komplexität von Beratungsprojekten läßt sich insoweit reduzieren, als diese mittels Phasenmodellen und gegebenenfalls Produkten strukturiert werden können. Problemstellungen verkörpern nicht länger aggregierte Gebilde, sondern eine Reihe von Einzelaufgaben. Zeit- und Personalbedarf sind leichter planbar, der Fortschritt von Projekten läßt sich einfacher kontrollieren. Davon zeigt sich meist auch der Beratungskunde angetan: „Der Klient wird es schätzen, wenn beim Berater transparente Verhältnisse herrschen, die Abläufe auch für ihn ersichtlich sind ... .“[679]

3.2.3.1 Die Problemsicht

(1) Die Struktur von Beratungsaufgaben

Problemstellungen im Beratungsbereich bestehen sowohl aus wiederkehrenden als auch aus fallspezifischen Elementen. Von dem Gewicht, das der einen und der anderen Kategorie zukommt, hängt der Grad der Individualisierung bzw. Standardisierung einer Aufgabe ab. Fallspezifische Vorgehensweise und Standardisierung schließen sich nicht gegenseitig aus (vgl. Abb. 27). „The decision of standardization is not a dichotomous one between complete standardization and customization. Rather, there can be degrees of standardization.“[680]

---

676 Vgl. Rüschen, Th. (1990), S. 53.
677 Gattermeyer, W., Andersen Consulting, zit. nach: o.V. (1996c).
678 Vgl. ebda.
679 Stutz, H.-R. (1988), S. 196.
680 Jain, S. (1989), p. 71. Die Bestimmung des Verhältnisses von individuellen und standardisierten Elementen ist ein klassisches betriebswirtschaftliches Problem; dieses wird als Standardisierungs- oder auch als Typisierungsmaß bezeichnet (vgl. Gutenberg, E. (1983), S. 114). In der Industriebetriebslehre nennt man die Schnittstelle zwischen kundenabhängiger und -unabhängiger Leistungserstellung Order-Penetration-Point (vgl. Ihde, G. (1988), S. 16).

Abb. 27: Abstimmung von Individualitätserfordernis und Standardisierungsgrad

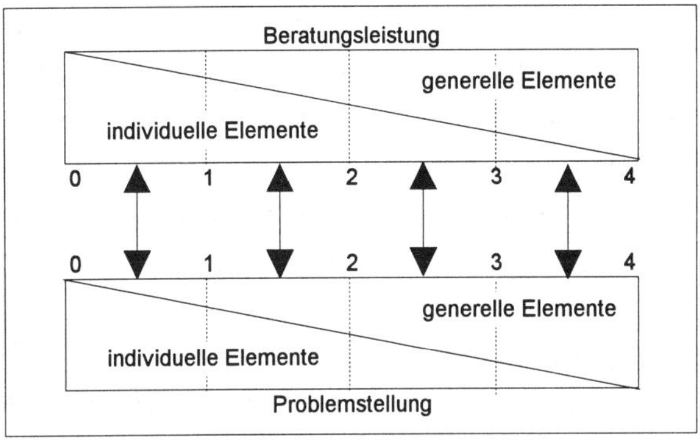

Quelle: Rüschen, Th. (1990), S. 61

Im Hinblick auf deren effiziente Erstellung sollte versucht werden, eine Beratungsleistung so zu gestalten, daß sie einen Mix an generellen, also standardisierbaren, und individuellen Elementen enthält, der der Problemstellung entspricht (vgl. Abb. 27).[681] Rüschen betont, daß „die Standardisierung von Unternehmensberatungsleistungen nur in dem Umfang zulässig ist, in dem das erforderliche Ausmaß an Individualität der Problemstellung noch gewahrt bleibt".[682]

In der Praxis haben sich dafür vor allem zwei Konzepte als geeignet erwiesen. Bei Dienstleistungen mit einem hohen Anteil an generellen Elementen (vgl. Abb. 27; rechts) wird in der Regel eine standardisierte Grundleistung angeboten, die durch individuelle Anpassung kostengünstig aufgewertet wird. Man denke hier z.B. an Fast-Food-Restaurants, in denen sich Kunden Hamburger mit Tomaten, Zwiebeln etc. individuell zusammenstellen können.[683] Auch McKinsey paßt nach diesem Muster die Gemeinkostenwertanalyse an spezifische Projekterfordernisse an. Dies wird als *Customizing* bezeichnet.[684]

---

[681] Vgl. Specht, G./Zörgiebel, W. (1989), S. 494.
[682] Rüschen, Th. (1990), S. 60.
[683] Vgl. Benölken, H./Greipel, P. (1990), S. 81.
[684] Eine leichte Verwirrung entsteht dadurch, daß Customizing vor allem in der englischsprachigen Literatur synomym mit dem Begriff der Individualisierung verwendet wird (vgl. Jain, S. (1989), S.70f.; Berry, L. (1984), p. 32). Auch Berger sieht darin das Gegenteil von Standardisierung: „We look at each company's individual development and address specific problems - down to the last detail, if necessary. The result: no standard solutions, but customized concepts since they are the only way to ensure real competitive advantage for our clients." Vgl. Roland Berger & Partner, Annual Report 1994.

Das durch Customizing erzielbare Individualisierungspotential reicht oft nicht aus, um sehr spezifischen Problemen gerecht zu werden (Abbildung 27, linker Teil). Um hier an Flexibilität[685] zu gewinnen, d.h. der Aufgabe gerecht zu werden, ohne auf standardisierte Elemente verzichten zu müssen, bedient man sich eines *Modulsystems*.[686] Hierbei werden standardisierte und individuelle Systemelemente in unterschiedlicher Kombination zu einer Gesamtleistung zusammengefaßt.[687] In der Industrie besitzen Baukastensysteme bereits eine gewisse Tradition[688], im Bereich der Dienstleistung sind sie noch innovativ. So läßt sich beispielsweise eine Traumreise aus in einem Katalog enthaltenen Modulen zusammenstellen.[689] Damit wird insofern ein Rationalisierungseffekt erzielt, als der Herstellungsaufwand dank Bausteinen verringert wird, ohne daß man die Breite des Angebots reduzieren müßte.[690] „Ein Baukastensystem ist programmierte Chance zur Vielfalt!“[691]

> Schitag Ernst & Young haben ein Konzept namens Fusion entwickelt, das auf Elementen der Geschäftsprozeßoptimierung, der Informationstechnologie und der Wettbewerbsstrategie basiert.[692] Gutzler räumt in diesem Zusammenhang ein, daß die „besten Elemente schon bekannter Instrumente integrativ und mit größerer Wirkung“[693] in einem weiteren Produkt zu vereinen sind.

Die Vorteile eines Baukastensystems liegen für den Anbieter darin, daß er Module unter nur geringer Anpassung in verschiedenen Beratungsprojekten und -produkten einsetzen kann.[694] Daneben profitiert er von geringerer Komplexität, höherer Planungssicherheit, größerer Schnelligkeit bei der Bildung von Beratungsprodukten sowie einem Zugewinn an Erfahrung. Mit der Zeit wird deutlich, welche Module Raum für individuelle

---

685 Vgl. Pack, L. (1984), Sp. 1251 f.; Dichtl, E. (1970), S. 119. Flexibilität wird in Schriften älteren Datums auch als Elastizität bezeichnet.
686 Vgl. Mayer, R. (1993), S. 141.
687 Vgl. Schade, Ch. (1996), S. 240; Kreutzer, R. (1991), S. 370.
688 Ein Paradebeispiel für ein solches Vorgehen bildet die Automobilindustrie. Hier hat ein Kunde die Möglichkeit, sich ein individuelles Fahrzeug aus verschiedenen Bestandteilen wie Motorleistung, Getriebeart und Innenraumgestaltung zusammenzustellen (vgl. Mayer, R. (1993), S. 154).
689 Vgl. Kirstges, Th. (1992, S. 260 f.
690 Vgl. Hoitsch, H.-J. (1985), S. 76.
691 Theuer, G. (1968), S. 295.
692 Vgl. Schitag Ernst & Young: Erfolgskonzepte zur ganzheitlichen Gestaltung von Organisationen, Prozessen und Systemen, Unternehmensprofil, S. 5.
693 Vgl. Gutzler, E. (1992), S. 131
694 Aus diesem Grund spielen bei der Konzipierung von Modulen auch strategische Überlegungen hinsichtlich einer möglichst lückenlosen Abdeckung verschiedener Problemfelder eine Rolle. Idealerweise findet der Berater für jede Aufgabenstellung ein passendes Modul in seinem Baukasten.

Gestaltung bieten.[695] So lautet die Empfehlung einer amerikanischen Beratervereinigung: „Perform intensive R & D; develop a modular product that can be rolled out and marketed coast to coast to a heterogeneous corporate population (probably through an existing branch structure); revise and update this product every four or five years."[696]

Die Debis Marketing Consulting, heute HPP, stellt den Nutzen von Baukästen auch gegenüber Klienten heraus. „Mit unserem modularen Angebot wird Ihr Marketing-Projekt Teilschritt für Teilschritt klar strukturiert und kalkulierbar gemacht. Für Sie bedeutet das größtmögliche Kosten- und Leistungstransparenz."[697] Wichtig ist, daß die Zusammenfügung der Bausteine den Ansprüchen des Nachfragers gerecht wird. Nur dann weisen Individualisierung und Modularisierung inhaltlich in die gleiche Richtung.

> Mit Hilfe von Modularisierung und Informationstechnologie werden bei innovativen Unternehmen der Textilindustrie bereits die Vorteile der Massenproduktion und die der individuellen Fertigung miteinander kombiniert. Beim Kauf eines Anzugs kann ein Kunde aus Bausteinen wie Grundschnitt, Stoffart, Zahl der Taschen und Knöpfe, Reversform, Art der Seitenschlitze etc. einen Anzug nach seinen Wünschen zusammenstellen. Per Scanner wird er vermessen, und seine Daten liest ein Fertigungscomputer ein.[698] Mit etwas über 2.000 DM kostet das Ergebnis deutlich weniger als ein maßgeschneidertes Stück und ist nur rund 20 Prozent teurer als ein Anzug von der Stange.[699]

Mit der Verwendung eines Baukastensystems ergibt sich zudem die Möglichkeit, dessen Elemente so miteinander zu verzahnen, daß Beratungsleistungen bzw. -produkte leicht ergänzt bzw. erweitert werden können. Weil die Akquisition von Klienten sechsmal so aufwendig ist wie das Halten eines Kunden, bildet dies einen entscheidenden Wettbewerbsvorteil. Oft z.B. wird ein Grundmodul zur Analyse der Organisation angeboten und mit passenden Elementen für einzelne Funktionsbereiche angereichert.

[695] Vgl. Mayer, R. (1993), S. 155.

[696] Directory of Management Consultants 1993, p. 55.

[697] Vgl. debis Marketing Services: Argumente - Marketing und Kommunikation von A bis Z.

[698] Bei Adidas wird der Prototyp eines Scanners zur Fußvermessung erprobt, bei Levi´s ist bereits der Kauf von maßgeschneiderten Jeans möglich (vgl. o.V. (1996f)). Es gibt aber auch Kunden, die darauf Wert legen, einen „echten" Maßanzug zu tragen. Diese sind dann bereit, dafür entsprechend mehr zu bezahlen.

[699] Vgl. Herzog, J. (1997), S. 138.

Abb. 28: Pathway to Performance-Konzept

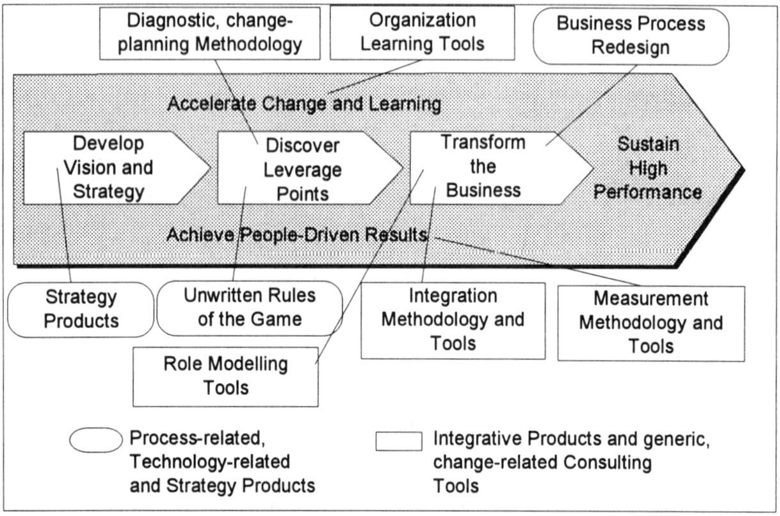

Quelle: Arthur D. Little, Pathway to Performance, pp. 84 f.

Ziel bei der Entwicklung des Pathway to Performance-Modulsystems von Arthur D. Little war es, alle für den Wandel von Organisationen relevanten Problemlösungsbestandteile innerhalb eines geschlossenen dreistufigen Modells abzubilden und damit auch die Voraussetzung für die Konzipierung entsprechender Beratungsprodukte zu schaffen (vgl. Abb. 28).[700] Eine detaillierte Beschreibung der die jeweiligen Aufgaben unterstützenden Werkzeuge sowie der Möglichkeiten zum „Product Family Development" finden sich in einem umfangreichen „Toolbook", dessen Aufbau sich Abbildung 29 entnehmen läßt.[701]

Mit einer solchen Systematik wird gewährleistet, daß jeder Berater auf ein umfassendes Instrumentarium zurückgreifen kann („everything you could possibly need to support your work"[702]). Um die Vorteile des Baukastensystems wahrnehmen zu können, erscheint es Arthur D. Little wichtig, daß Werkzeuge nicht zu spezifisch ausgerichtet, sondern flexibel einsetzbar sind (vgl. Abb. 30).[703]

[700] Vgl. Arthur D. Little, Pathway to Performance, p. 79.
[701] Vgl. ebda.
[702] Vgl. ebda., p. 157.
[703] Vgl. ebda., p. 75.

Abb. 29: Showcase Folder Architecture

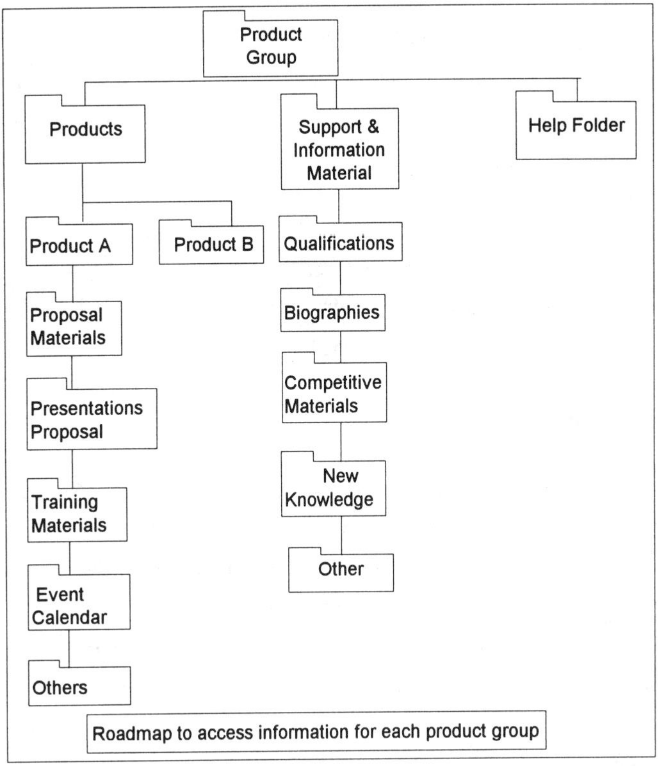

Quelle: Pathway to Performance, p. 157.

Abb. 30: Prinzip-orientierte Beratungsinstrumente

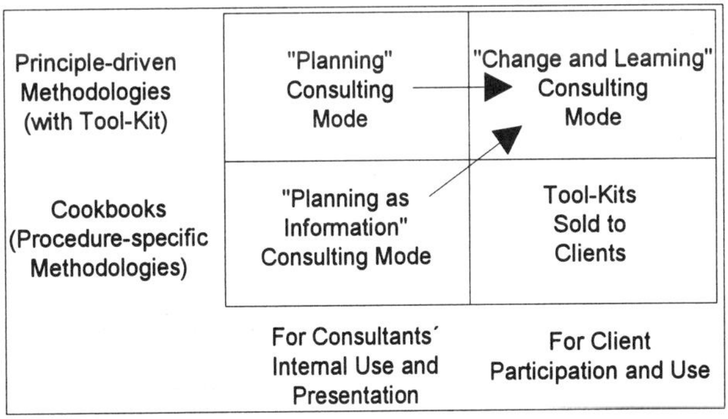

Quelle: Pathway to Performance, p. 75.

(2) Die Gestaltung von Modulen

Für die Aufgabe, die einzelnen Module zu konzipieren, muß der Berater zunächst seine Leistung in Einheiten zerlegen. Dafür bilden fast ausschließlich die Phasen des Beratungsprozesses die gedankliche Grundlage. Denn deren inhaltliche Abgeschlossenheit sowie Verzahnung verhindern das Auftreten von Schnittstellen- bzw. Kompatibilitätsproblemen.[704]

Bei der Analyse von Problemstellungen ergeben sich viele repetitive Prozesse und damit ein vergleichsweise großes Standardisierungspotential.[705] In einem oder mehreren Modulen können Instrumente sowie bestimmte Vorgehensweisen verankert werden, die die Analyse erleichtern.[706] Vertreter des Lean-Consulting[707] machen sich dies zunutze und lassen die Problemdiagnose EDV-gestützt ablaufen.[708]

Je nach Art des Beratungsprojektes kommen Stärken-Schwächen-[709], Ressourcen- und Konkurrenten-[710], Branchenstrukturanalysen, Benchmarkingstudien[711], Fischgrätdiagramme, Logikbäume, 7-S-Modelle[712], Wertkette[713] und Portfolio-Modelle[714] u.v.m. in Betracht. Oft stellt auch die Analyse von branchentypischen Erfolgsfaktoren einen geeigneten Ansatzpunkt für die Problemanalyse dar.[715] Keil/Schneider haben ermittelt, daß von Strategieberatern häufig die Wettbewerbsanalyse nach Porter, die Szenario-Technik, das Lebenszykluskonzept, Portfolio-Modelle sowie Stärken-/Schwächenanalysen eingesetzt werden.[716]

[704] Vgl. Bitsch, H./Martini, J./Schmitt, H. (1995), S. 70. Mitunter besitzt auch der Klient die Möglichkeit, sich einzelne Modulen, wie etwa die im vorangegangenen Kapitel aufgeführten Methoden und Instrumente, zu beschaffen und sie selbst zu einer Gesamtleistung zusammenzustellen (vgl. Mayer, R. (1993), S. 158 f.).

[705] Bleicher, K. (1992), S. 213

[706] Vgl. Bossard Consultants: PULMAN-Problemlösungsmethode.

[707] Vgl. Niedereichholz, Ch. (1994), S. 36.

[708] Bei manchen Lean-Consulting-Konzepten analysiert sich der Klient sogar selbst (vgl. Jakobs, J. (1993)).

[709] Vgl. Huber, B. (1989), S. 14.

[710] Vgl. Steinmann, H./Schreyögg, G. (1990), S. 152 ff.

[711] Vgl. Camp, R. (1989).

[712] Vgl. Pascale, R./Athos, A. (1981).

[713] Vgl. Porter, M. (1992), S. 59 ff.

[714] Vgl. Dunst, K. (1983); Henderson, B. (1994); Henderson, B. (1994b); Melcher, H. (1982), S. 199.

[715] Berater haben diesen Ansatz übernommen, weil sich die Ursachensuche damit häufig auf die Überprüfung der relevanten Erfolgsfaktoren reduziert. Sie können sich u.U. eine detaillierte Analyse ersparen, wenn sich feststellen läßt, daß besonders wichtige Faktoren nicht vorhanden bzw. mangelhaft ausgeprägt sind (vgl. Hannig, U. (1983), S. 56 ff.).

[716] Vgl. Keil, R./Schneider, J. (1994).

„SCAN“, ein Diagnosebaukasten von McKinsey, faßt alle Analysehilfsmittel für die Objekte Gesamtunternehmen, Strategische Geschäftsfelder und einzelne Funktionalbereiche systematisch und als Handlungsanweisungen verpackt zusammen.[717] „In the first year, every associate is put through a two week introductory training program that provides the basic McKinsey tools for problem-solving and analysis.“[718] Zunächst werden jeweils eine Reihe von Fragen formuliert, die in den genannten Bereichen an kritische Punkte heranführen sollen. „Do we participate in a prospering market? Does the structure of market shares or shares of industry capacity give us an equal opportunity for successful engagement?“ Dem folgt eine Auflistung von typischen Problemen und Symptomen sowie deren möglicher Ursachen.

Anschließend werden für jede Problemart obligatorische Analyseinstrumente und solche, deren Einsatz im Ermessen des Beraters liegt, bestimmt. Beide bestehen wiederum aus einer genauen Beschreibung der Art und Herkunft der erforderlichen Daten, des geschätzten Aufwandes sowie des Geltungsbereichs. Neben vertiefenden Quellen werden Hinweise auf Schwierigkeiten bei der Umsetzung gegeben („be careful about degree of segmentation, try to follow internal reporting system for this purpose“[719]), sensible Bereiche gekennzeichnet und typische Nachfolgeaufgaben definiert. Es wird deutlich, daß innerhalb der Analysephase bei McKinsey sehr stark standardisiert vorgegangen wird.

In der Phase der Problemlösung und der Umsetzung von beschlossenen Konzepten ist das Potential zur Standardisierung hingegen geringer (vgl. Abb. 31). Hier spielen Kreativität und Einfühlungsvermögen des Beraters die wichtigste Rolle. Es können ihn zwar bestimmte (Wandel-)Techniken unterstützen[720], doch läßt sich eine spezifische Vorgehensweise nicht fixieren. Gerade solche würden den Beratern den Vorwurf eintragen, sie übertrügen Lösungen, anstatt solche zu entwickeln. Module müssen hier genügend Freiraum für individuelle Gestaltung lassen.

[717] Vgl. McKinsey & Co.: „SCAN“.
[718] Vgl. Valeska, S./Baseden, A. (1993), p. 40.
[719] Vgl. McKinsey & Co.: „SCAN“ / „Market Development by Segment“.
[720] Vgl. Wohlgemuth, A. (1982), S. 137 ff.; Greiner, L./Metzger, R. (1983), pp. 269 ff.

Abb. 31: Standardisierungsformen für bestimmte Beratungsabschnitte

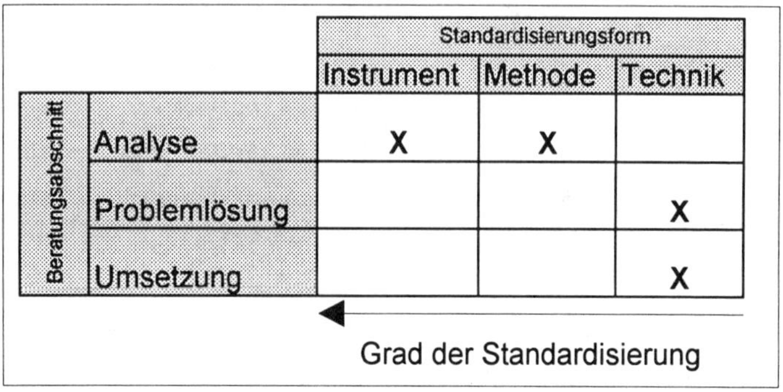

3.2.3.2 Die Reduktion von Risiken

Ein Nachfrager, der sich zur Einschaltung einer Unternehmensberatung entschließt, sieht sich mit besonderen Risiken konfrontiert. Er kann die Qualität deren Leistung vor Erbringung kaum beurteilen, weil bei Vertragsabschluß nicht mehr als ein Versprechen vorliegt.[721] Deshalb muß er sich darauf verlassen, daß die erworbene Leistung der angekündigten entspricht. Ein Vergleich zwischen unterschiedlichen Beratungsunternehmen wäre aus demselben Grund ausgesprochen schwierig. Klienten empfinden im allgemeinen „eine große Unsicherheit hinsichtlich der künftigen Qualität“[722], wenn ihnen wenig bekannte Vertreter ihrer Zunft gegenüberstehen. Denn sie wollen, „bevor sie ihre Unterschrift unter einen Beratervertrag setzen“, möglichst genau wissen, „welchen Vorteil sie für ihr Geld einkaufen“[723].

Damit einher geht auch ein Risiko bezüglich des Preis-Leistungsverhältnisses. Häufig fehlt Betroffenen die Erfahrung, zu beurteilen, welcher Preis gerechtfertigt bzw. ob ein bestimmter Aufwand angemessen ist. Vor allem kleinere Unternehmen sorgen sich darum, daß die Kosten aus dem Ruder laufen. Durch Standardisierung kann hier nicht nur Beschaffungsunsicherheit begegnet, sondern oft auch zur Profilierung im Wett bewerb beigetragen werden.

---

[721] Eine genaue Bestimmung ist aber häufig auch danach nicht möglich, weil sich die Ursache-Wirkungsbeziehung nicht eindeutig klären läßt (vgl. Mengen, A. (1994), S. 94 ff; Kienbaum/Meissner (1979), S.112 f.; vgl. auch Backhaus, K./Weiber, R. (1993), S. 73).
[722] Stutz, H.-R. (1988), S. 200; ähnlich: Corsten, H. (1986), S. 24 f.
[723] o.V. (1996a).

> „It´s our belief that when consultants shout from the rooftops about the need for more specialized products, they´re simply venting fresh frustration over an age-old problem - the intangibility of what they create. Clients want more of a product than a bland service - something that can be described and related to hard facts. Consulting is being looked upon increasingly as a commodity instead of a service as it is being purchased at a lower level in the organization."[724]

(1) Die Erhöhung von Ergebnissicherheit

Ein bewährtes Instrumentarium vermag an verschiedenen Stellen eines Beratungsprojektes Fehlentwicklungen zu verhindern. Probleme werden realistisch eingeschätzt, sinnvolle Lösungsalternativen identifiziert und wirksame Maßnahmen für deren Umsetzung getroffen. Dadurch sinkt das Risiko eines Scheiterns.[725] Diese Vorteile hat man bei McKinsey erkannt: „Standardisierung in der Vorgehensweise ist eine extreme Stärke, da die Methodik optimiert wird."[726]

> An dem Beispiel der Nutzwertanalyse wird der Gewinn an Ergebnissicherheit durch den Einsatz eines Instrumentes deutlich.[727] Der Vorzug des Verfahrens besteht darin, daß eine Entscheidung zwischen mehreren zur Verfügung stehenden Alternativen klar strukturiert und durch Einbeziehung mehrerer Beteiligter ein Stück weit objektiviert wird.

Daneben reduziert sich auch das sogenannte Verhaltensrisiko, das aus der unterschiedlichen Arbeitsweise von Beratern resultiert. Der durch Standardisierung erzielte Kanalisierungseffekt führt dazu, daß individuelle Ausführungsunterschiede in nur geringem Maße auf das Ergebnis niederschlagen. Die Eigenschaft von Werkzeugen, als eine Art Leitfaden zu dienen, stellt zudem sicher, daß alle wichtigen Faktoren in die Betrachtung einfließen.

(2) Die Reduzierung von Beschaffungsunsicherheit

Der Beschaffungsunsicherheit sucht ein Klient durch Heranziehung von bestimmten Ersatzkriterien zu begegnen. Nach Zeithaml u.a. kommen dafür Experience-[728], Search-[729]

---

[724] Kennedy, J., zit nach: Directory of Management Consultants 1993, S. 55.
[725] Vgl. Stutz, H.-R. (1988), S. 196.
[726] Zit. nach: Jakobs, J. (1989), S. 61 f.; vgl. auch: Diekhof, R. (1984), S. 46.
[727] Vgl. Blohm, H./Lüder, K. (1992), S. 167 ff; Strasser, H. (1993), S. 162.
[728] Dies bezeichnet eine Qualität, die auf der Erfahrung mit einem bestimmten Anbieter basiert.

und Credence Qualities[730] in Frage.[731] Abbildung 32 stellt einen Zusammenhang zwischen Güterarten bzw. Dienstleistungstypen und der Wichtigkeit von Qualitätsindikatoren her.[732] Beratungsleistungen werden demnach primär aufgrund von Vertrauen gegenüber deren Anbietern beurteilt.

Abb. 32: Qualitätsindikatoren für Güter und Dienstleistungen

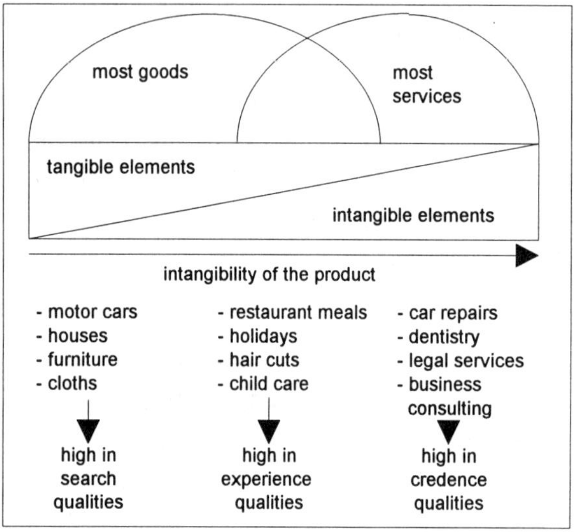

Quelle: Rushton, A./Carson, D. (1989), pp. 29 u. 31.

Die Wichtigkeit von „Experience Qualities" nimmt in dem Maße zu, in dem Klienten mit bestimmten Beratungsanbietern zusammengearbeitet haben. Deshalb gilt: „Ganz gleich, ob mit einem Beratungsprojekt gute oder schlechte Erfahrung gemacht wurde: Das gewonnene Wissen mit Consultants sollte gespeichert werden. Denn der Umgang mit externen Beratern und Beratungsvorgängen überhaupt stellt einen wichtigen Lernprozeß der Organisation dar."[733]

---

729 Hier ist Qualität gemeint, die sich aus der Beurteilung der sichtbaren Leistungsbestandteile wie Personal und Räumlichkeiten ableitet.

730 Dabei beurteilt man die Qualität aufgrund von Informationen, die zur nachgefragten Leistung keinen unmittelbaren Bezug aufweisen, wie z.B. das Image eines Anbieters.

731 Vgl. Zeithaml, V. (1981), S. 186. Zuweilen wird im Beratungsbereich auch der Preis für die Beurteilung der Qualität herangezogen.

732 Güter werden in „search goods", „experience goods" und „credence goods" eingeteilt. Während sich erstere durch Eigenschaften auszeichnen, die sich vor dem Kauf ohne hohe Kosten bestimmen lassen (z.B. Seminarraumvermietung), können Erfahrungsgüter erst in der Nutzungsphase überprüft werden (z.B. Haarschnitt). Vertrauensgüter lassen sich auch nach dem Erwerb kaum oder gar nicht beurteilen. Vgl. Rushton, A./Carson, D. (1989), S. 30 f.; Nelson, P. (1970).

733 Staute, J. (1996), S. 230.

Angesichts des Strebens nach Profilierung und des Bedürfnisses der Klienten nach Reduktion des Kaufrisikos sind Consultants in hohem Maße daran interessiert, es Nachfragern so leicht wie möglich zu machen, relevante Qualitätsindikatoren, insbesondere Credence Qualities, zu erkennen. Die Vermittlung von sogenannten „hidden characteristics“[734] stellt demnach ein vorrangiges Ziel dar.[735] Tabelle 21 zeigt, welche Optionen sich dabei bieten.

Tab. 21: Möglichkeiten zur Reduzierung des Kaufrisikos

Qualitätsdimension	Maßnahme
Experience	• Vermittlung von Referenzen • Ausführung von Testaufträgen[736]
Search	• Beschäftigung von qualifizierten, seriösen und freundlichen Mitarbeitern • Ansprechende Gestaltung der Räume • Wahl geeigneter Standorte (z.B. Lage, Repräsentativität)
Credence	• Aufbau von Corporate Identity und Image[737] • Vorhalten von (Marken-)Produkten

Quelle: Mayer, R. (1993), S. 85; mit Modifikationen.

> „Die guten Unternehmensberater haben das Problem, sich von opportunistischen Konkurrenten abzuheben und ihr überlegenes Angebot für das Problem des Klienten glaubhaft zu machen. ... Deswegen ist zu vermuten, daß alle Institutionen, die der Unsicherheitsreduzierung dienen und den Informationsstand der potentiellen Kooperationspartner verbessern können, in dieser Phase von Bedeutung sind: die Reputation als Ausdruck des Vertrauens, das der Markt in den betreffenden Berater setzt, die Geschäftsfreundschaften, die eine persönliche Vertrauensbasis schaffen, Signale für Vertrauenswürdigkeit und Kompetenz (wie etwa glaubwürdige kommunikationspolitische Maßnahmen und vertragliche Regelungen) sowie der Rückgriff auf existierende Geschäftsbeziehungen.“[738]

[734] Hierunter versteht man alle entscheidungsrelevanten Eigenschaften von Dienstleistungen (vgl. Arrow, K. (1985)).
[735] Vgl. Schade, Ch. (1996).
[736] Die Vergabe eines Testauftrags stellt aus Klientensicht ein vergleichsweise wenig risikobehaftetes Mittel dar, die Qualität eines Beratungsanbieters zu prüfen.
[737] Vgl. dazu Kap. 3.2.3.3.
[738] Kaas, K./Schade, C. (1995), S. 1075.

Der Verweis auf erfolgreich verlaufene Projekte sowie renommierte Referenzkunden kann die Unsicherheit potentieller Klienten erheblich reduzieren (vgl. Tab. 21).[739] Dies ist vor allem dann der Fall, wenn die Zusammenarbeit vom Einsatz eines Beratungs produktes geprägt war.[740]

Mit der einheitlichen Gestaltung aller vom Klienten wahrnehmbarer Beratungsbestandteile, etwa von Büroräumen, Unterlagen oder auch Internet-Homepages, werden zudem eine Corporate Identity und ein Image geschaffen, die Solidität und Seriosität signalisieren und damit den Aufbau von Vertrauen fördern. In noch stärkerem Maße erreicht man dieses Ziel, wenn sich auch die Leistung dank ihrer "einheitlichen" Gestaltung gut in das Unternehmensbild einfügt.[741]

Nachprüfbare Standards werden den Bedürfnissen der Klienten am besten gerecht, weil sie Vertrauens- in Erfahrungseigenschaften verwandeln.[742] Mit dem Erwerb eines Beratungsproduktes bzw. einer standardisierten Leistung minimiert der Käufer das Risiko, einen Fehlkauf zu tätigen: Zwischen- und Endergebnis werden meß- und kontrollierbar, der Preis der Leistung vorhersehbar.[743] Im Rahmen des Principal-Agent-Ansatzes werden Standards deshalb als Signale verstanden, die die Leistungsfähigkeit des Anbieters dokumentieren.[744]

> "Die GKWA (Gemeinkosten Wertanalyse, d. Verf.) ist ein sehr gutes Beispiel einer differenzierten und stark formalisierten Methode, bei welcher sogar die Wortlaute der verschiedenen Mitarbeiterinformationen bereits musterbriefartig vorstrukturiert werden können. Aufgrund des Bekanntheitsgrades dieser Methode und der vielfältigen Erfahrungen sind daher die Konsequenzen und Ergebnisse für den Klienten schon vor Vertragsabschluß klar ersichtlich."[745]

Consultingprodukte signalisieren überdies finanzielle Solidität des Anbieters, weil hinter ihnen in der Regel erhebliche Forschungsinvestitionen und Werbeaufwendungen

---

[739] Vgl. Jeffrey Lant Associates (1981), pp. 32 ff.; Schade, Ch. (1996), S. 211 ff.; Gerybadze, A. (1991), S. 35.

[740] Eine in Beraterkreisen umstrittene Option, das Qualitätsrisiko für Klienten zu reduzieren, stellen sogenannte selbstbindende Maßnahmen dar. Eine vom Beratungserfolg abhängige Entlohnung wird aufgrund von Meßbarkeits- und Zurechnungsproblemen von einem Großteil der Consultants abgelehnt (vgl. Glogler, A. (1994); Lütten, H. (1994)).

[741] Vgl. dazu: Kap. 3.2.3.3.

[742] Vgl. Lütten, H. (1994), S. 96 ff;

[743] Vgl. Gersch; M. (1995), S. 15; Mengen, A. (1993), S. 164.

[744] Vgl. Elschen, R. (1988).

[745] Letsch, M. (1984), S. 26 ff.

stehen, die ein langfristiges Engagement implizieren.[746] „... it is desirable to provide tangible surrogates for the intangible whenever possible."[747] Der Eindruck, daß sich schon viele andere für eine vergleichbare Leistung entschieden haben, vermittelt ein subjektives Gefühl von Sicherheit und Bestätigung.

All dies ist gleichwohl nicht zum Nulltarf zu erhalten. Der Anbieter eines Produktes kann Entwicklungskosten oft keinem konkreten Projekt oder Klienten zurechnen und muß sie deshalb selbst tragen.[748] Die britische Beratungspruppe PA gibt an, daß diese bei ihr etwa 6 - 7 % des Jahresergebnisses verschlingen.

Um derartige Kosten so niedrig wie möglich zu halten, wird man, wie im Falle von BCG und Krupp[749], wo immer praktikabel, Instrumente oder Beratungsprodukte aus konkreten Fällen ableiten. Gerade bei innovativen Leistungen läßt sich aber Risiko nicht völlig ausschalten, weil man sich sonst in eine Zeitfalle begäbe. Das jeweils neueste Produkt wäre veraltet, noch ehe es das erste Mal eingesetzt würde.[750] Die DGM beispielsweise betont, mit der Standardisierung ihres Angebotsspektrums ein hohes Risiko eingegangen zu sein.[751]

3.2.3.3 Die Erhöhung der akquisitorischen Wirkung

„Management consulting is not a product that is neatly packaged and sold at a fixed price. Rather, it is an open-ended activity in which the management problems and solutions are usually ill defined and where the client seeks greater clarity and advice through the consulting process. The consultant has the opportunity to bring his or her intellect to the systematic unraveling of the client's problem and then to apply creativity to the formulation of the sound solution."[752]

Seitdem es möglich ist, durch eine Homogenisierung der Leistung Beratungsprodukte zu bilden, ist die oben von Greiner/Metzger vertretene Auffassung überholt. In der Praxis wird die veränderte Situation vor allem an der Art der Vermarktung von

[746] Vgl. Schade, Ch. (1996), S. 254.
[747] Vgl. Rushton, A./Carson, D. (1989), p. 34.
[748] Vgl. Hill, W. (1990), S. 179; Meister, D. (1990), S. 82.
[749] Hier wurde gemeinsam ein Produkt namens 4K-Programm (Kunden, Kosten, Kreativität und Kommunikation) entwickelt (vgl. Cromme, G. (1996), S. 66).
[750] Vgl. Stutz, H.-R. (1988), S.193.
[751] Vgl. Biallo, H. (1990).
[752] Greiner, L./Metzger, R. (1983), p. 7 f.

Consultingleistungen deutlich: Wenn sich entsprechende Maßnahmen vorher auf den langwierigen Aufbau von Image und Reputation konzentrierten, eröffnen sich jetzt Optionen, gezielt das gesamte Marketinginstrumentarium einzusetzen.[753]

Auf hierfür relevante Aspekte der Preis- und Distributionspolitik wurde bereits eingegangen: So vermag der für ein Produkt geforderte feste Preis das Kaufrisiko von Klienten zu senken. Ferner erlaubt die Übertragbarkeit von Know-how die Übernahme von Tätigkeiten sowohl durch jene als auch durch Dritte. Damit wäre es vorstellbar, ähnlich wie SAP mit sogenannten R/3-Partnerunternehmen[754], produktbezogene Tätigkeiten, in dem Beispiel die Implementation der Software beim Klienten, an bestimmte Partner oder Subunternehmen vergeben werden.

Wesentlich bedeutsamer sind die Möglichkeiten, die sich aus dem Einsatz der Produkt- und der Kommunikationspolitik ergeben. Eine Beratungsleistung ist für Klienten in der Regel erst dann wiedererkennbar, wenn sie wie ein Markenartikel vermarktet wird.[755] Dazu bedarf es vor allem der Markierung, die u.a. über die Herkunft eines Erzeugnisses oder einer Dienstleistung informiert.[756] Diese Chance haben bereits einige Unternehmen im Beratungsbereich genutzt, indem sie, wie im Konsumgüterbereich schon seit langem üblich, den Namen von Produkten als Warenzeichen beim Deutschen Patentamt eintragen ließen (z.B. Segment-of-One[R] von der Boston Consulting Group).[757]

> Berger wehrt sich vehement gegen die Behauptung, daß das von ihm gegründete Unternehmen im Gegensatz zu seinen Konkurrenten kein spezielles Beratungsprodukt besitze, an dem jenes wiedererkannt werden könne: „Im Gegenteil! Ich habe eben Strategy-based-organizing erwähnt. ... Von uns stammt das Business-Leadership-Programm, das Strategie, Organisation und Unternehmenskultur als Konzeptbausteine für strategische Marktführerschaft zusammenfügt, und vieles mehr."[758]

In der Regel mit einer Qualitätsgarantie verbunden kommuniziert die Markierung, daß Klienten immer das gleiche Produkt bzw. die gleiche Leistung erhalten. Damit verein-

---

[753] Kaas/Schade befürchten, daß vornehme Zurückhaltung im Marketing mittlerweile den langfristigen Unternehmenserfolg gefährden kann (vgl. Kaas, K./Schade, C. (1995)).
[754] R3 heißt das Hauptprodukt von SAP.
[755] Vgl. Dichtl, E./Eggers, W. (1992); Nieschlag, R./Dichtl, E./Hörschgen, H. (1997), S. 241 ff.
[756] Vgl. Adams, H. (1991).
[757] Vgl. Oetinger, B. v. (1994), S. 347 ff. Seit 1979 sind auch Dienstleistungsmarken schutzfähig (vgl. Nieschlag, R./Dichtl, E./Hörschgen, H. (1997), S. 244).
[758] Zit. nach: Fix, D./Schweer, D. (1991).

facht sich deren Kaufentscheidung.[759] Dies unterstützt auch die „Verpackung". Je einheitlicher deren sichtbare Merkmale gestaltet sind, desto konsistenter wirkt das Markenbild auf die Abnehmer.

> In sehr konsequenter Weise wird dies im Dienstleistungsbereich von Fluggesellschaften, etwa der Deutschen Lufthansa, verfolgt: „Da unsere Kunden sich von Land zu Land und von Kontinent zu Kontinent bewegen, sollte es selbstverständlich sein, daß sie uns überall in unserer Werbung auch sofort als Lufthansa identifizieren können. Je kontinuierlicher wir uns in unserem werblichen Auftreten verhalten, je weniger wir den Stil unserer Werbung variieren oder gar wechseln, umso größer ist die kumulierte Wirkung aller unserer werblichen Anstrengungen und umso wirtschaftlicher wird der Einsatz unseres Werbebudgets."[760]

Schließlich ist für einen Markenartikel ein hoher Bekanntheitsgrad unabdingbar.[761] Um einen solchen zu erreichen, nutzt man, wie noch zu zeigen sein wird, verschiedene kommunikative Maßnahmen. Damit geht die Forderung einher, daß das Markenprodukt überall erhältlich sein sollte. Dem wird bei weltweit tätigen Beratungsunternehmen oft schon deshalb entsprochen, weil zentral entwickelte Produkte aus Gründen der Fixkostendegression in möglichst großem Umfang und deshalb vielerorts eingesetzt werden müssen.[762]

Für die kommunikative Unterstützung einer Markenstrategie eignen sich indirekte besser als direkte Maßnahmen. Denn aufdringliches Werben bzw. das „Umgarnen" potentieller Klienten verträgt sich nicht mit dem Selbstverständnis einer seriösen Unternehmensberatung.[763] „We will not advertise our services in self-laudatory language or in any manner derogatory to the dignity of the profession."[764] Akquisitionsbemühungen sollen Autorität und Glaubwürdigkeit verbreiten und nicht nach Eigenlob aussehen.[765]

---

[759] Vgl. Lütten, H. (1994); Gersch, M. (1995), S. 15.
[760] Kreutzer, R. (1991).
[761] Berekoven vertritt die Ansicht, daß allein Bekanntheit und erhöhte Nachfrage ein Produkt zum Markenerzeugnis machen (vgl. Berekoven, L. (1992)).
[762] Vgl. Becker, U./Schade, C. (1995), S. 330.
[763] Vgl. Kelly, R. (1981), S.104 u. S.125 f. Interessant wäre es vor diesem Hintergrund zu ermitteln, wie die Sponsoringaktivitäten von Andersen Consulting bei Formel 1-Rennen und Golfturnieren auf deren Image bei potentiellen Klienten wirken.
[764] Vgl. Smith, B. (1990). „Reporter, die ... an Unternehmensberater herantraten, waren froh, wenn sie etwas Umstritteneres erfuhren als die Uhrzeit" (Higdon, H. (1971), S. 9.
[765] Eine eher entgegengesetzte Meinung vertreten Greiner/Metzger (vgl. dies. (1983), p. 43).

Insofern bieten sich vor allem Public Relations-Maßnahmen an. „The subtlety of properly executed public relations activities could bring greater recognition, credibility and prestige than harder marketing tools used by other industries."[766] „The market comes to the consulting firm because of its impeccable reputation, real or imagined. But that reputation has been planted consciously by the firm!"[767] Dies ist auch ein Ergebnis einer Befragung zur Eignung von Akquisitionsmaßnahmen im Beratungswesen (vgl. Tab. 22).[768]

Tab. 22: Eignung von Maßnahmen zur Akquisition von Beratungsprojekten

Kriterium / Maßnahme	Informations-übertragung	Demonstration fachlicher Kompetenz	Aufbau von Vertrauen und Reputation	Informations-kosten
Öffentlichkeitsarbeit	XXX	XXXX	XXX	XXX
Massenwerbung	X	X	X	X
Beziehungsnetzwerk	XXXX	XXXX	XXXX	XXX
Direktmarketing	X	XX	X	XX
Referenzen	XXX	XXX	XXX	XXXX
Empfehlungen	XXX	XXX	XXXX	XXXX
Interpersonelle Kommunikation	XXX	XXX	XXXX	XXXX

XXXX = sehr gut geeignet, XXX = gut geeignet, XX = gering geeignet, X = nicht geeignet

Quelle: Gömann, S. (1994), S. 63.

Im Mittelpunkt der PR-Strategie steht häufig eine charismatische Identifikationsfigur. Sie kann die Idee eines Produktes überzeugend darstellen und wird mit diesem assoziiert. Sie fungiert zudem als Ansprechpartner für die Medien. Der Presse kommt dies insofern entgegen, als Themen im Zusammenhang mit Personen in der Regel einen hohen Erinnerungswert aufweisen und sich deshalb besser „verkaufen" lassen. Solche „Gallionsfiguren" sind z. B. Michael Hammer für Reengineering, Bruce Henderson für den Portfolio-Ansatz, Michael Porter für die Wettbewerbsstrategie und Francis Gouillart für Business Transformation.[769]

> Anfang 1993 verfaßte Michael Hammer zusammen mit James Champy das Buch „Reengineering the Corporation: A Manifesto for Business Revolution". Das Werk wurde weltweit zum Bestseller. Einen nicht unerheblichen Anteil am Erfolg besaß „Business Week", die Hammer einen der vier Business Gurus der neunziger

[766] Consultants News (1980), p. 13.
[767] Greiner, L./Metzger, R. (1983), p. 43.
[768] Hierbei wurden 121 Beratungen und 74 Klienten befragt (vgl. Gömann, St. (1994)).
[769] Vgl. Shapiro, E. (1996), S. 176.

Jahre nannte. „Fortune“ schmückte im August 1993 seine Titelseite mit: „Reengineering: It´s Hot, It´s Happening, It´s Now“.[770]

Als komplementäres Element dazu gelten Artikel und Bücher. Besonders erfolgreich sind dabei diejenigen Autoren, die eine komplizierte Thematik verständlich darzustellen und sie dadurch einer breiten Leserschaft zugänglich zu machen verstehen.[771] Im Optimalfall wird durch Publikationen artikuliert, was Klienten zwar erahnen, nicht aber ausdrücken können.[772] Mit „Auf der Suche nach Spitzenleistungen“ von Peters/ Waterman wurde erstmals deutlich, daß ein Buch eine enorme Nachfrage nach einer bestimmten Art von Beratungsleistungen nach sich ziehen kann.[773]

Durch die genannten Maßnahmen werden nicht nur das Produkten inhärente akquisitorische Potential erhöht, sondern auch das Image des dahinterstehenden Consultingunternehmens geprägt. Es existiert ein enges Wirkungsgeflecht: Sind Beratungsprodukte prägnant, verständlich und daher mit einem hohen Erinnerungswert ausgestattet, wird auch der Hersteller mit derlei Eigenschaften in Verbindung gebracht.[774] Die Marke profitiert vom Unternehmensimage und vice versa.[775] Was dies im negativen Sinne bedeuten kann, hat McKinsey mit der Gemeinkosten-Wertanalyse erfahren. Jahrelang galt man als Vernichter von Arbeitsplätzen, ein Makel, der vor allem vom Einsatz des genannten Instrumentes herrührte.[776] Um Schaden zu begrenzen, stellt Henzler heraus, die GWA sei nie ein Hauptprodukt von McKinsey gewesen, sie mache nur noch etwa 10 Prozent der Aktivitäten aus.[777]

Eine schlagkräftige Kommunikationsstrategie („Medium“) weist nach einer Unter suchung von Harding vor allem drei Elemente auf:[778] Message, Method und Market.

---

770 Vgl. Vitiello, J. (1993), pp. 44 ff.
771 Vgl. Shapiro, E. (1996), S. 176.
772 Vgl. Schnitzler, L. (1992), S. 75; Lietz, J. (1992); Shapiro, E. (1996), S. 176.
773 Vgl. Shapiro, E. (1996), S. 176. Sie vergleicht solche Publikationen mit Kochrezepten: „Sie brauchen eine gute Idee, einen guten Namen und einen ordentlichen Ghostwriter. Dann verdienen Sie sogar noch an den Tantiemen fürs Buch, wobei die im Vergleich zu den Consulting-Honoraren ziemlich lächerlich sind.“
774 Vgl. Hill, W. (1990), S. 179.
775 Vgl. Peters, M. (1995), S. 51; vgl. auch Raffée, H./Wiedmann, K.-P. (1989), S. 603.
776 In einer MAN-Bertriebsversammlung prangerte man die „Gemeinkosten-Wertanalyse (GWA) als menschenverachtend und arbeitsplatzvernichtend“ an (vgl. Carl, P. (1981), S.110).
777 Vgl. Scherer, H.-P. (1992), S. 83; vgl. auch Bierach, B. (1996a), S. 164; Carl, P. (1981), S. 110; v. Plüskow, H.-J. (1989); o.V. (1994a), S.45. Aus der letzten Quelle wird auch deutlich, daß ein Teil der negativen Konnotationen mit Standardisierung im Beratungsbereich konkret auf die Gemeinkosten Wertanalyse zurückzuführen ist.
778 Vgl. Harding, F. (1995).

(1) Die zentrale Botschaft

Die zentrale Botschaft korrespondiert mit bestimmten Erfordernissen des Marktes, die durch konjunkturelle Rahmenbedingungen, besondere Krisensituationen, neue wissenschaftliche Erkenntnisse sowie zum Teil auch Beraterwerbung bedingt sind (vgl. Tab. 23). Wenn Klienten erkennen können, daß ein Produkt bzw. die zugrundeliegende Botschaft genau ihre Bedürfnisse befriedigt, wird dieses zum Selbstläufer: „If a new idea catches on, it can be a goldmine."[779]

Tab. 23: Auslösende Faktoren für Beratungsprodukte

Zeit	Einflußfaktor	Klientenbedürfnis	Beratungsprodukt
1970 - 80	Ölkrise	Reduktion von Kosten	Gemeinkosten-Wertanalyse[780]
	Aufschwung	Diversifikation	Portfoliomatrix[781]
1980 - 90	Konkurrenz aus Fernost[782]	Beschleunigung der Fertigung	Time-Management
		Qualität	Total Quality Management
ab 1990	Rezession	Anpassen der Organisation an veränderte Rahmenbedingungen	Lean-Management Reengineering

„Ich glaube, als Unternehmensberater sind wir in der glücklichen Lage, daß jede Konjunktur für uns eine gute Konjunktur ist, denn geht es den Firmen gut, wollen sie diversifizieren und denken daran, neue Geschäftsfelder zu erschließen, geht es

779 o.V. (1991a), p. 69.

780 Mit der Ölkrise 1973/4 bekamen viele Unternehmen plötzlich einen Blick dafür, wie sie in den Jahren zuvor ihre Organisation aufgebläht und den Gemeinkostenblock über Gebühr vergrößert hatten. Die Industrie fand rasch Gefallen an Verfahren wie der Gemeinkosten-Wertanalyse, die lineare Kostenkürzung vermied, einfach strukturiert war, ausgefeilte Durchführungsregeln vorgab und binnen kurzem Sparpotential erkennen ließ (vgl. Gutzler, E. (1992), S. 120; vgl. auch o.V. (1984a); o.V. (1993c)).

781 Vor allem bei Konzernen bestand das Problem, die mit einer Diversifikation einhergehenden Führungsprobleme zu lösen. Eine Antwort wurde in der Übertragung und Weiterentwicklung von Portfoliomodellen, die ursprünglich aus dem Finanzbereich stammten, gefunden. Hierbei ist besonders die BCG in Erscheinung getreten (vgl. Henderson, B. (1994)).

782 Der Verlust von Marktanteilen an japanische Konkurrenten löste eine Diskussion über Zeit- und Qualitätsaspekte und in der Folge Beschleunigungsprogramme, Just-in-time-Ansätze und Qualitätsförderungsprogramme aus (vgl. o.V. (1991a), p. 70). Im Zusammenhang mit der Restrukturierung von Prozessen kommt auch heute noch dem Zeitaspekt eine wichtige Funktion zu (vgl. o.V. (1989b)).

ihnen schlecht, müssen sie Kosten senken und ihre Hierarchien schleifen, und für beides brauchen sie im Prinzip externe Berater."[783]

In einer Expertenbefragung wurde beispielsweise übereinstimmend Reengineering als das Erfolgskonzept der neunziger Jahre schlechthin genannt. Unternehmen lassen sich mit seiner Hilfe so umorganisieren, daß sie immer differenzierteren Kundenanforderungen gerecht sowie gleichzeitig schlanker und kostengünstiger werden.[784]

Die Bedürfnisse sind allerdings einem fortwährenden Wandel ausgesetzt, weil sich Rahmenbedingen verändert, die Botschaft ihren Zweck erfüllt oder aber eine hinter den Produkten stehende Idee den Erwartungen nicht standgehalten haben.[785] Dadurch unterliegt jedes Beratungsprodukt einem Lebenszyklus.[786] Gerade noch zum Paradigma avanciert, ist die zentrale Botschaft kurz darauf nicht mehr aktuell. Damit wird freilich immer wieder für neues Entwicklungspotential gesorgt.[787]

Erfolgreiche Akteure verstehen es, ihre Botschaft diesem Zyklus anzupassen: Zum einen kann, wie bei einem Relaunch bzw. Update, die „Verpackung" verändert werden.[788] Dies ist beispielsweise bei Lean Management, das sich auf Cost-Cutting-Ansätze zurückführen läßt, zu beobachten.[789] Zum anderen können Anschlußprodukte entwickelt werden, die eine bekannte Idee weiterentwickeln oder konterkarieren (vgl. Abb. 33).[790]

[783] Tiby, K., Arthur D. Little, in: BDU (1992), S. 137 f.
[784] Vgl. o.V. (1994c). „In the pantheon of buzzwords, reengineering is king. Whether you're a multinational corporation or a local print shop, a corporate strategist or a sandwich maker, if you're not tearing down and starting over, then you're not on the cutting edge" (o.V. (1993b).
[785] Vgl. o.V. (1991a), p. 69.
[786] Berger, R. (1989), S. 40; vgl. auch Aaker, D. (1984), pp. 93 ff.
[787] Vgl. o.V. (1990d); Staute, J. (1996), S. 137 f.). Damit können einmal erworbene Vorteilspositionen nicht über Jahre hinweg konserviert bzw. ausgebaut werden.
[788] Vgl. Niedereichholz, Ch. (1994), S. 11; Directory of Management Consultants 1993, S. 55.
[789] Vgl. BDU (1992), S. 137.
[790] Vgl. Staute, J. (1996), S. 65.

Abb. 33: Modewellen von Beraterempfehlungen

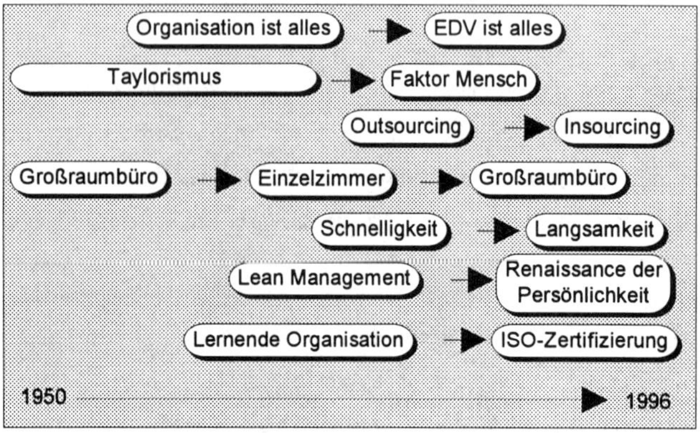

Quelle: Staute, J. (1996), S. 140

Eine solche Strategie der Gegensätze baut darauf auf, daß die Konzentration auf einen bestimmten Aspekt immer eine Vernachlässigung von anderen impliziert, die dann später an der Reihe sind. Dadurch bleibt man im Geschäft.

> Deutlich tritt die Gegensätzlichkeit der Botschaften bei Time-Management-Ansätzen zutage: Durch die Fokussierung auf Schnelligkeit wächst die Geschwindigkeit von Prozessen und somit auch der Steuerungsaufwand. Es ist nur eine Frage der Zeit, daß man sich auf die Vorzüge der Langsamkeit bei der Reduzierung von Komplexität besinnt.[791] Auch Michael Hammer und James Champy haben aus Reengineering so etwas wie einen „Fortsetzungsroman" gemacht. In der jeweils folgenden Runde beschreiben sie die Fehler früherer Versionen, um dann die Antwort auf alle Problemstellungen zu präsentieren.[792]

Eine Portfolio-Analyse eignet sich dazu, Berater bei der Entscheidung zu unterstützen, welche Produkte in welchen Bereichen aufgrund der Marktgegebenheiten entwickelt werden sollten. Abb. 34 zeigt das Beispiel eines Beratungsportfolios mit den Geschäftsfeldern Strategische Unternehmensplanung, Organisationsentwicklung/Reengineering, Personalberatung, Controllingsysteme und Gemeinkostenreduzierungs-Programme.[793]

---

[791] Vgl. Schuppert, D./Walsh, I./Kielbassa, M./Lukas, A./Hobbeling R.-G. (1992).

[792] Vgl. Shapiro, E. (1996), S. 176.

[793] Vgl. Melcher, H. (1982), S. 207 ff. Eine der Schwierigkeiten, die sich hierbei stellen, besteht angesichts der Intransparenz des Beratungsmarktes in der Ermittlung von Marktanteilen.

Abb. 34: Geschäftsfeldportfolio eines Beratungsunternehmens

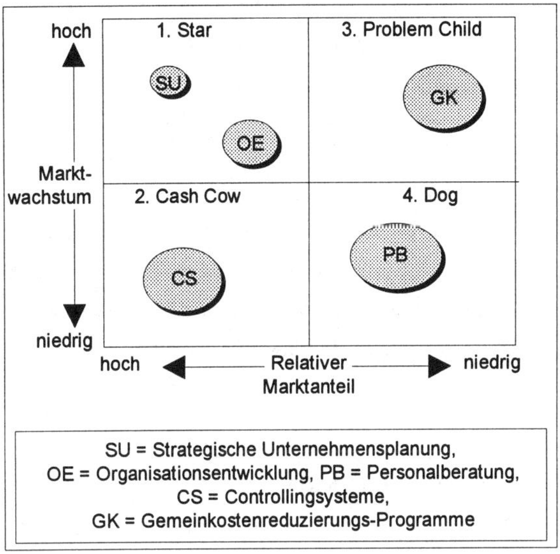

Quelle: Melcher, H. (1982), S. 207.

Nach den gängigen Normstrategien empfiehlt sich folgendes Vorgehen: Zur Sicherung bzw. zum Ausbau des Marktanteils der Stars sollten Investitionen an entsprechender Stelle geleistet werden. Für die Cash Cow ist es ratsam, nur die für die Erhaltung und Festigung des gewonnenen Marktanteils bzw. des positiven Netto-Cash Flow nötigen Investitionen zu leisten. Dies könnte etwa bedeuten, daß bewährte Beratungsprodukte mit vertretbarem Aufwand aktualisiert werden.

Im vierten Quadranten („dog") darf unter keinen Umständen mehr investiert werden. Wenn es möglich ist, sollte gebundenes Kapital freigesetzt werden, z.B. durch Entlassung von Personal. Problem Childs schließlich werden detailliert auf ihr Wachstumspotential hin untersucht. Fällt dieses eher gering aus, muß, wie vorher der Fall, desinvestiert werden.

(2) Die Methodik

Eine effektive Methodik bildet eine wichtige Voraussetzung für den Erfolg eines Beratungsproduktes. Je angespannter die Situation von Klienten ist, desto dringender wird deren Wunsch nach Abhilfe. Wer hier mit einem entsprechenden Produkt reagieren kann, zieht große Nachfrage auf sich. Deshalb liegt ein wesentlicher Erfolgsfaktor darin,

Bedürfniswandel zu antizipieren und dem rasch durch entsprechende Produkte Rechnung zu tragen. Idealerweise kann hierbei auf Module eines Baukastens zurückgegriffen werden, so daß nur bestimmte Teile des Produktes neu erstellt werden müssen. Zudem kann eine größere Nachfrage in einem bestimmten Zeitraum befriedigt werden, weil eine effektive Methodik die Dauer der Projekte verkürzt.

Welche Chancen durch das Fehlen einer Methodik verschenkt werden, mußten Peters und Waterman erfahren. Sie propagierten ihren Erfolgsfaktoren-Ansatz zunächst ohne eine methodische Basis. Erst als sie erkannten, daß die Konkurrenz aufgrund der Eingängigkeit des Konzeptes und des sich abzeichnenden Erfolgs entsprechende Produkte herausbrachte, zogen sie nach.[794]

(3) Das Nachfragepotential

Ein erfolgreiches Produkt vermag Interesse von allen Seiten auf sich zu ziehen.[795] Personen unterschiedlicher Hierarchiestufe aus Unternehmen verschiedener Größe und Branchen fühlen sich idealerweise durch dieses angesprochen. Die Hauptschwierigkeit liegt darin, die Interessen von Führungskräften, die eher mit strategischen Fragen befaßt sind, mit denen des mittleren Managements, das mit operativen Aufgaben beschäftigt ist, zu verbinden.

Beides gelingt beispielsweise bei Business Reengineering: Es bietet ein schlüssiges Konzept sowohl zur Reduzierung von operativen Kosten als auch zur Verbesserung von Qualität. Von der Veränderung von Schlüsselprozessen ist im übrigen die gesamte Organisation betroffen; es ergeben sich einschneidende Veränderungen im Informationssystem und all dies läßt weitere Probleme zutage treten, die nach Abhilfe verlangen. Nach einer Untersuchung der Gartner Group erzielten die zehn größten Spezialisten auf diesem Gebiet bereits 1993 allein mit Reengineering einen Umsatz von etwa einer Milliarde Dollar.[796] Auch bei den renommierten amerikanischen Consultants nimmt Business Reengineering den Schwerpunkt ein (vgl. Tab. 24).

[794] Vgl. Harding, F. (1995).
[795] Vgl. Ebda.
[796] Vgl. o.V. (1994b).

Tab. 24: Produktschwerpunkte renommierter amerikanischer Consultants in den neunziger Jahren

Unternehmen	Produkt
Andersen Consulting	Change Management *Business Process Reengineering* Training (IT)
McKinsey & Company	7-S-Modell Horizontal Corporation High-Performance Teams *Core-Process Redesign* Cross-border Alliances
Booz Allen & Hamilton	Product Lifecycle „Cost of Complexity versus Value of Variety" Advanced Computing Technologies Application Market Driven Capabilities *Corporate Change/Process Redesign* High-Performance Organisation
Gemini Consulting	*Business Transformation*
Arthur D. Little	*High Performance Business* Unwritten Rules of the Game Customer Driven Planning
The Boston Consulting Group	Time-based Competition Segment-of -One Portfolio/Experience Curve
A.T. Kearney	Stages of Excellence Benchmarking *Business Process Reengineering* Customer Satisfaction Time-based Management Logistics Privatisation Consulting
Bain & Company	Transaction Advice Zero Defections Change Management *Business Process Reengineering*

Quelle: The Insider's Guide to Management Consultants, p. 14 f.

Ähnlich motiviert nehmen sich Berater der Entwicklung neuer Führungskonzepte an (vgl. Abb. 35). Erstens wird diesen generell große Aufmerksamkeit seitens der Wirtschaft geschenkt, weil sie häufig die Möglichkeit zur Erzielung eines Wettbewerbsvorteiles bieten. Zweitens löst deren Implementation oft einen erheblichen organisatorischen Wandel aus, was für Beratungsunternehmen weitere Betätigungsfelder eröffnet. Und nicht zuletzt haben Führungskonzepte zumeist ein kurzes Leben. Den bislang letzten Versuch in diese Richtung stellt „The Horizontal Cooperation" von McKinsey dar.[797] Ziel hierbei ist es, eine flachere, flexiblere und durch weniger Hierarchie geprägte Organisation zu schaffen.

Abb. 35: Managementmodelle für diversifizierte Konzerne

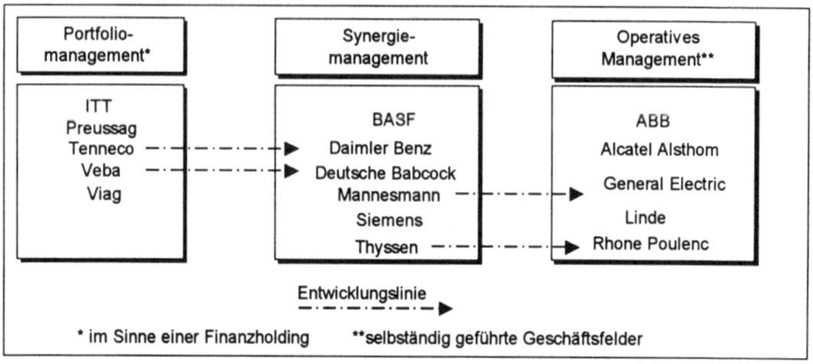

Quelle: Linden, F./Wilhelm, W. (1996), S. 56; mit Modifikationen.

3.2.4 Zusammenfassung

In diesem Abschnitt wurden wichtige Quellen der Effizienzsteigerung, die durch Standardisierung erschlossen werden können, untersucht. Tabelle 25 stellt im Wege einer Synopse den Zusammenhang zwischen der Normierung bestimmter Objekte und den damit erzielbaren Effekten her.

An einem Beispiel soll abschließend gezeigt werden, wie in der Praxis das der Standardisierung innewohnende Erfolgspotential systematisch erschlossen werden kann.[798] „Booz Allen & Hamilton launched the new Knowledge Program for the Worldwide Commercial Business with one overriding objective: to capture and share our best intellectual capital. ... It´s a systematic way of bringing our products and services to market."[799] Im Rahmen dieses Programmes sind alle Berater dazu aufgefordert, fortwährend das in der Projektarbeit erlangte Wissen und die dabei gewonnene Erfahrung in eine Wissensbasis einzubringen.

[797] Vgl. Byrne, J. (1993); Baumann, M. (1994); vgl. auch Valeska, S./Baseden, A. (1993), p. 39.
[798] Vgl. zu folgendem: Booz Allen & Hamilton, Knowledge Works - Discover It!
[799] Ebda., p. 2.

Tab. 25: Standardisierungspotential bei Beratungsleistungen im Überblick

Quellen der Effizienzsteigerung / Normierungsobjekt		Faktornutzung		Mengeneffekte			Schaffung von Transparenz		
		Erhöhung der der Auslastung	Substitution durch günstigere Faktoren	Vorteile bei der Beschaffung	Gewinn an Erfahrung	Erzielung von Synergie	Problemsicht	Reduktion von Risiken	Erhöhung der akquisitorischen Wirkung
Input	Sachanlagen	X		X				X	X
	Wissen	X		X		X		X	
	Klient			X	X	X		X	X
	Berater	X	X	X	X			X	
Prozeß	Beratungsprozeß	X	X		X		X	X	X
	Teilaufgaben	X	X		X	X	X	X	
Output	Beratungsergebnis	X	X		X	X	X	X	X

Das gesammelte Know-how wird dann um extern gewonnene Informationen, etwa aus wissenschaftlichen Studien, ergänzt. In sogenannten Innovation Teams werden daraus systematisch Ideen für Produkte entwickelt. Dies geschieht, indem man Berater zusammenbringt, die an ähnlichen Aufgabenstellungen arbeiten, und den Gedankenaustausch unter ihnen fördert. Damit wird, sonst meistens dem Faktor Zufall überlassen, die Bildung von Produkten institutionalisiert. „The Innovation Teams give us a systematic process for developing great ideas that is organized and funded."[800]

Die Teams, die in der Regel aus 12 bis 15 Beratern bestehen und mit eigenem Budget ausgestattet sind, zeichen auch für die Erstellung und Vermarktung der Produkte sowie die Schulung der Berater verantwortlich. Das Ziel lautet, Themen so auf einen Nenner zu bringen, daß sogenannte HIPs (High Impact Products)[801] entstehen. Diese sollen vor allem den denkbar leichtesten Zugang zum Wissen aller Mitarbeiter weltweit sicherstellen. 1995 wurden zwölf Themenfelder gewählt, von denen vier für die Bildung von HIPs in Frage kamen (vgl. Tab. 26). Die Anforderungen an diese gleichen dabei stark denen, die Harding für erfolgreiche Beratungsprodukte identifizierte:[802]

- „Broadly applicable to most of our target clients across practice and geography",
- „must offer the potential for a Triple Crown assignment, folding in strategy, systems and operations" und
- „it needs to generate large change programs".

Tab. 26: Booz Allen & Hamilton - Themenfelder für Beratungsprodukte

High Impact Product	**Special Interest Group**	
Performance Focussed Management Systems	Marketing	Strategic Sourcing
Business Process Reengineering	Innovation	Strategic Alliances
Global Core	War Gaming	Change Management
Customer Care	Benchmarking	Business Unit Strategy

Quelle: Booz, Allen & Hamilton, Knowledge Works. Discover It!, p. 4 f.

800 Vgl. zu folgendem: Booz Allen & Hamilton, Knowledge Works - Discover It!, p. 3.

801 „A High Impact Product is a synthesis of the firm's best thinking on one particular topic. ... The information is organized to support our consulting cycle, from selling through execution" (vgl. ebda., p. 5).

802 Vgl. ebda., p. 3. Idealerweise befinden sich die HIPs in verschiedenen Evolutionsstufen des Lebenszyklus.

Die acht verbleibenden Themen wurden in Form von sogenannten SIGs (Special Interest Groups) aufbereitet. Die weniger anspruchsvolle Variante beschränkt sich im Gegensatz zu den HIPs auf die Entwicklung bzw. Zusammenstellung von Unterstützungsinstrumenten und die Ermittlung von branchenbezogenen Best Practices.

Die Innovation Teams stellen für jedes HIP folgendes zusammen:[803]

(1) Das „*Concept*" gibt eine präzise Beschreibung, auf welcher Idee ein Produkt basiert, wie und wo dieses eingesetzt werden kann und warum es einen Nutzen für Klienten bietet.

(2) Die „*Client Discussion*" macht deutlich, welches Unternehmen der ideale Kandidat für ein bestimmtes Produkt ist. Performance Focussed Management Systems nützen beispielsweise in besonderem Maße Unternehmen, die in einem Umorganisationsprozeß bereits weit fortgeschritten sind und die in Angriff genommene Veränderung zu Ende bringen müssen.

(3) Unter „*Work Tools*" werden sämtliche Werkzeuge für die Implementation des Produktes zusammengestellt. Dies reicht bis hin zu Richtlinien für Klienteninterviews.

(4) „*Marketing*" umfaßt sämtliches Material, das zur Vermarktung des Produktes verwendet wird, vor allem Artikel, Reden und sogenannte Viewpoints.

(5) Unter „*1-800-Experts*" sind alle Mitglieder der Innovation Teams aufgeführt, die im Falle von weiterem Informationsbedarf kontaktiert werden können. Die Aufstellung gibt zudem Auskunft über eine Spezialisierung sowie die jeweilige Erfahrung der Personen.

Unterstützend wurde schließlich eine elektronische Datenbank namens „Knowledge On-Line (KOL)" geschaffen, die mit Hilfe eines Laptops, den jeder Berater bei sich führt, und moderner Kommunikationstechnologie jederzeit erreicht werden kann und somit den Zugang zu und die Einbringung von aktuellem Wissen gewährleistet.

3.3 Vor- und Nachteile der Standardisierungsstrategie

Neben den durch Standardisierung angestrebten positiven Wirkungen ergeben sich auch solche, die nicht erwünscht sind. Man denke an die Interdependenz von Qualität und Kosten: Eine Verbesserung der einen geht in der Regel zu Lasten der anderen. Interessenkonflikte sind hier programmiert, weil Consultants Leistungen möglichst

[803] Vgl. Booz Allen & Hamilton, Knowledge Works - Discover It!, pp. 5 f.

preiswürdig erbringen wollen, Nachfrager aber tendenziell nach hoher Beratungsqualität streben.[804] Wie sich Schwierigkeiten dieser Art bewältigen lassen, wird ein wesentlicher Aspekt der folgenden Betrachtung sein.

3.3.1 Die Beratungskosten

Mit Standardisierung sinken die Kosten der Beratung, weil sich durch sie Möglichkeiten ergeben, Ressourcen besser auszulasten, billigere Arbeitskräfte einzusetzen sowie Verfahrensweisen zu optimieren. Wenn Leistungen homogenisiert werden, lassen sich auch Lern- und Erfahrungsvorteile sowie größenbedingte Einsparungen erzielen. Hinzu kommt, daß man in Phasen, in denen Ressourcen nicht ausgelastet sind, auf Vorrat produzieren, nämlich Beratungsprodukte entwickeln kann, was sich später bezahlt macht. All dies spricht für Standardisierung, insbesondere auch weil „die Kosten einer Beratung immer wieder als Haupthindernis bei der Inanspruchnahme von Unternehmensberatungsleistungen gesehen werden“[805].

Die Größe des Kostensenkungspotentials korreliert mit der von Beratungsunternehmen. Denn einerseits besitzen umsatzstarke Consultants die Finanzkraft, um in die Erstellung von Beratungsprodukten zu investieren, andererseits steigt mit der Menge an Projekten die Chance, solche Instrumente und Produkte auch einzusetzen und so die Entwicklungskosten zu amortisieren.[806] Zudem werden die Großen der Branche tendenziell von Unternehmen herangezogen, die ihren Beratungsbedarf relativ genau spezifizieren können, was wiederum die Verwendung von standardisierten Instrumenten erleichtert.[807] Kleine sehen sich hier im Nachteil. Sie nutzen eher die Chancen, die sich ihnen durch die persönliche Betreuung von Klienten und die Möglichkeit, schnell und flexibel auf bestimmte Anfragen reagieren zu können, bieten.[808]

Durch die mit der Standardisierung einhergehende Kostenreduzierung werden Beratungsleistungen für bestimmte Klientensegmente erst attraktiv. Unternehmen, die aufgrund

---

[804] Dieser klassische Konflikt zeigt sich an verschiedenen Stellen, etwa auch innerhalb eines Unternehmens zwischen der Produktions- und der Marketingabteilung. Während die erste Skalenvorteile ausschöpfen und daher möglichst wenig Varianten eines Artikels produzieren will, verlangt die zweite nach vielen unterschiedlichen Modellvarianten, um die Bedürfnisse der Kunden besser zu befriedigen und damit höhere Umsätze zu erzielen.

[805] Rüschen, Th. (1990), S. 52.

[806] Vgl. Schade, Ch. (1995), S. 256.

[807] Vgl. o.V. (1988g).

[808] Vgl. Neuschwander, T. (1993).

eines beschränkten Budgets normalerweise die Dienste von Consultants nicht in Anspruch nehmen können, werden ein kostengünstiges Angebot dankbar nutzen. Mitunter besteht sogar das angestrebte Ziel darin, „ ... einige bewährte Problemlösungsmethoden der Unternehmensberatung so auf das Wesentliche zu reduzieren, daß durch die damit verbundene Zeit- und Kostenreduktion auch kleine und mittelständische Unternehmen Beratungsleistungen in Anspruch nehmen können“.[809]

3.3.2 Die Qualität der Leistung

Auf den ersten Blick erscheint der Zusammenhang eindeutig: Mit zunehmender Standardisierung sinken die Kosten und mit ihnen nimmt auch die Qualität einer Beratungsleistung ab.[810] Denn der Verzicht auf individuelle Behandlung wird immer mit Kompromissen hinsichtlich der Güte in Zusammenhang gebracht.[811] Qualität und Standardisierung stehen sich offenbar diametral gegenüber.

Dieser Verdacht wird vor allem durch Verhaltensweisen von Beratern genährt, die im Englischen mit Carbon Copy bezeichnet werden. Dabei überträgt der Consultant standardisierte Beratungskonzepte oder -instrumente ohne Rücksicht auf individuelle Gegebenheiten auf Unternehmen. Nicht anders ist der Fall zu beurteilen, wenn eine Problemstellung so (um-)definiert oder interpretiert wird, daß ein bewährtes Konzept ohne Veränderung eingesetzt werden kann.[812] "(...) they adopted a ´cookie-cutter´ approach: they redefined the brief to match their preconceptions, and they prescribed solutions based on whatever prefabricated model has been the flavour-of-the-month."[813]

Als Beispiel dient hier abermals die Gemeinkosten-Wertanalyse à la McKinsey, weil ihr häufig angelastet wird, „unternehmensrelevante Belange“ nicht genügend zu berücksichtigen.[814] Im einzelnen bemängelt man, daß Abläufe dort nur

[809] Niedereichholz, Ch. (1993), S. 29.
[810] Vgl. Berger, U./Offe, C. (1984), 273 ff.; Garson, B. (1990); Krallmann, H./Herzog, M./Müller, F. (1993), S. 40.
[811] Vgl. Lovelock, C. (1993b), S. 71.
[812] Vgl. ebda. Elfgen/Klaile leiten die Forderung nach Anpassung von Beratungsinstrumenten aus der Unternehmensethik ab. Der Berater habe die Pflicht, die Interessen seiner Klienten zu wahren. Deshalb dürften auch im Falle von wenig Beratungserfahrung keine nicht angepaßten Konzepte verkauft werden. Weiterhin müsse der Berater auf die Annahme von Aufträgen verzichten, die über den Rahmen seiner eigenen Kompetenz hinausreichten (vgl. Elfgen, R./Klaile, B. (1987), S. 96 ff).
[813] o.V. (1988g), S. 9.
[814] Vgl. Bauer, R./Gereke, U./Memmel, R. (1994), zit. nach: o.V. (1994a), S. 44 f..

unzureichend erfaßt[815], Mitarbeiter nicht genügend einbezogen[816] und strategische Erfordernisse nur halbherzig berücksichtigt werden.[817] Und auch vor drastischeren Vorwürfen machen enttäuschte Klienten nicht halt: Die Consultants „spulen ... Methoden mechanisch ab und schlagen Klienten mit Folienbergen tot".[818]

Eine Untersuchung zu Beratungsleistungen im Bereich Human Resources weist nach, daß hier Projekte besonders häufig scheitern, weil Konzepte nicht angepaßt werden.[819] Vielfach glaubt man dort, daß ein Arsenal an Produkten und Werkzeugen für alle Fragestellungen ausreiche. „These consulting firms have standardized their approach by developing a packaged program which may be characterized as a group of services synthesized to form a product that is useful in solving or helping to solve management problems. The firms that sell these programs make professionalization unlikely because professions are supposed to be more service oriented, individualizing the approach to suit each separate client."[820]

Dabei bleibt jeweils der Nutzen für Klienten hinter dem, was maximal möglich wäre, zurück oder aber, im schlimmeren Fall, werden beschlossene Maßnahmen erst gar nicht umgesetzt.[821] Untersuchungen zeigen in diesem Zusammenhang, daß die blinde Übertragung von Beratungskonzepten häufig schon während eines Projektes zu dessen

[815] Jede Veränderung einer Leistung innerhalb einer GWA hat Konsequenzen für den (Leistungs-) Empfänger, die mit ihm abzustimmen sind. Aus Zeitgründen (während einer GWA herrscht Termindruck) sowie wegen der Notwendigkeit, Prozesse sequentiell zu bearbeiten, bleibt die Abstimmung häufig auf der Strecke. Leistungsempfangende Abteilungen, die selbst noch nicht analysiert wurden, sind nicht im Stande, Veränderungsmaßnahmen zu beurteilen. „Es ist die sequentielle Bündelung von Untersuchungseinheiten, die die notwendige gesamtheitliche Betrachtung verhindert" (vgl. Gutzler, E. (1992), S. 122).

[816] Zur Steigerung der Unternehmensproduktivität bedarf es einer sorgfältigen Analyse der Probleme, Engpässe und Kapazitätsreserven einzelner Arbeitsplätze. Die Integration der relevanten Personen bleibt in der Regel aus, weil anstatt der Mitarbeiter, die die Reibungspunkte im Tagesgeschäft genau kennen, die Leiter sogenannter Untersuchungseinheiten befragt werden. Zumindest ein Teil des Verbesserungspotentials wird damit verschenkt. „Schon der durchschnittliche Vorgesetzte weiß über Details dieser Probleme kaum noch Bescheid, doch der Vorgesetzte des Vorgesetzten hegt nur noch eine vage Vorstellung von dem, was jener Mitarbeiter im einzelnen macht" (vgl. Gutzler, E. (1992), S. 123).

[817] Die Methodik der GWA ist darauf angelegt, schnell zu einem Rationalisierungserfolg zu gelangen. Strategische Ziele und Erfordernisse spielen eine nachgeordnete Rolle. Die Konzentration auf Praktikabilität mit vergleichsweise wenig Risiko haben der GWA den Ruf eingetragen, wie ein „Haarschneideautomat" zu funktionieren. Vernachlässigt bleiben potentielle Umweltveränderungen sowie eine darauf abgestimmte Mittelverteilung (vgl. Gutzler, E. (1992), S. 124).

[818] o.V. (1994a), S. 44.

[819] Vgl. Becker, Th./Stern, R. (1972).

[820] Ebda., S. 241.

[821] Vgl. o.V. (1994a).

Abbruch führt.[822] Aus all dem wird die Forderung nach einem generellen Verzicht auf Standardisierung im Consulting abgeleitet.[823]

Doch wäre dies zu kurz gegriffen. Ein komparativ-statisches Modell macht deutlich, daß es sich bei Standardisierung nicht um ein Null-Summen-Spiel handeln muß, bei dem Vorteile auf der einen durch Nachteile auf der anderen Seite erkauft werden, sondern daß das Konzept in einem bestimmten Bereich Erfolgspotential bietet[824], das gleichwohl argumentativ zu untermauern ist.

In Abbildung 36 wird das Verhältnis von Qualität und Kosten der Beratung durch die Kurve QK(1) beschrieben, die einen degressiv steigenden Verlauf aufweist und das Technologieniveau 1 reflektiert. Der Grenzertrag der Kosten nimmt ab oder, anders ausgedrückt, die Grenzkosten höherer Qualität steigen.

Abb. 36: Zusammenhang zwischen Kosten und Qualität (I)

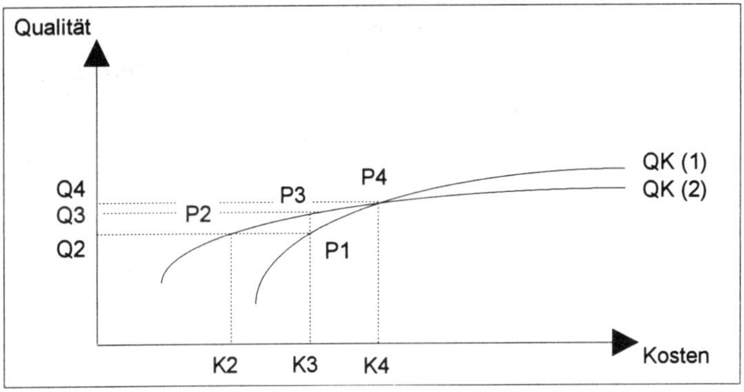

Durch Standardisierung ergibt sich eine Kurve QK(2), die bis zum Punkt P4 links von QK(1) verläuft (vgl. Abb. 36). Dies impliziert, daß in dem Bereich bis zu P4 jedes Qualitätsniveau zu günstigeren Kosten produziert oder die Qualität bei gleichen Kosten verbessert werden kann. Ein Anbieter, der vorher eine Relation, wie sie etwa bei P1 gegeben ist, gewählt hat, könnte sich nunmehr also beispielsweise für P2 oder P3 entscheiden.

---

[822] Stutz, H.-R. (1988), S. 206; die empirischen Ergebnisse, von denen Stutz spricht, beziehen sich auf: Knopf, R./Esser, W./Kirsch, W. (1978), S. 470.

[823] Lütten, H. (1994).

[824] Ähnlich auch Rüschen, Th. (1990), S. 62 ff.

Dies wird, wie bereits ausgeführt wurde, vor allem durch die Existenz intelligenter Technik unterstützt. Die Möglichkeiten schreiten hier, etwa in Form einer Kombination von Baukastensystem mit Informations- und Kommunikationstechnologie, immer weiter fort. Treten dennoch negative Qualitätseffekte auf (z.B. aufgrund von Reibungsverlusten bei der individuellen Anpassung), lassen sich diese oft durch positive, wie etwa die Routinisierung der Leistungserstellung, die Reduzierung des Beschaffungsrisikos des Klienten und die Schaffung von Transparenz, kompensieren. An zwei Beispielen aus dem Dienstleistungsbereich soll deutlich gemacht werden, daß mit Standardisierung durchaus Kosten gesenkt werden können, ohne daß es dabei zu (nachhaltigen) Einbußen bei der Qualität kommen muß:

> Southwest-Airlines gilt als die erfolgreichste Fluggesellschaft im hart umkämpften amerikanischen Inlandsmarkt. Sie hebt sich von ihren Wettbewerbern durch extreme Pünktlichkeit, Freundlichkeit und Preisgünstigkeit ab. Hinsichtlich Zufriedenheit und Qualitätsempfinden der Passagiere nimmt Southwest einen Spitzenplatz unter den Fluggesellschaften ein. Die Hauptursachen ihres Erfolgs liegen in der bewußten Beschränkung auf ein übersichtliches Streckennetz, in der Verwendung eines einzigen Flugzeugtyps (Boeing 737)[825] sowie in dem Verzicht auf die Ausgabe von Mahlzeiten und auf den Anschluß an eines der weltweiten Flug-Reservierungssysteme.[826]

> Aldi setzt auf effizientes, hochstandardisiertes Prozeßdesign, verzichtet auf teure Ladeneinrichtung und umfangreiche Serviceleistungen. Gleichzeitig achtet man aber streng auf die bei Kunden vorhandenen Qualitätserwartungen. Die Güte der Produkte sowie die Schnelligkeit der Abfertigung prägen neben der Preisgünstigkeit das Image des Discountunternehmens.[827]

Welche Relation von Kosten zu Qualität würde ein Nachfrager bei rationalem Verhalten wählen? Ob mit oder ohne Standardisierung sucht er jeweils nach einem Punkt auf den Kurven, an dem das Verhältnis der Grenzqualität zu -kosten und somit das Effizienzniveau der Leistung am höchsten sind.[828] Dies ist (aufgrund der jeweils höchsten Steigung der Tangenten) bei P1 und P5 gegeben (vgl. Abb. 37). Den nach Standardi-

---

[825] Die Verwendung lediglich eines Flugzeugtyps senkt Komplexitätskosten, weil bespielsweise Mechaniker nur für ein Fluggerät geschult werden müssen.
[826] Vgl. Meyer, A./Blümelhuber, C. (1995), S. 31.
[827] Vgl. ebda.
[828] Für diesen Fall wird vorausgesetzt, daß die Kosten des Beratungsanbieters annähernd gleich dem Preis seiner Leistung sind.

sierung erreichbaren Punkt P5 zeichnen deutlich geringere Kosten als P1 (von K1 auf K5) aus, wobei die Qualität nur leicht zurückgegangen ist (von Q1 auf Q5). Deshalb nimmt das Effizienzniveau der Beratung zu. Die Entscheidung eines Klienten hängt in der Praxis letztlich davon ab, welches Qualitätsniveau er noch als akzeptabel betrachtet und wieviel an Mitteln er einzusetzen bereit ist.

Abb. 37: Zusammenhang zwischen Kosten und Qualität (II)

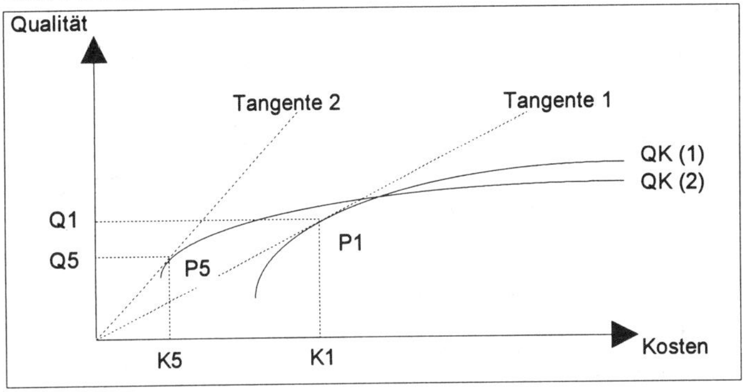

Rechts von dem Schnittpunkt der Kurven stellt die ursprüngliche Funktion QK(1) die interessantere Alternative für Berater und Klienten dar (vgl. Abb. 36), da das dann geforderte bzw. mögliche Qualitätsniveau mit der veränderten Technologie nicht oder nicht gleichermaßen wirtschaftlich zu erreichen ist. Auch wenn durch Standardisierung von Problemlösungstechniken die Effizienz der Produktion zunimmt, existiert ein bestimmter Punkt, ab dem eine individuelle Leistungserstellung z.B. aufgrund der Flexibilität Vorteile in sich birgt.[829]

Je klarer die Aufgabenstellung vor Beginn eines Projektes feststeht[830] und je weniger situative Faktoren in dessen Verlauf eine Rolle spielen, desto eher kann man auf Individualität bzw. Flexibilität verzichten und auf eine vergleichsweise starre Technologie zurückgreifen. Dies ist z.B. häufig bei der Beratung im Zusammenhang mit der Erstellung neuer EDV-Systeme in Großunternehmen gegeben: Ausgangssituation sowie Anforderungen an das System und die Leistungsfähigkeit eines betreuenden Beratungsunternehmens lassen sich sehr präzise formulieren.[831] Abhängig von der Prägnanz und

---

829 Vgl. Bitsch, H./Martini, J./Schmitt, H. (1995), S. 84. Schade kritisiert die mangelnde Beachtung der Flexibilität besonders an dem Qualitäts-Kosten-Modell von Rüschen (vgl. Rüschen, Th (1990), S. 62 ff.). Vgl. Schade, Ch. (1996), S. 239.

830 Dies wird mit Evidenz bezeichnet (vgl. Engelhardt, W./Schwab, W. (1982), S. 506).

831 Vgl. Gersch, M. (1995), S. 74.

Transparenz eines Beratungsangebotes kann der Nachfrager sogar selbst beurteilen, welcher Anbieter über eine effiziente Technologie zur Lösung seines Problems verfügt. Die Beratungsunternehmen, die in Abbildung 38 links unten stehen, werden aufgrund ihres Leistungsprofils verstärkt für Probleme der angedeuteten Art herangezogen.

Abb. 38: Marktsegmentierung in der Unternehmensberatung

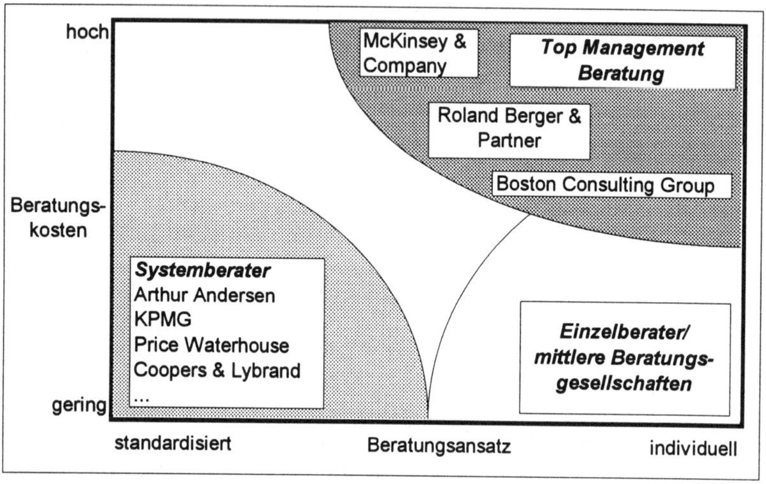

Quelle: Roland Berger & Partner, unveröffentlichtes Dokument; mit Modifikationen.

Bei einem hohen Grad an Unsicherheit hinsichtlich der Problemart bietet sich demgegenüber eher individuelles Vorgehen an.[832] Ein solcher Fall ist beispielsweise gegeben, wenn sich bei einem Konzern die Ertragslage verschlechtert, ohne daß die Gründe dafür erkennbar wären. In der Regel werden dafür Diagnosespezialisten wie die in Abbildung 38 rechts oben angeführten Beratungsgesellschaften eingesetzt. Nach einer individuellen Problemevaluierung muß entschieden werden, ob es sich hier tatsächlich um ein einzigartiges Problem handelt, das eine entsprechende Behandlung erfordert, oder ob auch ein bewährtes Instrument den Mißstand zu beseitigen vermag. Für die Qualität der Lösung ist entscheidend, daß beide Parteien, Klient und Berater, rasch übereinkommen, welche Art von Technologie für die Behandlung des Problems geeignet ist bzw. verwendet werden soll.[833]

[832] Vgl. Schade, Ch. (1996), S. 242 ff.

[833] Die Qualität der Beratung leidet erfahrungsgemäß besonders dann, wenn Entscheider unspezifisch und unter Zeitdruck nach von Beratern beworbenen, vorgefertigten Lösungen verlangen. Auch wenn diese nicht oder nur schlecht für die Situation des Klienten passen, führt die Angst, gegenüber Wettbewerbern einen wichtigen Trend zu verpassen, häufig zu einer solchen Verhaltensweise (vgl. Shapiro, E./Eccles, R./Soske, T. (1994), S. 110).

Higdon vergleicht diese Entscheidung mit der alltäglichen Einkaufssituation von Konsumenten. Sofern diese keine Hilfe brauchen, weil sie genau wissen, was sie benötigen, können sie im Discountgeschäft ein Produkt zu vergleichsweise günstigen Kosten beziehen. „Der gewitzte Käufer (kann) dort mehr für sein Geld bekommen als in dem Prestige-Warenhaus in der Stadt."[834] Ein Klient zieht das Beratungsunternehmen heran, das sich auf sein Problem spezialisiert hat und daher die benötigte Leistung ökonomisch erbringen kann.[835]

Ein großes Hindernis ist immer noch darin zu sehen, daß ein Teil der Klienten ihre Problemstellungen als einzigartig empfinden und daher jeglicher Form von Standardisierung kritisch gegenüberstehen. Individuelle Behandlung wird dann um ihrer selbst Willen zum Qualitätsmerkmal. Mit einer gewissen Berechtigung kann aber davon ausgegangen werden, daß mit zunehmender Verbreitung von standardisierter Technologie diese Haltung aufgegeben wird. Denn je mehr Beispiele für kostengünstigen und gleichzeitig qualitativ hochwertigen Einsatz von Beratungsprodukten existieren und je mehr somit deren Erfolgsträchtigkeit nachgewiesen ist, desto stärker stellen sich Gewöhnungseffekte ein.[836] In den USA beispielsweise entstand der Markt für Beratungsleistungen etwa 20 Jahre früher als der in Europa und der Umgang mit Produkten sowie standardisierten Consultingleistungen ist dort vergleichsweise unkompliziert.[837]

Dies läßt sich auch an den untersuchten Beratungsprospekten dokumentieren. Amerikanische Consultants weisen in ihren Akquisitionsunterlagen gegenüber Klienten ganz unverkrampft auf den Einsatz von Produkten und Instrumenten hin: „Superior products and methodology are absolutely vital to focus attention on the proper problems and opportunities, to rank the appropriateness of various options and to efficiently conduct the consulting work. At A.T. Kearney we pride ourselves on developing and applying superior products in our consulting work."[838]

---

[834] Higdon, H. (1971), S. 37 f.

[835] Vgl. ebda. Dies ist auch ausschlaggebend dafür, daß es in den USA bereits Betriebe gibt, die sich darauf konzentrieren, beispielsweise Verkaufsrouten für bestimmte Branchen zusammenzustellen oder aber Unternehmen bei Verhandlungen mit der Öffentlichen Hand zu unterstützen.

[836] Vgl. Staute, J. (1996), S. 45.

[837] Vgl. Rall, W., McKinsey & Co., in: Ausgewählte Diskussionsbeiträge (1991), S. 106 f; vgl. auch Döring, H. (1990).

[838] A.T. Kearney, Unternehmensprofil; ähnlich Arthur D. Little „The Pathway to Performance", p. 1: „We provide tools that help our clients learn and sustain their learning."

3.3.3 Die Dauer des Beratungsvorgangs

Die Dauer eines Engagements ist eng mit dessen Kosten verbunden. Wenn diese sinken, dann in erster Linie deshalb, weil Berater dank Standardisierung jeweils weniger Zeit für das einzelne Projekt benötigen. Die Tätigkeit kann in bestimmten Fällen einer systemischen Rationalisierung unterzogen, repetitive Prozesse können routiniert abgewickelt werden. Die Möglichkeit der Entkoppelung von Leistungserstellung und -konsum geht oft auch mit einer Reduzierung der Interaktion von Klient und Berater einher. Denn bestimmte Leistungsbestandteile, die sonst auf der Basis gemeinsamer Gespräche zu entwickeln sind, können klientenunabhängig vorproduziert werden und bedürfen nur noch individueller Spezifikation. Damit läßt sich eine erhebliche Zeitersparnis sowohl für den Berater als auch den Klienten erreichen.[839]

Hoffmann hat im Rahmen einer empirischen Untersuchung[840] die Bedeutung einer schnellen Hilfe von Beratern im Vergleich zu anderen Projektdeterminanten ermittelt.[841] Er zeigt, daß der überwiegende Teil der befragten Klienten die direktive[842] einer partnerschaftlichen Beraterrolle vorzieht. Daraus folgt, daß diese allen Maßnahmen, die einen straffen Ablauf eines Projektes gewährleisten, gegenüber Handlungsweisen, die u.U. die Qualität der Lösung noch verbessern könnten (etwa die gemeinsame Lösungsfindung in einem Workshop), aber länger dauern, die höchste Priorität einräumen. Die Ansichten von befragten Beratern sind in diesem Punkt mit denen der Klienten identisch.[843]

In einer akuten Krisensituation verstärkt sich der Wunsch nach schneller Abhilfe. Hier ist der Klient sogar bereit, wissentlich auf bestimmte Anpassungsmaßnahmen zu verzichten, wenn dafür umgehend die größten Mißstände beseitigt werden können. Hierbei bestimmt das situative Involvement und nicht das generelle Interesse an einer Leistung das Kaufverhalten des Beratungsnachfragers.

---

839 Vgl. Rüschen, Th. (1990), S. 52; Gersch, M. (1995), S. 70. Im Hinblick auf die Leistungsqualität gilt es dabei wiederum zu ermitteln, ab welchem Grad der Klient verringerte Interaktion als Mangel empfindet. Denn in vielen Fällen erfüllen gerade die persönlichen Kontakte während der Beratung spezifische Klientenbedürfnisse (vgl. Stutz, H.-R. (1988), S. 200).

840 Als Grundlage der Untersuchung dienten 200 EDV- und Organisationsberatungsprojekte, die an der Wirtschaftsuniversität in Wien von 1985 bis 1988 durchgeführt worden waren (vgl. Hoffmann, W. (1991), S. 21 f.).

841 Vgl. Hoffmann, W. (1991).

842 Eine direktive Rolle nimmt ein Berater ein, wenn er der Kooperation mit den Betroffenen keine große Bedeutung beimißt, wenn er sich als schneller Problemlöser bzw. Realisator und nicht als Informationslieferant oder Gutachter versteht. Der Klient, der solch eine Beraterrolle wünscht, zeichnet sich vor allem durch geringe Bereitschaft zum Lernen und zum Wandel aus.

843 Vgl. Hoffmann, W. (1991), S.101.

3.3.4 Die Vermarktbarkeit der Leistung

Mit der Standardisierung verlieren Leistungen von Consultants ihren abstrakten Charakter. Durch die Möglichkeit, die Einhaltung bestimmter Vorgaben nachzuprüfen sowie Referenzen über eine Beratungsleistung einzuholen, wird Beschaffungsunsicherheit bei Interessenten abgebaut. Der Faktor Sicherheit wiegt vor allem bei wenig beratungserfahrenen Personen sowie bei solchen, die Rechenschaft gegenüber Dritten ablegen müssen, schwer. So wissen gerade Vorstandsmitglieder von Aktiengesellschaften die Transparenz von Beratungsprodukten zu schätzen.

Darin stecken aber auch Nachteile: Know-how kann wesentlich leichter zu Klienten und anderen Beratungsunternehmen abfließen. Damit sinken langfristig die Marktchancen eines Produktes, weil das Wissen immer mehr Allgemeingut wird, für das sich kein Geld mehr verlangen läßt. „Die Beratungsgesellschaften sind deshalb gezwungen, hinsichtlich der Themen wie der methodischen Ansätze dauernd innovativ zu bleiben, damit ihr Leistungsangebot für die Klienten unternehmerisch vorteilhaft bleibt.“[844]

Auch besteht dadurch für Außenstehende, insbesondere Wissenschafter, die Möglichkeit, die Qualität bzw. die Wirksamkeit von Beratungsleistungen zu beurteilen. Homburg etwa hat so in einer Untersuchung zu Erfahrungen mit Reengineering[845] ermittelt, daß „das Konzept in der Anwendung gescheitert ist“[846]. Er weist in der Studie nach, daß bei der Steigerung von Produktivität, Prozeßgeschwindigkeit, -qualität und -flexibilität sowie von Kundenorientierung eine deutliche Diskrepanz zwischen Anspruch und Wirklichkeit vorherrscht. Dies muß die Vermarktbarkeit einer Leistung beeinträchtigen.[847]

Der zentrale Vorteil der Standardisierungsstrategie besteht allerdings in der Möglichkeit, quasi Markenprodukte zu bilden. Dadurch erleichtert sich die Akquisition von

---

[844] Vgl. Petzold, R. (1987), S. 533.

[845] Vgl. Homburg, C./Hocke, G. (1996). Hierbei wurden 100 deutsche Unternehmen zu ihren Erfahrungen mit Reengineering befragt.

[846] zit. nach: Linden, F. (1996), S. 112.

[847] Zuweilen mischen sich sogar Consultants selbst unter die Kritiker. Sie analysieren Konkurrenzprodukte und decken deren Fehler und Schwächen auf. Dies ist ein beliebtes Spiel, weil man sich hierbei einerseits durch besondere analytische Fähigkeiten profilieren und eigene Botschaften verkünden, andererseits das Image von Mitbewerbern schädigen kann (vgl. auch Staute, J. (1996), S. 144). A. D. Little etwa fand heraus, daß nur ungefähr ein Drittel von 500 US-Unternehmen durch ein bestimmtes TQM-Programm eine signifikante Verbesserung der Wettbewerbsfähigkeit zu erzielen vermochte (vgl. o.V. (1992h)).

Projekten und Kunden. Der gewonnene Gestaltungsraum ist aber gleichzeitig sehr verfänglich: Die Grenze zur sogenannten Inszenierung, bei der eine Leistung mit übertriebener Werbung an den Mann gebracht werden soll, wird leicht überschritten.

Die Versuchung, mit dieser Strategie Beratungsprojekte an Land zu ziehen, scheint deshalb sehr hoch, weil nach Nohria/Berkley viele Klienten an einem „fatalen Mangel an pragmatischem Urteilsvermögen“[848] leiden. Dieses besteht normalerweise aus den Komponenten (1) „Sensitivity to Context“ (richtige Einschätzung der Beratungssituation und ein Gefühl dafür, welche Ideen und Ansätze unter spezifischen Bedingungen fruchten könnten), (2) „Willingness to Make Do“ (Wissen, welche Ressourcen im Unternehmen vorhanden, welche kurzfristig zu erhalten sind und wie auf deren Basis Dinge bewegt werden können), (3) „Focus on Outcomes“ (Konzentration auf Ergebnisse) und (4) „Openness to Uncertainty“ (Akzeptanz eines gewissen Grades an Unsicherheit). Gerade letzteres fehlt häufig. Inszenierte Produkte vermitteln den trügerischen Schein, die Umweltbedingungen klar im Griff zu haben bzw. jede relevante Entwicklung antizipieren zu können.[849]

> „Unfortunately, many planners have been content to latch on, often unthinkingly, to the litany of buzzwords that have been coined to help business come to grips with its problems. Like cheerleaders egging on a losing team, they've chanted Quality, Productivity, Benchmarking, Change Management, Reengineering - without always reflecting on what works, how it works, why it works, and what is necessary to make it keep on working. Bandages abound. Real, solid, bone-deep solutions are often wanting.“[850]

Die kritiklose Übernahme von „trendy management techniques“[851] erlaube es Beratern, praktisch alles zu verkaufen. Dies werde noch durch eine allgemeine Unsicherheit, die sich aus forciertem Wettbewerb und einer angespannten Wirtschaftslage ergibt, verstärkt.[852] Das Motto vieler Berater laute deshalb: „Schwierige Probleme auf den Tisch

848 Vgl. Noria, N./Berkley, J. (1994), pp. 129 ff.; ähnlich: Shapiro, E. (1996), S. 172).
849 „Instead of fearing sudden changes, pragmatic managers welcome them as unanticipated opportunities“ (vgl. Noria, N./Berkley, J. (1994), p. 136).
850 Winkelmann, M. (1993).
851 „Adopting new ideas became a way for companies to signal the world that they were progressive, that they had come to grips with their misguided pasts, and that they were committed to change“ (Noria, N./Berkley, J. (1994), p. 128).
852 Noria, N./Berkley, J. (1994), p. 129; vgl. auch Shapiro, E. (1996), S. 174. Damit einher geht der Wunsch, Verantwortung zu delegieren bzw. alles so gut wie möglich abzusichern. Mit dem Erwerb eines Beratungsproduktes wurde eine Art „Mißerfolgs-Outsourcing“ betrieben (vgl. Shapiro, E. (1996), S. 176).

zu legen ist ... weder die schnellste Methode, Kunden zufriedenzustellen, noch der einfachste Weg, neue Klienten zu gewinnen.“[853] Doch muß damit gerechnet werden, daß damit erheblicher Vertrauensschaden angerichtet wird.[854] Die folgenden Zitate vermitteln einen Eindruck davon, wie sehr Beratungsprodukte bzw. -trends bereits Kritik herausfordern:

- „Extravagante Wortwahl und übertriebene Superlative in den Reden der Berater sollen vergessen machen, daß es nicht jedes Jahr einen neuen wirklichen Managementtrend geben kann.“[855]
- "Auf der neuesten Welle reiten, dabei den Höhepunkt der gerade aktuellen Mode erwischen und sich solange mittragen lassen, bis die nächste Modeströmung anrollt - darin lag in den vergangenen Jahren das große Geschäft der Berater. Zu jeder Modeströmung (TQM, Gemeinkostenanalyse etc.) schleppten Berater ein fertig geschnürtes Paket von Instrumenten an, von denen es viele schon vorher gab und die nun in ihrer neuen Umhüllung als ´die Antwort´ auf die Herausforderungen des Wettbewerbs neu vermarktet werden."[856]
- „In einem kollektiven Wahn schwimmt die Branche von Welle zu Welle, um gemeinsam das Gleiche zu tun, das man wenige Jahre später als falsch entlarvt. Für den Augenblick hören sich Beraterworte schön an. Gebrauchen kann man sie selten. Überholt sind sie bald. Dann stehen erneut Beraterinnen und Berater vor der Tür und bieten ihre aktuellen Dienste feil. Ein flacher Trend jagt den anderen.“[857]

Erfolg bzw. Mißerfolg von Projekten, in denen Beratungsprodukte zum Einsatz gelangen, hängt daher immer stärker vom Urteilsvermögen der Klienten ab.[858] Zudem müssen sich Entscheider der unterschiedlichen Funktionen von Beratungskonzepten bewußt sein:

(1) Zum einen vermitteln diese neueste wissenschaftliche Erkenntnisse und machen auf Entwicklungsperspektiven innerhalb bestimmter Branchen[859] aufmerksam. Siemens etwa erwartet von dem Einsatz eines Beraters „frischen Wind“ und methodische

---

[853] Shapiro, E./Eccles, R./Soske, T. (1994), S. 112.
[854] Vgl. Homburg, Ch., zit. nach: Linden, F. (1996), S. 113; o.V. (1991a), p. 69 f.
[855] Staute, J. (1996), S. 158.
[856] Shapiro, E./Eccles, R./Soske, T. (1994), S. 110.
[857] Staute, J. (1996), S. 233.
[858] Homburg, Ch., zit. nach: Linden, F. (1996), S. 113.
[859] Vgl. Kuhlmann, W., UBM Unternehmensberatung, in: BDU (1992), S. 115.

Impulse.[860] In dieser Funktion liegt nach dem Harvard Business School Career Guide der eigentliche Wert von Beratung: "To keep in touch with the state-of-the-art thinking about a particular aspect of management. While millions of managers around the world innovate regulary, consulting firms are, in effect, the hotbed of R&D on magagement topics. Many managers recognize this and use consultants periodically to keep themselves abreast of best current practice in a given area."[861]

Sind aufgrund der Neuartigkeit einer Leistung bzw. einer Problemstellung keine adäquaten Substitute zu einem Beratungsprodukt vorhanden, so kann im übrigen stärker standardisiert werden als bei Leistungen, für die vielfältige Alternativen vorliegen. Da die Klienten nur die Wahl zwischen Akzeptanz oder Ablehnung haben, muß in vergleichsweise geringerem Umfang auf Besonderheiten der Klienten eingegangen werden.[862]

(2) Zum anderen, und dies stellt die eigentliche Gefahr dar, machen Consultants Nachfrager auch auf vernachlässigte Bereiche aufmerksam bzw. sensibilisieren sie für latente Problemfelder wie die in Abbildung 39 dargestellten. Simon spricht von der Fokussierungsfunktion der Beratung.[863] Die hierbei aufgeworfenen Themen sind im Prinzip bekannt, weil sie sich auf betriebswirtschaftliche Grundprobleme, etwa das der Rationalisierung[864], zurückführen lassen.[865] Entsprechende Konzepte müssen, um einerseits Klienten nicht Unfähigkeit zu attestieren, andererseits genügend Umsetzungsdruck zu erzeugen, wie Innovationen vermarktet werden. Aus diesem Grund werden jene häufig mit „Verpackungen“ verglichen.[866] Experten sind sich einig darin, daß amerikanische Consultants diese Art der Vermarktung ihrer Leistungen am weitesten ausreizen.[867]

[860] Vgl. Hirn, W./Krogh, H. (1994).
[861] Kennedy, A. (1994), S. 6.
[862] Vgl. Kreutzer, R. (1991), S. 366 f.
[863] Simon, H. (1996).
[864] „Zwar gaukeln die Beratungsmethoden immer neue Produkte mit aktuellen Etiketten vor. Ein wichtiges Element der Beratungsphilosophie ist jedoch jahrzehntelang gleichgeblieben: Effizienz um jeden Preis; es geht um Rationalisierung“ (vgl. Staute, J. (1996), S. 168).
[865] Vgl. Shapiro, E. (1996), S. 176.
[866] Vgl. Schaffir, W. (1994), S. 60 ff.; o.V. (1994d) u.a.
[867] Vgl. Holberton, S. (1990); Schaffir, W. (1994), S. 60 ff.; Linden, F. (1996), S. 113; Staute, J. (1996), S. 147. Roland Berger veranlaßt dies zu der Behauptung, amerikanische Kollegen neigten „immer wieder zur Standardisierung und Simplifizierung“ (zit. nach: Schulze, N./Voigt, Th. (1994)).

Abb. 39: Veränderung des inhaltlichen Schwerpunktes von Beratungsprodukten

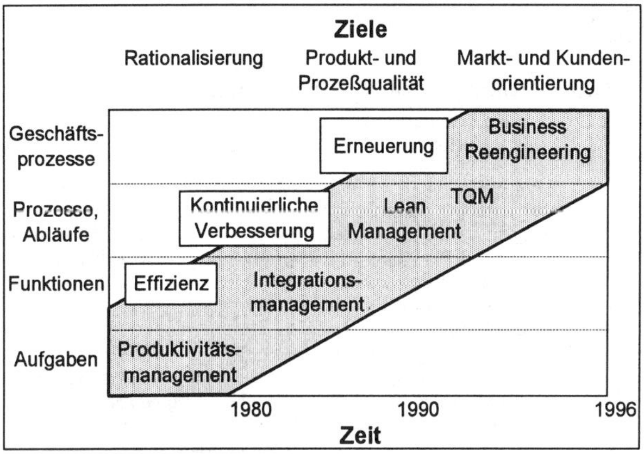

Quelle: Bullinger, H.-J./Roos, A./Wiedmann, G. (1994), S. 15.

„Vielleicht kommt es manchmal nur darauf an, eine alte Tugend mit einem neuen Schlagwort zu belegen, um sie mit neuem Leben zu füllen. Auch beim Reengineering ist es kaum anders: Wer hätte schon das altmodische Wort Prozeßorganisation hinter dem Ofen hervorgeholt?“[868] Shaffir faßt zusammen: „Ich denke schon, daß es immer wieder neue Dinge unter der Sonne gibt, nur daß eben viele unserer Grundfragen von Modediskussionen überschattet werden. Wir trachten danach, unsere Ressourcen zu maximieren. Wie Sie das nennen, ist unerheblich“[869]

Als Konsequenz daraus wird nicht eine generelle Ablehnung, sondern eine Relativierung in der Einschätzung der Produkte gefordert. Klienten sollten in der Lage sein, einerseits Beratungsprodukte, die als Anregung dienen und zu Handlungsbereitschaft führen[870], herauszufiltern, und andererseits „den großen Beratungs-Bluff“[871] entlarven können. Denn auch wenn keine „bahnbrechende Neuigkeit“ hinter jedem neuen Produkt steckt, sollten die Konzepte als Fokussierungsmaßnahme und als potentieller Ideenträger verstanden werden. Oft werden Veränderungstrends gezeigt bzw. bislang unentdeckte Verbesserungschancen deutlich gemacht. So scheint „der mögliche Zugewinn ... allemal

[868] Simon, H. (1996).
[869] Vgl. Schaffir, W. (1994), S. 60.
[870] Shapiro, E. (1996), S. 176.
[871] Staute, J. (1996), S. 234.

größer als das Risiko, daß die Mühe dieser Prüfung gelegentlich durch Begriffsblasen enttäuscht wird".[872] Die beschriebenen Vor- und Nachteile der Standardisierungsstrategie werden in Tabelle 27 zusammengefaßt.

Tab. 27: Vor- und Nachteile der Standardisierungsstrategie

	Vorteil	Nachteil
Kosten	- Höhere Auslastung von Ressourcen - Substituierung von teureren durch günstigere Produktionsfaktoren - Erzielung von Synergie-, Lern- und Erfahrungskurveneffekten - Verfahrensverbesserung - Mengeneffekte	- Erhöhung der Kommunikationskosten - Risiko der Nicht-Amortisation der Entwicklungskosten
Qualität	- Schaffung von Transparenz - Abbau von Risiken - Routinisierung der Leistungserstellung	- Möglichkeit schlechterer Qualität infolge mangelnder Anpassung von Beratungskonzepten - Verlust an Flexibilität
Dauer des Beratungs-vorgangs	- Verfahrensverbesserung - Routinisierung - Entkoppelung von Leistungserstellung und -konsum	
Vermarkt-barkeit	- Möglichkeit der Produktvermarktung - Abbau von Unsicherheit - Beurteilbarkeit durch Außenstehende - Schaffung von Eintrittsbarrieren	- Inszenierung von Beratungs-konzepten - Imitierbarkeit durch Konkurrenz

[872] Klaus, P. (1993).

Teil 4: Kritische Würdigung der Befunde

1. Zusammenfassung der Ergebnisse

Aus den Gegebenheiten am Beratungsmarkt wurde ein Bedarf sowohl an Rationalisierung als auch an Profilierung von Consultingunternehmen abgeleitet. Standardisierung wurde als ein Instrument identifiziert, das beiden Forderungen gerecht wird. Dabei war vor allem ihre kostensenkende Wirkung vergleichsweise einfach nachzuweisen. Ein Großteil aller Maßnahmen, die mit dem Ziel der Rationalisierung unternommen werden, läßt sich auf eine Spielart von Standardisierung zurückführen. Denn durch Vereinheitlichung von Leistungen kann man, wie gezeigt wurde, ein breites Spektrum an kostensenkenden Effekten (u.a. Economies of Scale, Lerneffekte oder aber auch eine effizientere Nutzung von Inputfaktoren) erzielen.

Schwieriger hingegen gestaltete sich die Herstellung eines Zusammenhangs zwischen Profilierungsstreben und Standardisierung. Deshalb galt es zunächst, Dimensionen des Bemühens um Einzigartigkeit zu ermitteln. Dies geschah sowohl auf deduktivem als auch auf induktivem Wege. Ohne Zweifel ließ sich aber feststellen, daß, wenn Normierung auch nicht um ihrer selbst Willen zur Differenzierung im Wettbewerb dient[873], von ihr verschiedene profilierungsfördernde Wirkungen ausgehen. Abbildung 40 vermittelt einen Eindruck davon.

Mit dem klassischen Produktionsmodell gelang es, einen Denkrahmen zu finden, der die in der Praxis zu beobachtenden Phänomene systematisiert. Dieser Schritt war insofern von grundlegender Bedeutung, als erst dadurch der Zusammenhang zwischen Beratungsprodukten, als Wachstumsmotoren des Consultingmarktes, und anderen Formen von Standardisierung deutlich wurde.

Die Betrachtung des Beratungsmarktes macht deutlich, daß im Hinblick auf Standardisierung Licht und Schatten dicht beieinander liegen. Positive Wirkungen auf seiten der Berater werden oft auch durch negative auf seiten des Klienten, insbesondere durch Verzicht auf hohe Qualität, erkauft. Deshalb galt es als eines der zentralen Anliegen zu

[873] Es wurde deutlich, daß selbst eine Profilierung hinsichtlich des Preis-/Leistungsgefüges für Beratungsunternehmen anscheinend nicht sonderlich attraktiv ist.

Abb. 40: Funktionen der Standardisierung im Rahmen der Profilierungsstrategie

Profilierungs-dimension	Art der Profilierung	Beschreibung der Strategie	Vertreter	Ausgestaltung	Funktion von Standardisierung
Leistungs-angebot (Output)	Spezialisierung	Konzentration auf einen bestimmten Ausschnitt aus dem gesamten Beratungsspektrum	Vor allem kleinere und mittlere Beratungen	- Konsequente Reduzierung der Leistungsbreite - Ausbau der Leistungstiefe - F&E im Spezialisierungsfeld	- Erzielung von Lerneffekten - Gewinnung von Erfahrung - Kommunikation der Spezialisierung durch Beratungsprodukte
	"Full-Service"	Möglichst umfassende Abdeckung aller Beratungsbereiche	Große und internationale Beratungen	- Ausbau der Leistungsbreite und -tiefe - Angliederung weiterer Beratungsleistungen - "Kohäsion im Partnerkreis"	- Bereithaltung von aufeinander abgestimmten Modulen
	Qualität	Ausgestaltung der Beratungsleistung so, daß sie die Anforderungen der Nachfrager exakt erfüllt bzw. übertrifft	Alle	- Intensive persönliche Betreuung - Erprobung von Methoden - Vermeidung riskanten Vorgehens - Einhaltung der veranschlagten Projektzeit und Kosten - Service - F & E in den jeweiligen Schwerpunktbranchen - Strenge Kontrolle des Projektfortschritts bzw. des -ergebnisses	- Reduzierung des Risikos - Schaffung von Transparenz - Verfahrensverbesserung - Routinisierung der Leistungserstellung
	Kundennähe	Physische Nähe / Begleitung des Kunden bei seiner internationalen Expansion	Große internationale Beratungen	- Beratungsbüros in strategisch wichtigen Auslandsmärkten	- Weltweit ein Beratungsfokus dank einheitlicher Instrumente und Produkte
		Psychische Nähe bzw. geistige Verbundenheit von Berater und Klient	Kleinere und mittlere Beratungen	- Gemeinsame Implementation mit dem Klienten - Generierung von Branchenerfahrung - Verstehen der Denk- und Verhaltensmuster der Klienten - Kundenbindung durch Seminare, Netzwerke etc.	- Aufnahme von Klientenbedürfnissen in Produkten - Schaffung von Transparenz
Leistungs-erstellung (Input)	Preis-/ Leistungs-verhältnis	Vergleichsweise günstigere Leistungserstellung als durch Konkurrenz	Einzelne Beratungen	- EDV-Unterstützung bzw. Automatisierung von Teilen der Beratung - Standardisierung von Beratungsleistungen - Verringerung der Fertigungstiefe	- Verbesserung des Preis-/ Leistungsverhältnisses

klären, unter welchen Bedingungen Standardisierung für Anbieter und Nachfrager von Beratungsleistungen gleichermaßen vorteilhaft ist bzw. in welchen Situationen unerwünschte Nebenwirkungen überwiegen, so daß eine sehr spezifische Leistungserstellung angeraten erscheint. Nachfolgend sind die erarbeiteten Entscheidungsparameter zusammengestellt (vgl. Abb. 41).

Abb. 41: Entscheidungsdeterminanten für individuelle oder standardisierte Abwicklung von Beratungsprojekten

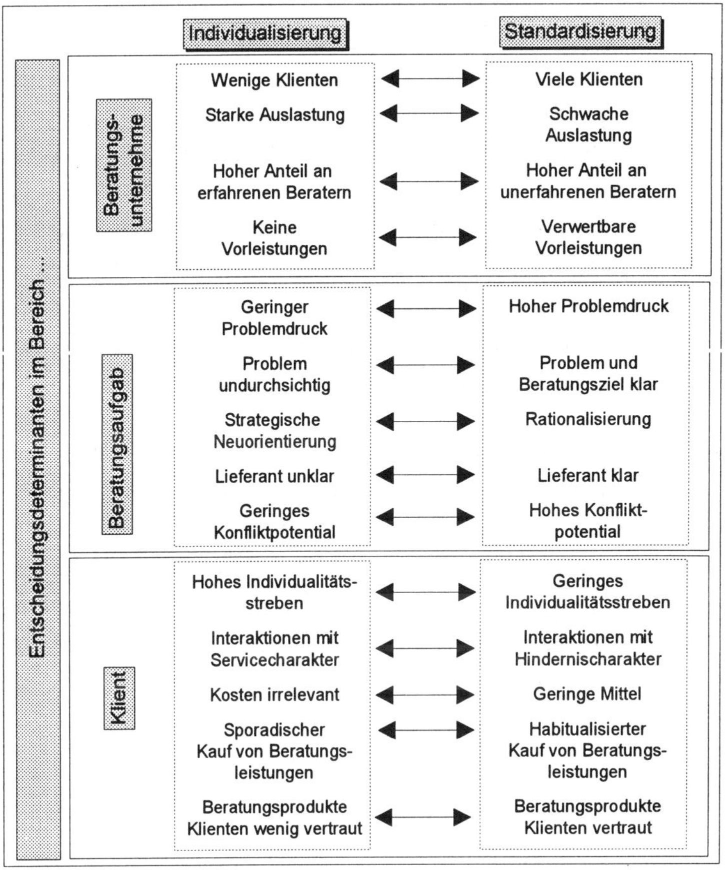

Je größer die Erfahrung eines Beraters ist, desto rascher vermag er sich in einer konkreten Situation für eine der beiden Strategien zu entscheiden. In einem nicht ganz ernst gemeinten Beispiel würde sich ein schlechter Vertreter der Zunft dadurch

entlarven, daß er einem Orchester, dessen Kosten zu hoch sind, ein Standardkonzept verkauft, welches vorsieht, die Anzahl der Musiker um 50 Prozent zu reduzieren und dafür die verbleibenden doppelt so laut spielen zu lassen.[874]

Es zeigte sich auch, daß oft gar keine eindeutige Entscheidung für oder wider standardisierte bzw. individuelle Leistungserstellung getroffen werden kann. Denn fast immer bestehen Beratungsaufgaben, wie andere Leistungen auch, sowohl aus einzigartigen als auch aus repetitiven Elementen.[875] Dem kann von Beratungsseite organisatorisch in idealer Art und Weise durch die Bildung eines Baukastensystems entsprochen werden. Je nach Beschaffenheit der Aufgabenstellung können standardisierte und individuelle Module flexibel miteinander kombiniert werden.

Die Existenz solcher Bausteine kommt auch der Bildung von Beratungsprodukten zugute: Sowohl die Effizienz als auch die Geschwindigkeit deren Erstellung steigen durch die Verwendung vorhandener, erprobter Elemente. In Hinblick auf ständig wechselnde Trends im Beratungsmarkt wird der (nicht selten wettbewerbsentscheidende) Vorteil kurzer Entwicklungszeiten von Produkten deutlich. Experten sehen in der Existenz eines solchen Modulsystems - unter Voraussetzung ent sprechender Pflege - bereits einen der zentralen Erfolgsfaktoren im Consultinggeschäft.

Zusammenfassend kann man feststellen, daß ein Großteil der Beratungsunternehmen die Vorteile der Standardisierung erkannt hat. Dies läßt sich u.a. aus der im Rahmen der Arbeit untersuchten Beratungsprofile erkennen: Dort führt man „Instrumentarien" bzw. „Tools", „Werkzeuge" und „Produkte" ins Feld, um potentielle Klienten von der eigenen Leistungsfähigkeit zu überzeugen. In der tatsächlichen Umsetzung werden aber große Unterschiede deutlich. Während Consultants wie Arthur D. Little oder Booz, Allen & Hamilton danach streben, das in der Strategie liegende Potential konsequent und erschöpfend zu erschließen, handeln viele andere intuitiv und unsystematisch.

---

[874] Vgl. Staute, J. (1996), S. 29.

[875] Berater besitzen selbst auch eine Möglichkeit, den Anteil an repetitiven und damit standardisierbaren Elementen in Projekten zu erhöhen. Dazu müssen sie sich auf bestimmte Segmente des Marktes, in der Regel auf Branchen oder Problemstellungen, spezialisieren.

2. Strategische Implikationen für das unternehmerische Handeln

(1) Anbieter von Beratungsleistungen

Standardisierung stellt kein Patentrezept dar, das für alle Berater und jede Problemsituation gleichermaßen gut geeignet ist. Gleichwohl wohnt ihr - sinnvoll eingesetzt - ein Bündel von Vorteilen inne. Je nach Nachfragesituation, mit der sich ein bestimmtes Consultingunternehmen konfrontiert sieht, spricht Verschiedenes für den Einsatz der Standardisierungsstrategie.

Ein Großteil der Consultants findet in dieser eine geeignete Möglichkeit, dem Rationalisierungsdruck,dem heutzutage jedes Unternehmen ausgesetzt ist, zu begegnen. Vor allem die mittleren und kleineren unter ihnen suchen aufgrund des intensiven Wettbewerbs nach Ansätzen, die Kosten der Leistungserstellung zu senken. Sie können oft nicht umhin, den Preis als wichtigstes Marketinginstrument einzusetzen.

Für einen weitaus kleineren Teil bildet die in den Beratungsprodukten liegende Chance zur Profilierung das zentrale Motiv für Standardisierung. Diese läßt sich namentlich von solchen Unternehmen ergreifen, die einerseits bereits einen gewissen Bekanntheitsgrad erlangt haben, auf dem Vermarktungsanstrengungen aufbauen können, andererseits aber noch nicht zur Gruppe derer gehören, die das Branchenbild prägen. Hier bildet ein Beratungsprodukt oft die einzige Möglichkeit, die eigene Leistungsfähigkeit herauszustellen. Für kleinere Unternehmen rechnen sich in der Regel die Investitionen sowie aufwendigen (Kommunikations-) Maßnahmen, die die Vermarktung von Beratungs produkten erfordern, nicht.

Bei Top-Management-Consultants kommt ein Spezifikum hinzu: Der Rationalisierungs- und Profilierungsdruck ist nicht so ausgeprägt, wie angenommen. Als Indiz dafür können das überdurchschnittliche Umsatzwachstum, die vergleichsweise starre Preispolitik, die sie treiben, die intensive Personalakquisition und der konsequente Ausbau der Geschäftstätigkeit im Ausland gelten.[876] Standardisierung dient hier in allererster Linie zur Bewältigung des Wachstums. Dank der Weitergabe von Know-how in Form von Beratungsinstrumenten und -produkten können Nachwuchskräfte vergleichsweise

[876] Reputation scheint so schwer zu wiegen, daß es sich Unternehmen wie McKinsey leisten können, auf die Weitergabe von in Standardisierung wurzelnden Einsparungseffekten zu verzichten.

schnell und produktiv eingesetzt werden, was zudem noch die Ertragslage eines Unternehmens verbessert. Wachstum ist daneben auch erforderlich, weil nur über damit einhergehende verbesserte Aufstiegsmöglichkeiten ehrgeizige Mitarbeiter an ihren Arbeitgeber (langfristig) gebunden werden können.

(2) Nachfrager von Beratungsleistungen

Probleme in Unternehmen lassen sich häufig auf typische Ursachen zurückführen. So stellt die Boston Consulting Group bei einer Überprüfung ihrer eigenen Tätigkeit fest, ein „Haupthindernis für Prozeßverbesserung" bestehe in dem Glauben, daß jeder Fall anders gelagert sei. Durch Entkoppelung von Diagnose- und Lösungsphase kann in vielen Fällen der Einsatz von Beratern effizienter gestaltet werden. Während man zwar bei der Analyse einer komplexen Problemstellung gut beraten ist, sich auf den breiten Erfahrungshintergrund und die bewährten Instrumente eines Allroundkönners zu verlassen, spricht wenig dagegen, bei deren Lösung standardisierte Leistungen von damit arbeitenden Consultingunternehmen in Anspruch zu nehmen.

In vielen Fällen erscheint nicht erforderlich, um nochmals den Vergleich von Higdon zu bemühen, den gesamten Einkauf in einem Prestige-Warenhaus zu tätigen. Oft genügt es, nur einen Teil der benötigten Waren dort zu erwerben. Besteht Klarheit darüber, welche auch anderwärts erworben werden können, läßt sich getrost nach einem Discounter Ausschau halten. Das empfundene Leistungsrisiko, das oftmals diesen Weg verbaut, reduziert sich zusehends aufgrund der höheren Transparenz von Beratungsprodukten.

3. Weiterer Forschungsbedarf

Nachdem die große Bedeutung von Beratungsprodukten für die Branche herausgearbeitet wurde, drängt sich die Frage auf, für welche Problemstellungen diese Form der Standardisierung prinzipiell in Frage kommt. Eine konsequente Weiterführung des mit der vorliegenden Arbeit eingeschlagenen Weges könnte daher in der Entwicklung eines Expertensystems bestehen, das erfolgversprechende Produktideen systematisch erfaßt.[877] Marktmonitoring- oder Frühwarnsysteme, die hauptsächlich im Bereich des Marketing eingesetzt werden, stellen hier nützliche Denkansätze dar.

In einer weiteren Ausbaustufe wäre zu klären, unter welchen Bedingungen es ökonomisch sinnvoll erscheint, selbst ein Thema zu lancieren oder sich mit einem Produkt an vorhandene Ideen anzuhängen. Wird der erste Weg eingeschlagen, gilt es zugleich aber auch festzustellen, wann der richtige Zeitpunkt gekommen ist, um sich aus einem bestimmten Themenfeld zuu verabschieden. Dieser Schritt kann aus zwei Gründen notwendig werden: Entweder nimmt der Markt das betreffende Produkt nicht an oder aber, im Erfolgsfalle, kommt es mit der Zeit durch Trittbrettfahrer zu einer Erlös- und Ertragserosion. Nur durch rechtzeitiges Aufgreifen neuer Fragestellungen kann jedoch langfristig ein innovatives Unternehmensimage aufgebaut bzw. konserviert werden.[878]

---

[877] Aus den Unterlagen sowohl von Arthur D. Little als auch von Booz, Allen & Hamilton geht hervor, daß dort institutionalisierte Formen der Marktbeobachtung bereits Realität sind (vgl. Booz, Allen & Hamilton, Knowledge Works, p. 9; Arthur D. Little, The Pathway to Performance, p. 3).

[878] Vgl. Burghard, W./Kleinaltenkamp, M. (1996), S. 175.

A.T. Kearney, Unternehmensprofil, o.O., o.J.

Aaker, D. (1984): Developing Business Strategies, New York/Toronto.

ACME (1987) (Hrsg.): How to Select and Use Management Consultants, New York.

Adams, H. (1991): Beratung bei der Instandhaltung, in: Blick durch die Wirtschaft, 3.6.1991, Nr. 103.

Albach, H. (1987): Erfahrungskurve, Kapazitäten und Unternehmensstrategie, in: Albach, H. (Hrsg.): Erfahrungskurve und Unternehmensstrategie (ZfB-Ergänzungsheft), Wiesbaden, 1987, S. 1 -10.

Allanson, S. (1985): Interne Beratung, St. Gallen.

Alpers, H./Sattler, A. (1991): Wie mache ich mich als Unternehmensberater selbständig - Tätigkeitsbereiche, Beratungsablauf, Beratermarketing, 4. Aufl., Bonn.

Arbeitsgemeinschaft für wirtschaftliche Verwaltung e.V. (AWV) (1990): Unternehmensberatung - Ein Leitfaden für die erfolgreiche Zusammenarbeit mit einem Unternehmensberater, Eschborn.

Arrow, K. (1985): The Economics of Agency, in: Pratt, J./Zeckhauser, R. (Hrsg.), Principals and Agents: The Structure of Business, Boston, pp. 37 - 51.

Ausgewählte Diskussionsbeiträge (1991): Ausgewählte Diskussionsbeiträge zum Themenbereich Konzeption, Strategien und Vorgehensweise der internationalen Management-Beratung, in: Wacker, W. (Hrsg.): Internationale Management-Beratung: Tagungsband zur Fachtagung der Wissenschaftlichen Kommission Internationales Management im Verband der Hochschullehrer für Betriebswirtschaft e.V., Berlin, S. 103 - 110.

Backhaus, K./Späth, G.-M. (1992): Unternehmensberatung durch Wirtschaftsprüfer: Eine sortimentspolitische Grundsatzentscheidung, in: DBW, Jg. 52, 1992, S. 761 - 776.

Backhaus, K./Weiber, R. (1993): Das industrielle Anlagengeschäft - Ein Dienstleistungsgeschäft?, in: Simon, H. (Hrsg.): Industrielle Dienstleistungen, Stuttgart, S. 67 - 84.

Baethge, M./Overbeck, H. (1986): Zukunft der Angestellten, Frankfurt/New York

Baethge, M./Overbeck, H. (1990): Systemische Rationalisierung von Dienstleistungsarbeit und Dienstleistungsbeziehungen: Eine neue Herausforderung für Unternehmen und wissenschaftliche Analyse, in: Rock, R./Ulrich, P./Witt, F. (Hrsg.): Strukturwandel der Dienstleistungsrationalisierung, Frankfurt/New York, S. 149 - 175.

Balzer, A./Wilhelm, W. (1995): Die Firma, in: manager magazin, Jg. 25, 1995, Nr. 4, S. 43 - 57.

Bauer, R./Gereke, U./Memmel, R. (1994): Gemeinkostensenkung oder schlanke Verwaltung - Eine Untersuchung über Mythos und Realität technisch-organisatorischer Veränderungen am Beispiel der Gemeinkostenwertanalyse, Arbeitsbericht des Lehrstuhls für allgemeine und industrielle Betriebswirtschaftslehre der Technischen Universität München, München.

Baumann, M. (1994): Entmachtung der Patriarchen, in: Forbes, Nr. 2, 1994, S. 46 f.

BDU (1991a) (Hrsg): Was erwarten Klienten in den 90er Jahren von Unternehmensberatern?, Bonn.

BDU (1991b): Der Markt für Unternehmensberatungsleistungen in Europa, Bonn.

BDU (1992) (Hrsg.): Szenario 2000 - Wie gestalten Berater ihre Zukunft?, Podiumsdiskussion, Deutscher Beratertag 1992 - Hamburg, 19./20.11.1992, Bonn, S. 97 - 150.

BDU (1993a): BDU Geschäftsbericht 1993, Bonn.

BDU (1993b): Kongress-Dokumentation Deutscher Beratertag 1993, Bonn.

BDU (1995): BDU Geschäftsbericht 1995, Bonn.

BDU (o. J.): Berufsgrundsätze für Unternehmensberater und Personalberater, Bonn.

Becker, Th./Stern, R. (1972): Professionalism, Professionalization, and Bias in the Commercial Human Relations Consulting Operation: A Survey Analysis, in: Journal of Business, Vol. 46, 1972, pp. 230 - 257.

Becker, U./Schade, C. (1995): Betriebsformen der Unternehmensberatung, in: zfbf, Jg. 47, 1995, S. 327 - 354.

Benölken, H. (1992): Spezialisierung bietet internationale Chancen, in: Handelsblatt, 19.11.1992, Nr. 224, S. B7.

Benölken, H./Greipel, P. (1990): Dienstleistungsmanagement, Wiesbaden.

Berekoven, L. (1983): Der Dienstleistungsmarkt in der Bundesrepublik Deutschland. Theoretische Fundierung und empirische Analyse, Bd. 1, Göttingen.

Berekoven, L. (1992): Von der Markierung zur Marke, in: Dichtl, E./Eggers, W. (Hrsg.): Marke und Markenartikel als Instrumente des Wettbewerbs, München, S. 25 - 45.

Berger, R. (1979): Auf dem Weg zu kritischer Partnerschaft, in: manager magazin, Jg. 9, 1979, S. 121 - 128.

Berger, R. (1989): Consulting aus der Sicht eines Multispezialisten, in: Meffert, H./Wagner, H. (Hrsg.): Unternehmensberatung - Was bringt Consulting? Dokumentation des Workshops vom 24.11.1988; Dokumentationspapier Nr.51, Münster, S. 35 - 46.

Berger, U./Offe, C. (1984): Das Rationalisierungsdilemma der Angestelltenarbeit, in: Offe, C.: Arbeitsgesellschaft: Strukturprobleme und Zukunftsperspektiven, Frankfurt/New York, S. 271 - 290.

Bernhard, U. (1993): Rezession schlägt sich in der Beratungstätigkeit nieder, in: Handelsblatt, 23.9.1993, Jg. 47, 1993, Nr. 187, S. 17.

Berninghaus, H. (1991): Trends im Beratungsumfeld und Konsequenzen für die Methodik der Unternehmensberatung, in: Wacker, W. (Hrsg.): Internationale Management-Beratung: Tagungsband zur Fachtagung der Wissenschaftlichen Kommission Internationales Management im Verband der Hochschullehrer für Betriebswirtschaft e.V., Berlin, S. 51 - 63.

Berry, J. (1984): Consulting in Europe, in: JMC, Vol. 1, 1984, Nr. 2, pp. 7 - 14.

Berry, L. (1984): Service Marketing is Different, in: Lovelock, C. (Hrsg.): Service Marketing - Text, Cases and Readings, Englewood Cliffs, N.J., pp. 29 - 37.

Beyer, J./Kett, I. (1992): Unternehmensberatung gewinnt an Akzeptanz, in: SZ, 19./20.12.1992.

Biallo, H. (1990): Am Tropf der Großbank, in: Wirtschaftswoche, Jg. 44, 16.2.1990, Nr. 8, S. 56 - 66.

Bickel, W. (1981): Über den Umgang mit Beratern, in: ZfO, Nr. 1, 1981, S. 43 - 46.

Bierach, B. (1995): Wie ein Hans Dampf, in: Wirtschaftswoche, Jg. 49, 9.11.1995, Nr. 46, S. 116 - 125.

Bierach, B. (1996a): Der leise Riese, in: Wirtschaftswoche, Jg. 50, 29.2.1996, Nr. 10, S. 162 - 165.

Bierach, B. (1996b): Überwiegend Standardprodukte, in: Wirtschaftswoche, Jg. 50, 29.2.1996, Nr. 10, S. 164.

Bitsch, H./Martini, J./Schmitt, H. (1995): Betriebswirtschaftliche Behandlung von Standardisierung und Normung, in: zfbf, Jg. 47, 1995, S. 66 - 85.

Blake, R./Mouton, J. (1976): Consultation, London et al.

Bleicher, K. (1992): Das Konzept integriertes Management, 2. Aufl., Frankfurt/New York.

Blohm, H./Lüder, K. (1992): Investition, 7. Aufl., München.

Bollnow, O. (1959): Existenzphilosophie und Pädagogik, Stuttgart, S. 18.

Booz Allen & Hamilton: Knowledge Works - Discover It!, o.J., o.O.

Booz Allen & Hamilton: Problemlösungsverständnis - Lösungskompetenz – Implementierung, o.J.

Bossard Consultants: Pulmann-Problemlösungsmethode,o.J., o.O.

Bosscher, A./Hendricks, I. (1989): Management Consulting und Beraterausbildung in den Niederlanden, in: Sertl, W./Zapotoczky, K. (Hrsg.): Neue Leistungsinhalte und internationale Entwicklung der Unternehmensberatung, Stuttgart/Berlin/Köln, S. 291 - 340.

Bredt, O. (1961): Wer ist und was nützt ein Berater?, in: Der Volkswirt, Beilage „Wirtschaft und Technik", Jg. 15, 1961, Nr. 14, S. 4.

Brockhaus, W. (1977): Prospects for Malpractice Suits in the Business Consulting Profession, in: Journal of Business, Vol. 50, 1977, Nr. 1, pp. 70 - 75.

Bruhn, M. (1996): Qualitätsmanagement für Dienstleistungen: Grundlagen, Konzepte, Methoden, Berlin/Heidelberg/New York.

Buchan, J. (1987): Plenum Sweetens Arthur D. Little Bid, in: FT, 18.8.1987, Nr. 30314.

Buchholz, G. (1983): Rationalisierung im Konjunkturverlauf, Spardorf.

Bücker-Gärtner, H. (1983): Bürorationalisierung und die Auswirkung auf die Beschäftigten in Betrieben und Behörden, Aachen.

Bullinger, H.-J./Niemeier, J. (1990): Strategiegeleitete Innovationen - Potentiale des Einsatzes von IuK-Technologien in Büro und Verwaltung, in: Rock, R./Ulrich, P./Witt, F. (1990) (Hrsg.): Strukturwandel der Dienstleistungsrationalisierung, Frankfurt/New York, S. 81 - 125.

Bullinger, H.-J./Roos, A./Wiedmann, G. (1994): Amerikanisches Business Reengineering oder japanisches Lean Management?, in: Office Management, Jg. 42, 1994, Nr. 7/8, S. 14 - 20.

Bürger, F. (1991): Der Berater sollte nicht immer von außen kommen, in: Blick durch die Wirtschaft, 24.9.1991, Nr. 184.

Burghard, W./Kleinaltenkamp, M. (1996): Standardisierung und Individualisierung - Gestaltung der Schnittstelle zum Kunden, in: Kleinaltenkamp, M./Fließ, S./Jacob, F. (Hrsg.): Customer Integration: Von der Kundenorientierung zur Kundenintegration, Wiesbaden, S. 163 - 176.

Bürgi-Wittwer, A. (1987): Unternehmensberatung im Wandel, in: Der Schweizer Treuhänder (1987), S. 296 - 299.

Buzzell, R./Gale, B. (1989): Das PIMS-Programm, Wiesbaden.

Byrne, J. (1993): The Horizontal Corporation, in: Business Week, Nr. 20, 1993, pp. 16 - 21.

Byrne, J. (1994): Hired Guns Packing High-Powered Knowhow, in: Business Week, Nr. 12, 1994, pp. 56 - 58.

Byrne, J./McWilliams, G. (1993): The Alumni Club to End All Alumni Clubs, in: Business Week, 20.9.1993, p. 41

Camp, R. (1989): Benchmarking: The Search for Industry Best Practices, Milwaukee, Wis.

Carl, P. (1981): Wenn McKinsey kommt, in: manager magazin, Jg. 11, 1981, Nr. 9, S. 110 - 115.

Carty, P. (1992): Life Still Tough for the IT Consultant, in: FT, 21.10.1992.

Chatterjee, P. (1989): US Consultants May Consolidate But Not Merge, in: FT, 6.3.1989, Nr. 30786.

Clark, J. (1940): Toward a Concept of Workable Competition, In: American Economic Review, Vol. 30, 1940, pp. 241 - 246.

Collis, D. (1994): The Management Consulting Industry, in: Wai-Chan, Ch. (ed.): Management Consulting 1994 - Harvard Business School Career Guide, Boston, Ma., pp. 1 - 3.

Consultants News (1980) (Hrsg.): Public Relations for Management Consultants - A practical compendium, Fitzwilliam, N.H.

Coopers & Lybrand Unternehmensberatung (1993): Solutions for Business, Unternehmensprofil

Corsten, H. (1985a) (Hrsg.): Zum Problem der Rationalisierung von Dienstleistungsunternehmen, Arbeitspapier Nr.1, Braunschweiger Wirtschaftswissenschaftliche Arbeitspapiere, Reihe: Dienstleistungsökonomie, Braunschweig.

Corsten, H. (1985b): Die Produktion von Dienstleistungen, Berlin.

Corsten, H. (1986): Zur Diskussion der Dienstleistungsbesonderheiten und ihrer ökonomischen Auswirkungen, in: Jahrbuch der Absatz- und Verbrauchsforschung, Jg. 32, 1986, Nr. 1, S.16 - 41.

Corsten, H. (1989): Dienstleistungsmarketing. Elemente und Strategien, in: Jahrbuch der Absatz- und Verbrauchsforschung, Jg. 35, 1989, S. 23 - 40.

Corsten, H. (1990): Betriebswirtschaftslehre der Dienstleistungsunternehmen, 2. Aufl., München.

Corsten, H. (1994a) (Hrsg.): Integratives Dienstleistungsmanagement, Wiesbaden.

Corsten, H. (1994b): Produktivitätsmanagement bilateraler personenbezogener Dienstleistungen, in: Corsten, H./Hilke, W. (Hrsg.): Dienstleistungsproduktion, Wiesbaden, S. 43 - 78.

Corsten, H. (1995): Externalisierung und Internalisierung als strategische Optionen von Dienstleistungsunternehmen: Bruhn, M./B. Stauss (Hrsg.): Dienstleistungsqualität, Konzepte - Methoden - Erfahrungen, Wiesbaden, S. 189 - 206.

Cramer, J. (1995): Markenpolitik im Bankenmarkt, in: Markenartikel, Jg. 57, 1995, Nr. 1, S. 7 - 11.

Cromme, G. (1996): „Wir sind bescheiden", Interview mit Gerhard Cromme, Vorstandsvorsitzer der Krupp AG, in: manager magazin, Jg. 26, 1996, Nr. 7, S. 60 - 70.

Dahl, E. (1967): Die Unternehmensberatung. Eine Untersuchung ausgewählter Aspekte beratender Tätigkeiten in der Bundesrepublik Deutschland, Meisenheim am Glan.

Debis Marketing Services GmbH (1996) (Hrsg.): Consulting News: Kundenorientierung als Erfolgsfaktor, Jg. 2, 1996, Nr. 2, Frankfurt/Berlin/Stuttgart.

Debis Marketing Services GmbH: Argumente - Marketing und Kommunikation von A bis Z, o.J.

Dichtl, E. (1970): Die Beurteilung der Erfolgsträchtigkeit eines Produktes als Grundlage der Gestaltung des Produktionsprogramms, Berlin.

Dichtl, E./Eggers, W. (1992) (Hrsg.): Marke und Markenartikel als Instrumente des Wettbewerbs, München.

Dichtl, E./Schobert, R. (1979): Mehrdimensionale Skalierung, München.

Diekhof, R. (1984): McKinsey - Die eiskalte Elite, in: manager magazin, Jg. 14, 1984, Nr. 11, S. 42 - 56.

Doralt, P. (1984): Rechtsbeziehungen zwischen Unternehmensberatern und Mandanten, in: Eschbach, R. (Hrsg.): Umgang mit Unternehmensberatern: Erfolgssicherung durch Zusammenarbeit; Tagungsbericht des Österreichischen Controllertages 1983, Wien 1984, S. 27 - 50.

Döring, H. (1990): Wichtige Station in der Führungs-Karriere, in: Handelsblatt, 22.11.1990, Nr. 225.

Drucker, P. (1993): Dienstleistung und Produktivität, nachgedruckt in: Simon, H. (Hrsg.): Industrielle Dienstleistungen, Stuttgart 1993, S. 51 - 64.

Dun´s Marketing Services: Dun´s Consultants Directory, Parsippany, NJ, o. J.

Dunst, K. (1983): Portfolio Management - Konzeption für die strategische Unternehmensplanung, 2. Aufl., Berlin/New York.

Durr, B. (1992): Starting All Over Again, in: FT, 10.8.1992.

Elfgen, R. (1991): Systemische und kognitionstheoretische Perspektiven der Unternehmensberatung, in: Hofmann, M. (Hrsg.): Theorie und Praxis der Unternehmensberatung, Heidelberg, S. 281 - 308.

Elfgen, R./Klaile, B. (1987): Unternehmensberatung: Angebot, Nachfrage, Zusammenarbeit, Stuttgart.

Elschen, R. (1988): Agency-Theorie, in: Die Betriebswirtschaft, Jg. 48, 1988, S. 248 - 250.

Engel, K. (1979): Die Aufgabe der Unternehmensberatung im Zeichen gebremsten industriellen Wachstums, in: Peemöller, V.H. (Hrsg.): Führung in Organisationen, Festgabe für C.W. Meyer zum 60. Geburtstag, Berlin, S. 249 - 259.

Engel, P. (1991): Geheime Wünsche des Mittelstands und wie sie ausgenutzt werden, in: Blick durch die Wirtschaft, 29.8.1991, Nr. 166.

Engelhardt, W./Kleinaltenkamp, M./Reckenfelderbäumer, M. (1993): Leistungsbündel als Absatzobjekte, in: zfbf, Jg. 45, 1993, Nr. 5, S. 395 - 426.

Engelhardt, W./Schwab, W. (1982): Die Beschaffung investiver Dienstleistungen, in: Die Betriebswirtschaft, Jg. 42, 1982, S. 503 - 513.

Eschbach, T. (1984): Der Ausgleich funktionaler Defizite des wirtschaftlichen Systems durch die Unternehmensberatung, Frankfurt/Bern/New York.

Exner, A./Königswieser, R./Titscher, G. (1987): Unternehmensberatung - systemisch - Theoretische Annahmen und Interventionen im Vergleich zu anderen Ansätzen, in: DBW, Jg. 47, 1987, S. 265 - 284.

Exner, S. (1992): Der Unternehmensberatungsvertrag, Köln.

FEACO, Information Document, IV 1994, o.J., o.S.

Feitzinger, E./Lee, H. (1997): Mass Customization at Hewlett-Packard: The Power of Postponement, in: HBR, Vol. 75, 1997, pp. 117 - 121.

Fischer, G./Rieker, J./Risch, S. (1994): Geheime Regeln, in: manager magazin, Jg. 24, 1994, Nr. 6, S. 171 - 189.

Fix, D. (1992): Innere Gewißheit - Interview mit Henry Mintzberg, in: Wirtschaftswoche, Jg. 46, 17.1.1992, Nr. 4, S. 45.

Fix, D./Schweer, D. (1991): Kein Dauergast - Interview mit Roland Berger, in: Wirtschaftswoche, Jg. 45, 22.3.1991, Nr. 13.

Fleischmann, P. (1984): Prozeßorientierte Beratung im strategischen Management, München.

Frank, U. (1988): Expertensysteme: Neue Automatisierungspotentiale im Büro- und Verwaltungsbereich?, Wiesbaden.

Frankenhuis, J. (1977): How to Get a Good Consultant, in: HBR, Vol. 55, 1977, Nr. 6, pp. 133 - 139.

Frey, P. (1987): Innnerbetriebliche Wissenspotentiale und deren Nutzungspotentiale, in: Hofmann, M. (Hrsg.): Management Consulting: Ausgewählte Probleme und Entwicklungstendenzen, Stuttgart, S. 179 - 239.

Friedrichs, J. (1980): Methoden empirischer Sozialforschung, Opladen.

Frisee, D. (1992): Die Nachfrage nach Beratungsleistungen aus Ost-Europa hält sich in Grenzen, in: Handelsblatt, 19.11.1992, Nr. 224.

Fritz, W. (1990): Marketing - Ein Schlüsselfaktor des Unternehmenserfolges?, in: Marketing ZFP, Jg. 12, 1990, S. 91 - 110.

Fullerton, J./West, M. (1993): Management: A Very Uneasy Alliance - The Client/ Consultant Relationship, in: FT, 5.4.1993.

Gabele, E. (1990): Unternehmensberatung, in: Pfohl, H.-C. (Hrsg.): Betriebswirtschaftslehre der Mittel- und Kleinbetriebe, Berlin, S. 404 ff.

Gale Research: Consultants and Consulting Organizations Directory, Detroit, o. Jg.

Garson, B. (1990): Schöne neue Arbeitswelt. Wie Computer das Büro von morgen zur Fabrik von gestern machen, Frankfurt/New York.

Gaulke, J./Ulrich, S. (1996): Wenn Banken tricksen und die Wirtschaftsprüfer wegsehen: Die Steueraffäre der Commerzbank wirft Zweifel an Kompetenz und Integrität der Kontrolleure auf, in: Die Woche, 15.3.1996, Jg. 4, 1996, Nr. 12, S. 20.

Gemini Consulting, Bewerbungsbroschüre/1995.

Gersch, M. (1995): Die Standardisierung integrativ erstellter Leistungen, Arbeitspapier Nr. 57 des Instituts für Unternehmensführung und Unternehmensforschung der Ruhruniversität Bochum, Bochum.

Gerybadze, A. (1991): Strategien der Europäisierung, Diversifikation und Integration im Management-Consulting, in: Wacker, W. (Hrsg.): Internationale Management-Beratung: Tagungsband zur Fachtagung der Wissenschaftlichen Kommission Internationales Management im Verband der Hochschullehrer für Betriebswirtschaft e.V., Berlin, S. 23 - 50.

Gillmann, B. (1993): Umsetzung läßt Wünsche offen, in: Handelsblatt, 23.1.1993, Jg. 47, 1993, Nr.20, S. K1.

Gilmore, J./Pine, J. (1997): The Four Faces of Mass Customization, in: HBR, Vol. 75, 1997, pp. 91 - 101.

Glogler, A. (1994): Berater-Honorar nur bei erfolgreicher Mission, in: Handelsblatt, 9./10.9.1994, Nr. 35, S. K2.

Göde, M. (1991): Die Marketing-Beratung für Versandhandelsunternehmen als besondere Form der Unternehmensberatung, in: Hofmann, M., et al. (Hrsg.): Die sozio-kulturellen Rahmenbedingungen für Unternehmensberater, Stuttgart/ Berlin/Köln, S. 279 - 320.

Goldbeck, K.-J. (1980): Handbuch der Wirtschaftsberatung, München.

Gömann, St. (1994): Akquisition von Beratungsprojekten - Theorie, Anspruch und Realität -, Diplomarbeit, Frankfurt.

Graumann, J. (1983): Die Dienstleistungsmarke. Charakterisierung und Bewertung eines neuen Markentypus aus absatzwirtschaftlicher Sicht, München.

Green, P./Rao, V. (1972): Applied Multidimensional Skaling, New York.

Greiner, L./Metzger, R. (1983): Consulting to Management, Englewood Cliffs, N.J.

Grochla, E. (1978): Einführung in die Organisationstheorie, Stuttgart.

Grossklaus, P. (1995): Berater im Umbruch, in: Markenartikel, Jg. 57, 1995, Nr. 1, S. 38.

Grün, O. (1984): Projekt Unternehmensberatung - Entscheidungs- und Kontrollaspekte aus der Sicht des ratsuchenden Unternehmens, in: Eschbach, R. (Hrsg.), Umgang mit Unternehmensberatern - Erfolgssicherung durch Zusammenarbeit, Tagungsbericht des Österreichischen Controllertages 1983, Wien, S. 75 - 97.

Gutenberg, E. (1983): Grundlagen der Betriebswirtschaftslehre, Band 1: Die Produktion, 24. Aufl., Berlin/Heidelberg/New York.

Gutzler, E. (1992): GWA - Wunderwaffe mit vielen Tücken, in: Harvard Business Manager, Jg. 14, 1992, Nr. 4, S. 120 - 131.

Hamermesh, R. (1987): Die Grenzen der Portfolioplanung, in: Harvard Business Manager, Jg. 9, 1987, Nr. 1, S. 68 - 73.

Hammer, M/Champy, J. (1994): Business Reengineering, Frankfurt/New York.

Hammerschmidt, J. (1964): Die unabhängige Wirtschaftsberatung in Deutschland. Stand und Ausbaumöglichkeiten unter Berücksichtigung ausländischer Erfahrungen, Nürnberg.

Hannig, U. (1983): Die Entwicklung wettbewerbsorientierter Marketingstrategien auf Basis des Konzepts der strategischen Gruppen, Frankfurt u.a.

Harding, F. (1995): Where´s the Gravy, in: Management Consultant International, Nr. 2, 1995, p. 11.

Heemann, U./Spegel, H. (1994): Alles im Angebot, in: Focus, Nr. 34, S. 130-133.

Heigl, A. (1971): Zum Entscheidungsproblem: Fremde oder eigene Unternehmensberatung, in: Interne Revision, Nr. 1/1971, S. 1 - 13.

Heinen, E. (1991): Industriebetriebslehre: Entscheidung im Industriebetrieb, 9. Auflage, Wiesbaden.

Henderson, B. (1984): Die Erfahrungskurve in der Unternehmensstrategie, Frankfurt/ New York.

Henderson, B. (1994a): Das Portfolio, in: v. Oetinger, B. (Hrsg.): Das Boston Consulting Strategie-Buch - Die wichtigsten Managementkonzepte für den Praktiker, Düsseldorf/Wien/New York/Moskau, S. 286 - 292.

Henderson, B. (1994b): Das Unternehmensportfolio, in: v. Oetinger, B. (Hrsg.): Das Boston Consulting Group Strategie-Buch. Die wichtigsten Managementkonzepte für den Praktiker, Düsseldorf/Wien/New York/Moskau, S. 305 - 308.

Henzler, H. (1985): Unternehmensberatung, in: Management Enzyklopädie, 2. Aufl., Bd. 9, Landsberg a. Lech, S. 281.

Hermann, U. (1984): Die Implementierung betrieblicher Rationalisierungshandlungen und der personelle Widerstand, Göttingen.

Herzog, J. (1997): Laser am Bauch, in: Wirtschaftswoche, Jg. 51, 27.2.1997, Nr. 10, S. 138 f.

Heskett, J./Sasser, W./Hart, C. (1990): Service Breakthroughs, Changing the Rules of the Game, New York u.a.

Higdon, H. (1971): The Business Healers, New York.

Hilke, W. (1989): Grundprobleme und Entwicklungstendenzen des Dienstleistungs-Marketing, in: Hilke, W. (Hrsg.): Dienstleistungs-Marketing, Wiesbaden, S. 5 - 44.

Hill, W. (1990): Der Stellenwert der Unternehmensberatung für die Unternehmensführung, in: DBW, Jg. 50, 1990, S. 171 - 180.

Hill, W./Fehlbaum, R./Ulrich, P. (1989): Organisationslehre 1 und 2 - Ziele, Instrumente und Bedingungen der Organisation sozialer Systeme, 4. Aufl., Bern/Stuttgart.

Hinterhuber, H. (1974): Normung, Typung und Standardisierung, in: Grochla, E./ Wittmann, W. (Hrsg.), Handwörterbuch der Betriebswirtschaftslehre, Stuttgart, Sp. 2776 - 2782.

Hirn, W./Krogh, H. (1994): Die großen Zampanos, in: manager magazin, Jg. 24, 1994, Nr. 11, S. 200 - 213.

Hirth, H./Neuss, W./Schmid, W. (1996): Informationsparadoxon und Arbitrageparadoxon, in: WiSt, Jg. 25, 1996, S. 135 - 137.

Hoffmann, W. (1991): Faktoren erfolgreicher Unternehmensberatung, Wiesbaden.

Hoitsch, H.-J. (1985): Produktionswirtschaft: Grundlagen einer industriellen Betriebswirtschaftslehre, München.

Holberton, S. (1990): A Factory of Fleeting Fashions, in: FT, 3.8.1990, Nr. 31216.

Hollai, S. (1961): Betriebswirtschaftliche Probleme der Unternehmensberatung, Winterthur.

Homburg, C. (1993): Industrielle Dienstleistungen und Kundennähe, in: Simon, H. (Hrsg.): Industrielle Dienstleistungen, Stuttgart, S. 161 - 174.

Homburg, C./Hocke, G. (1996): Change Management durch Reengineering?, Arbeitspapier des Instituts für Betriebswirtschaftslehre der WHU Koblenz, Koblenz.

Houlder, V. (1994): Consultants Try to Get IT Right, in: FT, 20.7.1994.

Huber, B. (1989): Zur Verwendung strategischer Planungsmethoden in deutschen Unternehmen, Diskussionspapier 136, Technische Universität Berlin.

Huber, R. (1986): Gemeinkosten-Wertanalyse: Methoden der Gemeinkosten-Wertanalyse (GWA) als Element einer Führungsstrategie für die Unternehmensverwaltung, Bern/Stuttgart.

Huey, J. (1993): How McKinsey Does It, in: Fortune, Nr. 1, 1993, pp. 42 - 54.

Hummel, T./Zander, G./Ziehm, O. (1993): Erfolgreiche Zusammenarbeit mit Beratern in Klein- und Mittelbetrieben, 3., überarb. u. erw. Aufl., Freiburg im Breisgau.

Hunt, J. (1994): The European Consultant: What Motivates and What De-motivates?, in: Business Strategy Review, pp. 15 - 28.

Ibielski, D./Küster, N./Sebode, G. (1976): Handbuch der Unternehmensberatung, Berlin.

Ihde, G. (1988): Die Betriebstiefe als strategischer Erfolgsfaktor, in: ZfB, Jg. 58, 1988, S. 13 - 23.

Ihde, G.-B. (1970): Grundlagen der Rationalisierung, Berlin.

Jack, A. (1992a): Focus has to Sharpen, in: FT, 21.10.1992.

Jack, A.(1992b): Rapid Growth Found Among Consultancies, in: FT, 10.11.1992.

Jain, S. (1989): Standardization of International Marketing Strategy: Some Research Hypotheses, in: Journal of Marketing, Vol. 53, 1989, Nr. 1, pp. 70 - 79.

Jakobs, J. (1989): Beraten und Verkauft, in: Management Wissen, Jg. 11, 1989, Nr. 4, S. 55 - 70.

Jakobs, J. (1993): Schlankheitswelle erfaßt auch das Consulting, in: Handelsblatt, 5./6.2.1993, Nr. 25.

Jaschinski, C. (1994): Rationalisierungsforschung morgen: Qualitätsmanagement in Dienstleistungsunternehmen, in: Bundesvereinigung der Deutschen Arbeitgeberverbände (Hrsg.): Leistung und Lohn, Nr. 275/276/277, Juni, S. 36 - 37.

Jeffrey Lant Associates (1981) (Hrsg): The Consultant´s Kit, 3rd ed., New York, N.Y.

Johnssen, W. (1984): Schwerpunkte der Unternehmensentwicklung und -beratung in den 80er Jahren, in: Eschenbach R. (Hrsg.): Umgang mit Unternehmensberatern: Erfolgssicherung durch Zusammenarbeit - Tagungsbericht des Österreichischen Controllertages 1983, Wien, S. 7 - 24.

Junginger, W. (1987): Ausputzer. Der verschärfte Wettkampf der Unternehmensberater, in: Capital Nr. 4, 1987, S. 187-193.

Kaas, K./Schade, C. (1995): Unternehmensberater im Wettbewerb, in: ZfB, Jg. 65, 1995, S. 1067 - 1089.

Kapoun, J. (1984): Logistik-Berater als neuer Problemlöser, In: ZfO, Jg. 53, 1984, S. 240-248.

Kaufer, E. (1980): Industrieökonomik - Eine Einführung in die Wettbewerbstheorie, München.

Kaufmann, E. (1977): Marketing für Produktivdienstleistungen, Frankfurt.

Kehrer, R./Schade, C.: Interne Problemlösung oder Konsultation von Unternehmensberatern?, unveröffentlichtes Manuskript.

Keil, R./Schneider, J. (1994): Die Praxisrelevanz von Instrumenten der strategischen Unternehmensplanung in der Unternehmensberatungsbranche, Arbeitspapier Nr. 1 des Seminars für Industriewirtschaft, Johann Wolfgang Goethe-Universität, Frankfurt.

Kelly, R. (1979): Should You have an Internal Consultant?", in: HBR, Vol. 57, 1979, pp. 110 - 120.

Kelly, R. (1981): Consulting - The Complete Guide to a Profitable Career, New York.

Kemp, A. (1995): Weltmärkte und Weltunternehmen in: FORUM, Nov. 1995, S. 51.

Kennedy Publications (1990): An Analysis of the Management Consulting Business in the U.S. Today, Templeton, NH.

Kennedy Publications: Directory of Management Consultants, Fitzwilliam, NH.

Kennedy, A. (1994): The Management Consulting Industry: A Top Management Consultant´s Perspective, in: Wai-Chan, Ch. (ed.): Management Consulting 1994 - Harvard Business School Career Guide, Boston, pp. 6 - 7.

Kienbaum, G. (1959): Unternehmensberatung - Ein Hilfsdienst für Rationalisierung und Wirtschaftsentwicklung. In: Rationalisierung, Jg. 10, 1959, Nr. 1, S. 9 - 11.

Kienbaum, G./Meissner, D. (1979): Zur Problematik des Effizienznachweises von Beratung, in: BfuP, Nr. 2, 1979, S. 109 - 116.

Kieser, A./Kubicek, H. (1992): Organisation, 3. Aufl., Berlin/New York.

Kirsch, W./Esser, W./Gabele, E. (1979): Das Management des geplanten Wandels von Organisationen, Stuttgart.

Kirsch, W./Esser, W.-M./Müller, G. (1985): Strategisches Consulting als Organisationsentwicklung, in: ZfO, Nr. 2, 1985, S. 90 - 91.

Kirstges, Th. (1992): Expansionsstrategien im Tourismus, Wiesbaden.

Klaile, B./Rieth, A. (1981): Dokumentation deutsch- und englischsprachiger Literatur zur Unternehmensberatung 1960 - 1981, Köln.

Klaus, P. (1984a): Auf dem Wege zu einer Betriebswirtschaftslehre der Dienstleistungen: Der Interaktionsansatz, in: DBW, Jg. 44, 1984, Nr. 3, S. 467 - 475.

Klaus, P. (1984b): Service-Qualität im öffentlichen Personennahverkehr. Ein retrograder Ansatz einer Analyse und Veränderung, in: Zeitschrift für öffentliche und gemeinwirtschaftliche Unternehmen, Band 7 (1984), Nr. 1, S. 54 - 73.

Klaus, P. (1993): Die Qualität von Bedienungsinteraktionen, in: Bruhn, M./Stauss, B. (Hrsg.): Dienstleistungsqualität, Mainz, S. 247 - 265.

Klaus, P. (1993): Wer braucht „Enterprise Logistics“? - Zum Umgang mit der Modeworte-Inflation in der Logistik, in: Logistik im Unternehmen, Nr. 12.

Klein, H. (1974): Die Konsultation externer Berater, in: Klein, H./Knorpp, J. (Hrsg.): Entscheidungen unter Außeneinfluß, Tübingen, S. 3 - 108.

Kleinaltenkamp, M (1993): Standardisierung und Marktprozeß - Entwicklungen und Auswirkungen im CIM-Bereich, Wiesbaden.

Klump, R. (1992): Einführung in die Wirtschaftspolitik, München, 2. Aufl.

Knopf, R./Esser, W./Kirsch, W. (1978): Der Abbruch von Reorganisationsprozessen, in: Kirsch, W./Börsig, C./Dumont du Voitel, R./Esser, W./Gabele, E./Knopf, R./ Mayer, G. (Hrsg.): Empirische Explorationen zu Reorganisationsprozessen, München, S. 393 - 485.

Köhler, S./Hilke, W. (1989): Werbung oder Werbeverbot für Rechtsanwälte und Steuerberater, in: Hilke, W. (Hrsg.): Dienstleistungs-Marketing, Wiesbaden, S. 79 - 102.

Kosmath, E. (1974): Management Consulting in Europe, in: International Studies of Management and Organization, Vol. 4, 1974, Nr. 3, pp. 46-58.

Kowalewsky, R. (1994): Tick schneller, in: Wirtschaftswoche, Jg. 48, 15.4.1994, Nr. 16, S. 62 - 64.

Krallmann, H./Herzog, M./Müller, F. (1993): Wird der papierlose Berater auch zum kopflosen Berater? Ein Fallbeispiel, in: Information Management, Nr.1, S. 36 - 40.

Kraus, M./Kraemer, W. (1993): Zum Stand der papierlosen Beratung - Ein Schnappschuß der Unternehmensberatungspraxis in der Bundesrepublik Deutschland oder „trägt der Schuster selbst die schlechtesten Schuhe?, in: Information Management, Nr.1, 1993, S. 6 - 9.

Krebs, D. (1980): Unternehmensberatung in der Bundesrepublik Deutschland: Eine statistische Untersuchung unter besonderer Berücksichtigung der Entstehung der Struktur sowie des Wirtschaftsverständnisses und der Selbsteinschätzung eines betriebswirtschaftlichen Funktionsträgers, Bochum.

Kreutzer, R. (1991): Standardisierung der Marketing-Instrumente im globalen Marketing, 1991, Nr. 5, S. 363 - 398.

Kröber, H.-W. (1991): Der Beratungsbegriff in der Fachliteratur, in: Hofmann, M., et al. (Hrsg.): Die sozio-kulturellen Rahmenbedingungen für Unternehmensberater, Stuttgart/Berlin/Köln, S. 1 - 37.

Kroeber-Riel, W. (1992): Konsumentenverhalten, 6. Aufl., München.

Kruskal, J. (1964): Multidimensional Scaling by Optimizing Goodness of Fit to a Nonmetric Hypothesis, in: Pychometrika, Vol. 29, 1964, pp. 1 - 27.

Krystek, U./Müller, M. (1992): Strategische Allianzen für Berater?, in: Der Betrieb, 24.6.1992, S. 1197 - 1202.

Kubr, M. (1986): Management Consulting: A Guide to the Profession, 2. Aufl., Genf.

Lange, K. (1984): Unternehmensberatung als Gemeinschaftsaufgabe - Gedanken zur notwendigen Kooperation zwischen Berater und Management, in: Eschenbach, R. (Hrsg.): Umgang mit Unternehmensberatern: Erfolgssicherung durch Zusammenarbeit - Tagungsbericht d. Österr. Controllertages 1983, Wien, S. 57 - 74.

Lant, J. (1991): The Consultant's Kit, revised 3rd ed., Chicago.

Läubli, U. (1985): Unternehmensberatung für Banken, in: v. Kilgus, E./ Schuster, L. (Hrsg.), Band 93 der Bankwirtschaftlichen Forschungen, Bern/Stuttgart.

Lawrence, P./Lorsch, J. (1969): Developing Organizations: Diagnosis ans Action, Boston, Ma.

Leach, M. (1994): Determinanten des Erfolges von klassischen Unternehmensberatungsgesellschaften, Diplomarbeit, Mannheim.

Leibenstein, H. (1966): Allocative Efficiency versus X-Efficiency, in: American Economic Review, Vol. 56, pp. 392 - 415.

Leihner, E. (1982): Die Entwicklung der Betriebswirtschaftslehre aus der Sicht der Unternehmensberatung unter besonderer Berücksichtigung der Betriebswirtschaftslehre des Handels, in: ZfB, Jg. 52, 1982, S. 581 - 597.

Letsch, M. (1984): Methoden und Verfahren der Gemeinkostensenkung, Aarau.

Levitt, T. (1972): Production-line Approach to Service, in: HBR, Vol. 51, 1972, Nr. 9/10, pp. 41 - 63.

Levitt, T. (1976): Industrialization of Service, in: HBR, Vol. 54, 1976, Nr. 5, pp. 63 - 74.

Lietz, J. (1992): Management-Gurus und ihre teuren Luftschlösser, in: Blick durch die Wirtschaft, 16.1.1992, Nr. 11.

Linden, F. (1996): Traurige Bilanz, in: manager magazin, Jg. 26, 1996, Nr. 8, S. 112 - 113.

Linden, F./Wilhelm, W. (1996): Das neue Modell, in: manager magazin, Jg. 26, 1996, Nr. 10, S. 52 - 60.

Lindenau, H./Pötsch, H./Trebesch,K (1980): Unternehmensberatungen in der Bundesrepublik Deutschland, Darmstadt.

Lippitt,G./Lippitt, R. (1978): The Consulting Process in Action, La Jolla. Hier in: Sievers, B. (1977): Organisationsentwicklung als Problem, Stuttgart, S. 93 - 115.

Lorenz, Ch. (1987): Using Consultants as Managers, in: FT, 13.1.1987, Nr. 30132.

Lorenz, Ch. (1992): Bending Minds to a New Learning Circle, in: FT, 17.2.1992, Nr. 31686.

Lorenz, Ch. (1993): Spot the Tricks of the Trade, in: FT, 12.7.1993.

Lovelock, C. (1993a): Auf der Suche nach Synergien: Effizienz und Kundenzufriedenheit bei Dienstleistern (Nachdruck: Harvard Business Manager 2, 1993), in: Simon, H. (Hrsg.): Industrielle Dienstleistungen, Stuttgart, S. 247 - 259.

Lovelock, C. (1993b): Dienstleister können Effizienz und Kundenzufriedenheit verbinden, in: Harvard Business Manager, Jg. 15, 1993, Nr. 2, S. 68 - 75.

Lührmann, H. (1983): Elemente einer Theorie der Rationalisierung unter besonderer Berücksichtigung der Einwirkungschancen der abhängig Beschäftigten, Lich.

Lütten, H. (1994): Marketingmodelle verstellen den Blick auf das Wesentliche, in: Horizont, 22.7.1994, Nr. 29/1994, S. 28.

Maleri, R. (1994): Grundlagen der Dienstleistungsproduktion, Berlin.

Marner, B. (1982): Unternehmensberatung im Dienst der Unternehmensführung – Einschätzungen aus Sicht der Praxis, Osnabrück.

Mauve, H. (1968): Der Unternehmer und sein Unternehmensberater, in: Die Aussprache, Jg 18, 1968, Nr. 8, S. 247 - 253.

Mayer, C. (1978) (Hrsg.): Handbuch Revision, Controlling, Consulting, München.

Mayer, R. (1993): Strategien erfolgreicher Produktgestaltung, Wiesbaden.

Mayring, P. (1990): Qualitative Inhaltsanalyse, 2. Aufl., Weinheim 1990.

McDonald, J./Roever, M. (1975): GWA, in: manager magazin, Jg. 5, 1975, Nr. 11.

Meffert, H. (1989): Unternehmensberatung - Bestandsaufnahme und empirische Ergebnisse, in: Meffert, H./Wagner, H. (Hrsg.): Unternehmensberatung - Was bringt Consulting? Dokumentation des Workshops, 24.11.1988; Dokumentationspapier Nr. 51, Münster, S. 3 - 34.

Meffert, H. (1990): Unternehmensberatung und Unternehmensführung - Eine empirische Bestandsaufnahme, in: DBW, Jg. 50, 1990, S. 181 - 197.

Meier, F. (1991): Die Industrie steigt mit der Vermarktung von Know-how ins Beratungsgeschäft ein, in: Handelsblatt, 18.9.1991, Nr. 180.

Meinungsspiegel (1987), in: BfuP, Jg. 39, 1987, Nr. 6, S. 537 - 549.

Meissner, D./ Thürbach, R.-P. (1989): Planung in Beratungsunternehmen, in: Szyperski, N. (Hrsg.), Handwörterbuch der Planung, Stuttgart, Sp. 105 - 115.

Meister, D. (1982): Balancing the Professional Service Firm, in: Sloan Management Review, Fall 1982.

Meister, D. (1990): Unternehmensberatung mit KI-Methoden: Automatisierung von Dienstleistungen für das Management, Idstein.

Melcher, H. (1974): Der Unternehmensberater, München.

Melcher, H. (1982): Aufbau eines Controllingsystems für Consulting-Unternehmen, Darmstadt.

Mengen, A. (1994): Qualitätssicherheit aufbauen, in: absatzwirtschaft, Jg. 37, 1994, Nr. 5, S. 94 - 100.

Mertens, P./Borowski, V./Geis, W. (1990): Betriebliche Expertensystem-Anwendungen, 2. Aufl., Heidelberg.

Meyer, A. (1994): Dienstleistungsmarketing: Erkenntnisse und praktische Beispiele, 6. Aufl., München.

Meyer, A./Blümelhuber, C. (1994): Interdependenzen zwischen Absatz und Produktion in Dienstleistungsunternehmen und ihre Auswirkungen auf konzeptionelle Fragen des Absatzmarketing, in: Corsten, H./Hilke, W. (Hrsg.): Dienstleistungsproduktion, Wiesbaden, S. 1 - 55.

Meyer, A./Blümelhuber, C. (1995): No Frills! In: absatzwirtschaft, Sondernummer, Jg. 38, 1995, Nr. 10, S. 30 - 40.

Meyer, C. (1979): Die Grundlagen der Unternehmensberatung. In: Haberland, G./ Preißler, P./Meyer, C. (Hrsg.): Handbuch Revision, Controlling, Consulting, München, Teil Consulting, Abschnitt 1, S.1 - 27.

Meyer, D. (1971): Möglichkeiten und Probleme der Unternehmensberatung bei Genossenschaften, untersucht am Beispiel der Einkaufsgenossenschaften des Handels und Handwerks in der Bundesrepublik Deutschland, Bonn.

Mugler, J. (1987): Betriebswirtschaftliche Beratung von Klein- und Mittelbetrieben, in: BfuP, Jg. 39, 1987, S. 477.

Mugler, J./Lampe, R. (1987): Betriebswirtschaftliche Beratung von Klein- und Mittelbetrieben - Diskrepanz zwischen Angebot und Nachfrage und Ansätze zu ihrer Verminderung, in: BfuP, Jg. 39, 1987, S. 477 - 493.

Mukerjea, D. (1994): High Priests of Consulting, in: Businessworld, Nr. 5, 1994, S. 43 - 47.

Müller, G. (1989): Ziel: Vertragsabschluß zu optimalen Bedingungen für den Auftraggeber, in: Handelsblatt, 19.4.1989, Nr. 76.

Müller, H. (1989): Unternehmen und Berater, Eschborn.

Nelson, P. (1970): Information and Consumer Behavior, in: Journal of Political Economy, Vol.78, 1970, pp. 311 - 329.

Nelson, P. (1974): Advertising as Information, in: Journal of Political Economy, Vol. 82, 1974, pp. 729 - 754.

Neubert, J. (1989): Zur begrifflichen Fassung der Rationalisierung von Verwaltungsarbeit - Eine Kritik neuerer sozialwissenschaftlicher Bestimmungsversuche, Hannover.

Neuschwander, T. (1993): Beratung statt Analyse, in: SZ, 30.4/1.5.1993, Nr. 99, S. A1.

Niedereichholz, C. (1993a): Der arge Mangel an qualifizierten Beratern, in: Harvard Business Manager, Jg. 15, 1993, Nr. 1, S. 109 - 113.

Niedereichholz, Ch. (1993b): Papierlose Managementberatung in Sokratischen Dialogen, in: Information Management, Nr.1, S. 28 - 34.

Niedereichholz, Ch. (1994): Unternehmensberatung, Beratungsmarketing und Auftragsakquisition, München/Wien.

Niederer, W. (1989): Eine Hilfe nicht nur in Notfällen, in: Mannheimer Morgen, 27.3.1989, Nr. 70.

Nieschlag, R./Dichtl, E./Hörschgen, H. (1997): Marketing, 18. Aufl., Berlin.

Noria, N./Berkley, J. (1994): Whatever Happened to the Take-Charge Manager, in: HBR, Vol. 72, 1994, Nr. 1, pp. 128 - 137.

o.V. (1964): Management Consultants: You've Taught Us How to Think, in: FT, 23.6.1964, Nr. 23345.

o.V. (1970): Größter Beratungskonzern der Welt will in Deutschland kräftig aufholen, in: Handelsblatt, 5./6.6.1970, Nr. 105.

o.V. (1980): Unternehmensberater haben Hochkonjunktur, in: Handelsblatt, 10.10.1980, Nr. 196.

o.V. (1986): Move over Arthur, in: The Economist, 22.11.1986, Vol. 301, Nr. 7473.

o.V. (1987): Beratungsförderung als Instrument des Nachteilsausgleichs erhalten, in: Handelsblatt, 29.9.1987, Nr. 186.

o.V. (1988a): A People Business, in: The Economist, 13.2.1988, Outside Looking In - A Survey of Management Consultancy, S. 11 - 13.

o.V. (1988b): Die chemische Industrie im Jahr 2010, in: Blick durch die Wirtschaft, 6.7. 1988, Nr. 122.

o.V. (1988c): Does Bigger Mean Better? , in: The Economist, 13.2.1988, Outside Looking In - A Survey of Management Consultancy, S. 13 - 18.

o.V. (1988d): Noch ein Beraterverband, in: Unternehmensberatung, Nr. 11, 1988, S. 1.

o.V. (1988e): From Little Acorns, in: The Economist, 13.2.1988, Outside Looking In - A Survey of Management Consultancy, pp. 6 - 7.

o.V. (1988f): How to Become a Dentist, in: The Economist, 13.2.1988, Outside Looking In - A Survey of Management Consultancy, p. 20.

o.V. (1988g): King Client, in: The Economist, 13.2.1988, Outside Looking In - A Survey of Management Consultancy, S. 9 - 11.

o.V. (1988h): The New Witch-Doctors, in: The Economist, 13.2.1988, Outside Looking In - A Survey of Management Consultancy, pp. 5 - 6.

o.V. (1988i): The Ethical Game, in: The Economist, 13.2.1988, Outside Looking In - A Survey of Management Consultancy, pp. 18 - 19.

o.V. (1988j): Ryding the Cycles, in: The Economist, 13.2.1988, Outside Looking In - A Survey of Management Consultancy, pp. 8 - 9.

o.V. (1989a): Unternehmensberatung als Vereinszentrale?, in: Unternehmensberatung, Nr.10, 1989, S. 2.

o.V. (1989b): Der Faktor Zeit als strategisches Wettbewerbskriterium, in: FAZ, 7.7.1989, Nr. 154.

o.V. (1989c): Jetzt getrennte Strukturen bei Arthur Andersen - Consulting wird selbständig, in: Unternehmensberatung, Nr. 2, 1989, S. 8.

o.V. (1989d): Karrieren von Beratern münden häufig in den Laufbahnen ehemaliger Kunden, in: Handelsblatt, 23.3.1989, Nr. 59.

o.V. (1989e): Wachsendes Geschäft mit Auslandskunden, in: FAZ, 28.9.1989, Nr. 188.

o.V. (1990d): Managementberatung „Made in Europe“ in aller Welt gefragt, in: Blick durch die Wirtschaft, 28.9.1990, Nr. 188.

o.V. (1990a): Teurer Rat, in: Die Welt, 14./15.7.1990, Nr. 162.

o.V. (1990b): Über die Methoden unseriöser Unternehmensberater, in: Unternehmensberatung, Nr. 4.

o.V. (1990c): Hauen und Stechen - Die Consultants plustern sich auf, In: Wirtschaftswoche, Jg. 44, 13.4.1990, Nr. 16, S. 260.

o.V. (1991a): Solution-Pedlars Lose Their Charm, in: The Economist, 9.2.1991, Vol. 318, Nr. 7693.

o.V. (1991b): Beratungskonzepte müssen stets auch praktikabel sein, in: Blick durch die Wirtschaft, 23.6.1991, Nr. 139.

o.V. (1991c): Handlungsmöglichkeiten unseriöser Berater in Ostdeutschland müssen begrenzt werden, in: Handelsblatt, 24./25.5.1991, Nr. 98.

o.V. (1991d): Beratungsunternehmen schätzen an Junioren vor allem Front-Erfahrung bei der Klientel, in: Handelsblatt, 6./7.12.1991, Nr. 235.

o.V. (1992a): Als Berater eignen sich besonders Betriebswirte, in: Die Welt, 14./15.11.1992, Nr. 267.

o.V. (1992b): Den Umsatz um 38 Prozent gesteigert, in: FAZ, 18.2.1992, Nr. 41.

o.V. (1992c): Management Consulting: The Fork in the Road, Fitzwilliam, N.H., pp. 52 - 58.

o.V. (1992d): Physician Heal Thyself, in: The Economist, 7.3.1992, Vol. 322, Nr. 7749.

o.V. (1992e): Versicherungen füllen die Auftragsbücher, in: Handelsblatt, 20./21.11.1992, Nr. 225.

o.V. (1992f): Von der Stabsstelle zum Consulting-Spezialisten, in: FAZ, 24.1.1992, Nr. 20.

o.V. (1992g): GTP-Unternehmensberatung, in: Handelsblatt, 11. Nov. 1992, Nr. 219, S. 27.

o.V. (1992h): Cracks in Quality, in: The Economist, 18.4.1992, pp. 67 - 68.

o.V. (1993a): Berater müssen heute viel näher an den Kunden herangehen, in: Blick durch die Wirtschaft, 29.10.1993, Nr. 210.

o.V. (1993b): Reengineering, in: Journal of Business Strategy, Vol. 14, 1993, Nr. 6, p. 5.

o.V. (1993c): Unternehmensberater sollen Kunden auch bei der Umsetzung ihrer Vorschläge helfen, in: FAZ, 7.10.1993, Nr. 233, S. 18.

o.V. (1993d): Unternehmensberater unter sich, in: Personalwirtschaft Nr. 10, 1993, S. 29 f.

o.V. (1993e): o.V.: Für Manager hält die Flaute auch 1994 an, in: Die Welt, 16.10.1993.

o.V. (1993f): Nachwuchssorgen, in: Forbes, Nr. 5, 1993, S. 62 - 64.

o.V. (1993g): Qualifizierte Berater sind Mangelware, in: Blick durch die Wirtschaft, 22.2.1993, S. 36.

o.V. (1994a): Beraten und verkauft, in: TopBusiness, Nr. 4, 1994, S. 44 - 48.

o.V. (1994b): Consultingfirmen entdecken als erste den neuen Markt, in: Handelsblatt, 21.6.1994, Nr. 117.

o.V. (1994c): The Consultancy Game, in: International Management, June 1994, pp. 20 - 23.

o.V. (1994d): Überlebensstrategie oder alter Wein in neuen Schläuchen?, in: Unternehmer Magazin, Nr. 5, 1994, S. 8.

o.V. (1994e): Unternehmensberater brauchen andere Mitarbeiter als früher, in: FAZ, 12.10.1994, Nr. 237, S. 25.

o.V. (1994f): Portrait Roland Berger, in: Forbes, Nr. 9, 1994, S. 16 f.

o.V. (1995a): Dienstleistungstrend - wohin? In: absatzwirtschaft, Sondernummer, Jg. 38, 1995, Nr. 11, S. 24 - 28.

o.V. (1995b): Jetzt wird eine erfolgsabhängige Honorierung akzeptiert, in: FAZ, 23.12.1995, Nr. 299, S. 18.

o.V. (1995c): Reengineering in Asien erfolgreicher, in: FAZ, 23.11.1995, Nr. 273, S. 22.

o.V. (1995d): Unternehmensberater beklagen mangelnde Innovationsbereitschaft, in: FAZ, 7.12.1995, Nr. 285, S. 18.

o.V. (1996a): Zusammenschlüsse und Übernahmen bei Unternehmensberatern, in: FAZ, 19.11.1996, S. 13.

o.V. (1996b): Ein Tag Henzler ab 10.000 Mark, in: Wirtschaftswoche, Jg. 50, 23.5.1996, Nr. 22, S. 12.

o.V. (1996c): Vom Push zum Pull, in: manager magazin, Jg. 26, 1996, Nr. 8, S. 139.

o.V. (1996d): Vorsichtige Schritte in die Werbefreiheit, in: Werben & Verkaufen, Jg. 34, 1996, Nr. 36, S. 80.

Oefinger, Th. (1986): Erfüllung von Beratungsaufgaben in Unternehmungen durch interne und externe Berater - Eine theoretisch-empirische Analyse, Augsburg.

Oetinger, B. v. (1994) (Hrsg.): Das Boston Consulting Strategie-Buch, Düsseldorf/ Wien/New York/Moskau.

Ozsomer, A./Bodur, M/Cavusgil, T. (1991): Marketing Standardisation by Multinationals in an Emerging Market, in: European Journal of Marketing, Vol. 25, 1991, Nr. 12, pp. 50 - 64.

Pack, L. (1984): Elastizität, in: Grochla, E./Wittmann, W. (Hrsg.): Handwörterbuch der Betriebswirtschaft, 4. Aufl., Teil 1, Stuttgart, Sp. 1251 - 1259.

Parasuraman, A./Zeitlhaml, V./Berry, L. (1988): SERVQUAL: A Multiple-Item Scale for Measuring Consumer Perception of Service Quality, in: Journal of Retailing, Vol. 64, 1988, pp. 12 - 40.

Pascale, R./Athos, A. (1981): The Art of Japanese Management, New York.

Peemöller, V. (1974): Beratung in der BRD - Untersuchungsergebnisse, in: Meyer, C. (Hrsg.): Gedanken zur Unternehmensführung, Berlin, S. 177 - 185.

Peters, M. (1995): Besonderheiten im Dienstleistungsmarketing - Planung und Durchsetzung der Qualitätspolitik im Markt, in: Bruhn, M./Stauss, B. (Hrsg.): Dienstleistungsqualität, Konzepte - Methoden - Erfahrungen, Wiesbaden, S.47 - 64.

Petzold, R. (1987): Ziele und Bereiche der externen Beratung im Wettbewerb mit der internen Beratung, in: BfuP, Jg. 39, 1987, S. 529 - 536.

Pfähler, W./Lieps, G. (1996): Produktdifferenzierung in der klassischen Unternehmensberatung - Eine empirische Untersuchung, Arbeitspapier, Hamburg.

Pine, J. (1993): Mass Customization, Bosten, Ma.

Popper, K. (1988): Logik der Forschung, 8. Aufl., Tübingen.

Porter, M. (1992): Wettbewerbsstrategie: Methoden zur Analyse von Branchen und Konkurrenten, 7. Aufl., Frankfurt/New York.

Pümpin, C. (1986): Management strategischer Erfolgspositionen, 3. Aufl., Bern/ Stuttgart.

Raffée, H./Wiedmann, K.-P. (1989): Wertewandel und gesellschaftsorientiertes Marketing - Die Bewährungsprobe strategischer Unternehmensführung, in: Raffée, H./Wiedmann, K.-P (Hrsg.): Strategisches Marketing, Suttgart, S. 552 - 611.

Raithel, H. (1992): Die Klagen der Klienten, in: manager magazin, Jg. 22, 1992, Heft 11, S. 200.

Rall, W. (1991): Internationalisierung der Wirtschaft - Internationalisierung der Unternehmensberatung, in: Wacker, W. (Hrsg.): Internationale Management-Beratung: Tagungsband zur Fachtagung der Wissenschaftlichen Kommission Internationales Management im Verband der Hochschullehrer für Betriebswirtschaft e.V., Berlin, S. 65 - 77.

Rassam, C./Oates, D. (1991): Management Consultancy: The Inside Story, London.

Reckinger, G. (1989a): Immer mehr Banken bieten Unternehmensberatung an, in: Handelsblatt, 17.8.1989, Nr.158, S. 6.

Reckinger, G. (1989b): Banken wollen mit eigenen Töchtern eine Beratungslücke im Mittelstand schließen, in: Handelsblatt, 15.02.1989, Nr. 33, S. 7.

REFA Verband für Arbeitsstudien und Betriebsorganisation e.V. (1993): Lexikon der Betriebsorganisation, München.

Regan, W. (1963): The Service-Revolution, in: Journal of Marketing, Vol. 27, 1963, Nr. 3, pp. 57 - 62.

Reineke, W./Henneke, J. (1982): Die Unternehmensberatung: Profil, Nutzen, Prozeß, Heidelberg.

Rheinbay, Ch. (1987): Wege zu einer durchführungsorientierten strategischen Beratung, in: Hofmann, M. (Hrsg.): Management Consulting: Ausgewählte Probleme und Entwicklungstendenzen, Stuttgart, S. 285 - 305.

Richter, M. (1979): Der Einsatz von Beratern in Problemlösungsprozessen + Meinungsklima, in: BfuP, Nr. 2/1979, S. 127 - 157.

Riklin, A. (1987): Unternehmensberater im Wettbewerb zu anderen wirtschaftsberatenden Berufen - Die Wirtschaftstreuhänder als UB, in: Hoffmann, M./Sertl, P. (Hrsg.): Management-Consulting, Stuttgart, S.125 - 153.

Risse, W. (1974): Der Unternehmensberater als Multi-Spezialist, in: Der Volks- und Betriebswirt, Nr. 11, 1974, S. 44 f.

Risse, W. (1989): Marketing für die Beratung: Beruf und Rolle des Wirtschafts- und Unternehmensberaters in Klein- und Mittelbetrieben, Wiesbaden.

Rock, R./Ulrich, P. (1990): Strukturwandel der Dienstleistungsrationalisierung, Frankfurt/New York.

Roever, M. (1981): 10000 Tätigkeiten unter der Lupe, in: manager magazin, Jg. 11, 1981, Nr. 9, S. 113.

Rose, B. (1990): Rezepte ohne Praxis, in: Wirtschaftswoche, Jg. 44, 13.7.1990, Nr. 29.

Rösgen, S. (1991): Wirtschaftsprüfer als Unternehmensberater - Die Ärmelschoner sind längst passe, in: technologie & management, Jg. 40, 1991, Nr. 2, S. 50 - 52.

Rüschen, Th. (1990): Consulting-Banking: Hausbanken als Unternehmensberater, Wiesbaden.

Rushton, A./Carson, D. (1989): The Marketing of Services: Managing the Intangibles, in: European Journal of Marketing, Vol. 23 (1989), Nr. 8, pp. 23 - 44.

Saratz, G. (1991): Hohes Wachstum der Unternehmensberatung, in: Neue Zürcher Zeitung, 7.2.1991, Nr. 30.

Saunderson-Meyer, W. (1992): Under Pressure, in: FT, 21.10.1992.

Schade, Ch. (1996): Marketing für Unternehmensberatung: Ein Institutionsökonomischer Ansatz, Wiesbaden.

Schade, Ch./Schott, E. (1993): Instrumente des Kontraktgütermarketing, in: DBW, Jg. 53, 1993, S. 491 - 511.

Schade, Ch./Schott, E. (1996): Kontraktgüter im Marketing, in: Marketing-ZFP, Jg. 15, 1993, S. 15 - 25.

Schäfer, K. (1993): Die Beratung aus einem Netzwerk von Spezialisten, in: Blick durch die Wirtschaft, 2.11.1993, Nr. 212.

Schaffir, W. (1994): Oft nur Verpackung, in: absatzwirtschaft, 9, 1994, S. 60 - 64.

Schanz, G. (1988): Methodologie für Betriebswirte, Stuttgart.

Schein, E. (1969): Process Consultation - First Role in Organization Development, Toronto.

Scherer, A./Wässerle, G. (1979): Richtige Auswahl, vorteilhafter Einsatz und wirksame Kontrolle von freien Beratern, Kissing.

Scherer, H.-P. (1992): Spur der Verwüstung, in: Wirtschaftswoche, Jg. 46, 30.10.1992, Nr. 45, S. 82 - 91.

Scherer, H.-P. (1993): Unter der Maschine, in: Wirtschaftswoche, Jg. 47, 9.7.1993, Nr. 28, S. 40 - 43.

Schertler, W. (1992): Spur der Verwüstung, in: Wirtschaftswoche, Jg. 46, 30.10.1992, Nr. 45, S. 83.

Schiffman, S. (1988): The Consultant´s Handbook, Boston, Ma.

Schleip, W. (1969): Die Entwicklung der Unternehmensberatung in der Bundesrepublik Deutschland, in Europa und in der Welt, in: Bund Deutscher Unternehmensberater e.V. (BDU) (Hrsg.): Der Unternehmensberater. Partner auf Zeit, o. Jg., Bonn.

Schlobig, E. (1962): Unternehmensberatung, in: Seischab, H./ Schwantag, K. (Hrsg.): Handwörterbuch der Betriebswirtschaft, 3. Aufl., Stuttgart, Sp. 5524 - 5532.

Schlüter, A. (1987): Management- und Consulting-Verträge, Berlin/New York.

Schmiel, M. (1968): Beratung in der Wirtschaft, in: Dr.-Kurt-Herberts-Stiftung zur Förderung von Forschung und Lehre der Wirtschafts- und Sozialpädagogik (Hrsg.): Jahrbuch für Wirtschafts- und Sozialpädagogik, Heidelberg, S. 146 - 180.

Schnitzler, L. (1992): Brav aus der Hand, in: Wirtschaftswoche, Jg. 46, 6.11.1992, Nr. 46, S. 68 - 76.

Schobert, R. (1979): Die Dynamisierung komplexer Marktmodelle mit Hilfe von Verfahren der Mehrdimensionalen Skalierung, Berlin.

Schott, G. (1972): Der Beruf des Unternehmensberaters, Grundlegender Wegweiser, Berlin.

Schröder, H. (1971): Management-Enzyklopädie - Stichwort Unternehmensberatung, München.

Schrumpf, R. (1993): Handbuch der praxisorientierten Unternehmensberatung - Leitfaden für strategieorientierte Organisation rechtlichr Absicherung und kulturelle Einbindung erfolgreicher Unternehmensberater, Düsseldorf.

Schulze, N./Voigt, Th. (1994): Herausforderung für Medienunternehmen - Interview mit R. Berger, in: Horizont, 29. 7.1994, Nr. 30, 1994, S. 50.

Schuppert, D./Walsh, I./Kielbassa, M./Lukas, A./Hobbeling R.-G. (1992) (Hrsg.): Langsamkeit entdecken - Turbulenzen meistern, Wiesbaden.

Seifert, B. (1988): Die Banken steigen ein, In: Wirtschaftswoche, Jg. 42, 25.11.1988, Nr. 48., S. 95.

Seifert, H. (1996): Gewußt wie - Die endlose Standortdebatte löst keine Probleme - Die Zukunft der Unternehmen liegt im geschickten Umgang mit Wissen, in: manager magazin, Jg. 26, 1996, Nr. 10, S. 132 - 137.

Shapiro, E. (1996): Mode, nicht Methode, Interview, in: manager magazin, Jg. 26, 1996, Nr. 12, S. 170 - 176.

Shapiro, E./Eccles, R./Soske, T. (1994): So werden Berater richtig eingesetzt, in: Harvard Business Manager, Jg. 16, 1994, Nr. 1, S. 109 - 116.

Shostack, L. (1982): How to Design a Service, in: European Journal of Marketing, Vol. 16, 1982, Nr. 1, pp. 49 - 63.

Shostack, L. (1985): Planning the Service Encounter, in: Czepiel, J./Salomon, M./ Suprenant, C.: The Service Encounter, Lexington, N.J., pp. 243 - 254.

Simon, H. (1990): „Hidden Champions" - Speerspitze der deutschen Wirtschaft, in: ZfB, Jg. 69, 1990, S. 875 - 890.

Simon, H. (1992): Vorteile durch Dienstleistungen, in: FAZ, 2.6.1992, Nr. 127, S. B2.

Simon, H. (1993): Vorwort, in: Simon, H. (Hrsg.): Industrielle Dienstleistungen, Stuttgart.

Simon, H. (1996): Der zweite Anlauf - Alle reden vom Shareholder Value - und meinen damit nichts weiter als das gute alte Ziel der Gewinnmaximierung., in: manager magazin, Nr. 12, Jg. 26, 1996, S. 164 - 166.

Skapinker, M. (1991): Ideas People are Different, FT Survey: Management Consultancy 1, FT, pp. 1 - 2.

Skapinker, M. (1991): Survival of the Middle Class, FT Survey: Management Consultancy 2, FT.

Skapinker, M. (1987): When Close Becomes too Cose for Comfort, in: FT, 4.2.1987, Nr. 30101.

Smith, B. (1990): Marketing of Management Consulting, in: Journal of Management Consulting, Vol. 6, 1990, p. 38.

Sommerlatte, T. (1993a): Mit hohem Einsatz und Ideenreichtum kann die Krise gemeistert werden, in: Handelsblatt, 7.10.1993, Nr. 194.

Sommerlatte, T. (1993b): Plumpe Kostensenkungen verschlechtern die Chancen für einen Aufschwung, in: Blick durch die Wirtschaft, 20.7.1993, Nr. 137.

Specht, G./Zörgiebel, W. (1989): Technologieorientierte Wettbewerbsstrategien, in: Raffée, H./Wiedmann, K.-P.: Strategisches Marketing, Stuttgart, S. 491 - 517.

Specht, U. (1995): Verdienen durch Dienen, in: absatzwirtschaft Sondernummer, Jg. 38., 1995 Nr. 10, S. 10 f.

Staehle, W. (1990): Management - Eine verhaltenswissenschaftliche Perspektive, 5. Aufl., München.

Staehle, W.(1969): Kennzahlen und Kennzahlensysteme, Wiesbaden.

Stauss, B. (1995): Dienstleistungsmarken - Markenformen im Dienstleistungsbereich, in: Markenartikel, Jg. 57, 1995, Nr. 1, S. 2 - 7.

Staute, J. (1996): Der Consulting-Report: Vom Versagen der Manager zum Reibach der Berater, Frankfurt/New York.

Steinmann, H./Schreyögg, G. (1990): Management: Grundlagen der Unternehmensführung: Konzepte, Funktionen, Praxisfälle, Wiesbaden

Stevenson, H./Sahlman, W. (1988): So geht man mit Beratern um, in: Harvard Business Manager, Jg. 10, 1988, Nr. 4, S. 21 - 26.

Steyrer, J. (1991): „Unternehmensberatung“ - Stand der deutschsprachigen Theorienbildung und empirischen Forschung, in: Hofmann, M. (Hrsg.): Theorie und Praxis der Unternehmensberatung - Bestandsaufnahme und Entwicklungsperspektiven, Heidelberg, S. 1 - 44.

Strasser, H. (1993): Unternehmensberatung aus der Sicht des Kunden - Eine resultatorientierte Gestaltung der Beratungsbeziehung und des Beratungsprozesses, Zürich.

Straub, W./Forchhammer, L. (1995): Berater können erfolgreicher werden, in: Harvard Business Manager, Jg. 17, 1995, Nr. 3, S. 9 - 16.

Striening, H.-D. (1996): Prozeßmanagement, in: Schulte, Ch. (Hrsg.), Lexikon des Controlling, München/Wien, S. 633 - 638.

Stutz, H.-R. (1988): Management-Consulting: Organisationsstrukturen am Beispiel einer interaktiven Dienstleistung, Bern/Stuttgart.

Szyperski, N./Elfgen, R. (1984): Das Leistungsangebot der Unternehmensberater, Ergebnisse einer Befragung bei Mitgliedern des BDU und des BVW, Köln.

The Boston Consulting Group (1994): Project P3R, Bestandsaufnahme, unveröffentlichtes Manuskript, Düsseldorf.

The Center for Economic Performance at the London School of Economics and Political Science: Management Consultancy: Dimensions of Client/Consultant Relationships, London , o.J.

The Insider´s Guide to Management Consultants (1994), in: World Link, July/ August, pp. 14 - 19.

Theuer, G. (1968): Differenzierung der Dienste, in: Jahrbuch der Absatz- und Verbrauchsforschung, Jg. 14, 1968, Nr. 3, S. 291 - 298.

Thürbach, R.-P. (1989): Perspektiven der Unternehmensberatung, in: Meffert, H./Wagner, H. (Hrsg.): Unternehmensberatung - Was bringt Consulting? Dokumentation des Workshops vom 24.11.1988; Dokumentationspapier Nr. 51, Münster, S. 70 - 83.

Turner, A. (1982): Consulting is More Than Giving Advice, in: HBR, Vol. 60, 1982, Nr. 5, pp. 120 - 129.

Ulrich, P. (1990): Kommunikative Rationalisierung - Ein neuer Rationalisierungstyp jenseits der technikgestützten Systemsteuerung, in: Rock, R./Ulrich, P./Witt, F. (Hrsg.): Strukturwandel der Dienstleistungsrationalisierung, Frankfurt/ New York, S. 237 - 270.

v. Plüskow, H.-J. (1989): Schönheitsoperation, in: Capital, Nr. 3/1989, S. 46.

v. Schütz, W. (1971): Entwicklung und Bedeutung der Unternehmensberatung in den letzten 50 Jahren, in: Rationalisierung, Jg. 22, 1971, Nr. 4, S. 85 - 86.

Valeska, S./Baseden, A. (1993): The McKinsey Mystique, in: Business Week, 20.10.1993, pp. 36 - 41.

Verband unabhängig beratender Ingenieurfirmen e.V. (1993) (VUBI): VUBI-Kurzdarstellung, August 1993, Berlin/Bonn.

Villanueva, H./Martell, M./Valenzuela, H. (1996): Applying Learning Organization Concepts to Public Institutions: The Mexico City Story, in: Prism - Pathfinders in Improving Performance: Lessons from the Field, o. Jg., Fourth Quarter 1996, pp. 5 - 14.

Vitiello, J. (1993): It´s Totally Radical, in: Journal of Business Strategy, Vol. 14, 1993, Nr. 6, pp. 44 - 47.

Vogelsang, G. (1992): Universalberatung, Köln.

Wacker, P.-A. (1980): Die Erfahrungskurve in der Unternehmensplanung, München.

Wagner, H. (1992): Der Beratungsmarkt, in: Wagner, H./Reineke, R.-D. (Hrsg.): Beratung von Organisationen. Philosophien - Konzepte - Entwicklungen, Wiesbaden, S.1 - 27.

Weber, M. (1976): Wirtschaft und Gesellschaft. Grundriß der verstehenden Soziologie, 5., rev. Aufl., Tübingen.

Westermeier, K. (1991): Ein leuchtender Stern verglüht, in: Industriemagazin, Nr. 3, 1991, S. 22 - 34.

Wiedenhaus, H. (1989): Banken und Berater, in: Die Welt, 7.7.1989, Nr. 155.

Winkelmann, M. (1993): Publisher's Note: Basic Instinct, in: Journal of Business Strategy, Vol. 14, 1993, Nr. 6, p. 4.

Withauer, K. (1973): Betriebswirtschaftslehre der Consulting-Unternehmung, Grafenau-Döffingen.

Wöhe, G. (1996): Einführung in die Allgemeine Betriebswirtschaftslehre, 19. und neubearb. Aufl., München.

Wohlgemuth, A. (1982): Das Beratungskonzept der Organisationsentwicklung, Bern/ Stuttgart.

Wright, T. (1936): Factors Affecting the Cost of Airplanes, in: Journal of Aeronautical Sciences, Vol. 3, 1936, Nr. 4, pp. 122 - 128

Zahn, E./Schmid, U. (1996): Produktionswirtschaft I: Grundlagen und operatives Produktionsmanagement, Stuttgart.

Zander, E./Ziehm, O. (1983): Zusammenarbeit mit Beratern in Klein- und Mittelbetrieben, 2. Überarb. u. erw. Aufl., Freiburg i.B.

Zeitlhaml, V. (1981): How Consumer Evaluation Processes Differ between Goods and Services, in: Donnelly, J./George, W. (Hrsg.): Marketing of Services, Proceedings of the American Marketing Associations's Special Conference on Service Marketing 1981, Chicago, Ill., pp. 186 - 190.

Zeitlhaml, V./Parasuraman, A./Berry, L. (1990): Delivering Quality Service: Balancing Customer Perceptions and Expectations, New York, N.Y.

Zumbusch, J. (1990): Harte Worte fürs Geld, in: Wirtschaftswoche, Jg. 44, 28.9.1990, Nr. 40.